कानपुर कनेक्शन

(उपन्यास)

कानपुर कनेक्शन

अभय कुमार गुप्ता

हिन्द युग्म
hindyugm.com
BLUE

ISBN : 978-81-953529-3-7

प्रकाशक:
हिंद युग्म ब्लू
सी-31, सेक्टर-20, नोएडा (उ.प्र.)-201301
फ़ोन- +91-120-4374046

मुद्रक : मनीपाल टेक्नोलॉजीज लिमिटेड
कला-निर्देशन : विजेन्द्र एस विज

पहला संस्करण : 2022
मूल्य : ₹199

Kanpur Connection
A novel by *Abhay Kumar Gupta*

Published By
Hind Yugm Blue
C-31, Sector-20, Noida (UP)-201301
Phone- +91-120-4374046
Email : sampadak@hindyugm.com
Website : www.hindyugm.com

First Edition : 2022
Price : ₹199

जो एचबीटीआई में पढ़ चुके हैं,
अभी पढ़ रहे हैं,
और जो भविष्य में पढ़ेंगे,
उन सबके लिए

दो शब्द

इस कहानी ने मेरे मन में एक विशेष जगह बनाई हुई थी जिसे काग़ज़ पर उतारने की साध बहुत समय से थी, जो अब जाकर पूरी हुई है। इस उपन्यास को लिखना ऐसा रहा है जैसे कॉलेज के दिनों को मैंने फिर से जीया हो। यही इसके लेखन हेतु प्रेरक शक्ति भी रही। वैसे तो सारी घटनाएँ काल्पनिक हैं और उनका किसी सच्ची घटना से कोई संबंध भी नहीं है परंतु जितनी भी जगहों का ज़िक्र इस उपन्यास में किया गया है वो सब प्रायः सच हैं। इसे मेरे कानपुर शहर से अतिशय स्नेह के रूप में लिया जाना चाहिए।

किसी लक्ष्य को पाने के लिए समय, धैर्य और परिश्रम की ज़रूरत होती है। इस क्रम में सबसे अधिक सहायक होते हैं–दोस्त। असफल होने के भाव को दोस्त हमें महसूस नहीं होने देते और फिर से कोशिश करने का हौसला देते रहते हैं। इसका परिणाम होता है बिना आस खोए हम अपने लक्ष्य की ओर अग्रसर होते रहते हैं और एक दिन उसे पा भी जाते हैं। दोस्तों का संग, उनके साथ छोटी-मोटी बातों को लेकर हुई नोक-झोंक वीरान से वीरान जगह को भी एक चहल-पहल के रंग से भर देती है। प्रस्तुत उपन्यास भी ऐसी कई घटनाओं का प्रतिनिधित्व करता है जिसके कथानक में दोस्ती ही मूल भाव है। उसके साथ-साथ प्यार, संघर्ष आदि के रंग भी भरे-पूरे हैं।

उपन्यास लेखन का यह मेरा पहला प्रयास है। इस उम्मीद के साथ इस उपन्यास को आपके हवाले कर रहा हूँ कि इसे पढ़ते वक़्त ज़रूर आप अपनी कॉलेज की स्मृतियों के सागर में ग़ोते लगा आएँगे।

अभय कुमार गुप्ता
ओएनजीसी कॉलोनी, नाज़िरा, असम
16 फ़रवरी 2022

पत्थर कॉलेज, झील वाला दृश्य (लेक व्यू) और छिपकली मैडम

कानपुर, गंगा नदी के किनारे बसा ये शहर। जिसके बारे में कुछ बड़े-बूढ़े लोगों का मानना है कि इस शहर का नाम महाभारत के पात्र कर्ण के नाम पर पड़ा। इतिहासकारों के अनुसार, कान्हपुरिया वंश के राजा कान्ह देव ने 1200 ईसवी के आस-पास कान्हपुर नाम का गाँव बसाया था। इस गाँव को ब्रिटिश काल में कॉनपोर (Cawnpore) नाम से जाना गया था। जिस कानपुर के बारे में छोटे बच्चे खेल-खेल में नाकपुर के पास वाला शहर कानपुर कहकर खेला करते हैं, उसी कानपुर की धरती को आज से क़रीब 20 साल पहले जब सूरज की किरणें पहली-पहली बार चूम रही थीं, उसी प्रातः काल झकरकटी बस स्टेशन पर पीयूष अपने हाथ में कुछ सामानों के एक-दो बैग लेकर उतर रहा था। इसी समय सुल्तानपुर से आने वाली एक ट्रेन भी सेंट्रल स्टेशन पहुँच रही थी। इस ट्रेन से सामान का एक बैग और पानी पीने का कमंडल जैसे आकार का बड़ा-सा थर्मस लेकर अंशुल उतर रहा था। एक ट्रेन जो हमीरपुर से आकर 15 मिनट से रुकी हुई थी, उसने सीटी दी और चलने को तैयार हुई कि इसमें सोया नवीन हड़बड़ाकर उठा। उसे भी सेंट्रल उतरना था, पर शायद उसकी आँख लग गई थी। जैसे-तैसे अपना सामान समेटकर वो भी गिरते-पड़ते उतरा। उसकी ज़िंदगी कमोबेश ऐसी ही रही है अब तक। उसके काम ऐसे ही पूरे होते थे, आख़िर तक गिरते-सँभलते। इसलिए उसे ज़्यादा आश्चर्य नहीं हुआ जो वो गिरते-गिरते उतरा था।

अलग-अलग कारणों से कुछ जगहों का प्रत्येक के जीवन में ख़ास महत्त्व हो जाता है। ये कारण कुछ भी हो सकते हैं जैसे कि पहले बेस्ट फ्रेंड के मिलने

की जगह, पहली नौकरी की जगह या फिर जहाँ पहला प्यार हुआ हो। कौन-सी जगह जीवन में कितना महत्त्वपूर्ण हो जाएगी, ये कहना मुश्किल है। अंशुल, पीयूष, नवीन के लिए भी कानपुर शायद ऐसी ही जगह रही। तीनों कुछ नये सपने, कुछ नयी उम्मीदें लिए इस शहर आए थे। अभी के लिए तीनों की मंज़िल थी- एचबीटीआई, कानपुर; इंजीनियरिंग की पढ़ाई के लिए प्रख्यात उत्तर प्रदेश का एक कॉलेज।

अंशुल के एक कज़िन इसी संस्थान के मैकेनिकल इंजीनियरिंग के तीसरे वर्ष के छात्र थे। वो उसे लेने आ गए थे। सेंट्रल से बाहर निकलकर उन लोगों ने विक्रम (ऑटो) पकड़ी और पहुँच गए कॉलेज। नवीन के गाँव के एक भैया भी दूसरे वर्ष के छात्र थे जिनसे पूरा एड्रेस लेकर और फ़ोन पर दिए निर्देशानुसार वह कॉलेज पहुँच गया था। पीयूष के लिए कॉलेज का एड्रेस बिल्कुल नया था। कानपुर में कोई जान-पहचान का भी नहीं था। बस अड्डे उतरकर उसने कॉलेज अलॉटमेंट का लेटर निकाला और कुछ रिक्शे वालों से एचबीटीआई के बारे में पूछा। किसी से बहुत संतोषजनक उत्तर न पाकर उसने सोचा पहले नाश्ता-वाश्ता कर लिया जाए। फिर आगे सोचा जाए कि क्या करना चाहिए। नाश्ता करते समय एक सज्जन से बातचीत करते हुए उसे पता लगा कि यह कॉलेज किसी पत्थर कॉलेज के अंदर में था। यहाँ से विक्रम (ऑटो रिक्शा) वालों को पत्थर कॉलेज बोलकर जाना होगा। उसने उन सज्जन के मशविरे के अनुसार विक्रम से पत्थर कॉलेज चलने को कहा। पत्थर कॉलेज पहुँचकर उसने किसी से एचबीटीआई के हॉस्टल के बारे में पता किया और लड़कों के एक हॉस्टल पहुँच गया। वहाँ हॉस्टल अलॉटमेंट की प्रक्रिया पूरी की जा रही थी। बहुत से हमउम्र लड़के जिन्हें हॉस्टल का रूम मिल चुका था वो मज़े से लॉन में टहल रहे थे। कुछ गप्पे लड़ा रहे थे। पीयूष ने वार्डन के रूम पहुँचकर अपना कॉलेज अलॉटमेंट लेटर दिखाया। वार्डन ने लेटर देखा और बताया कि वहाँ फ़र्स्ट ईयर के लड़कों के लिए लेक व्यू ओल्ड और लेक व्यू न्यू नाम के दो हॉस्टल हैं। उसको लेक व्यू न्यू नाम का हॉस्टल मिला था और यह हॉस्टल लेक व्यू ओल्ड था। वह थोड़ा सहमा कि लो, अब ये पता नहीं कौन-सा हॉस्टल है और न जाने कितनी दूर है! वार्डन ने उसकी परेशानी को भाँपते हुए कहा- "अरे! परेशान होने कि ज़रूरत नहीं है बेटे। हॉस्टल यहाँ से 700-800 मीटर की दूरी पर है। बाहर

गेट पर चौकीदार बता देगा।"

बाहर आकर उसने चौकीदार से लेक व्यू न्यू हॉस्टल के बारे में पूछा।

चौकीदार ने उसे इशारे से एक गुलाबी रंग की बिल्डिंग दिखाते हुए बोला- "वो गुलाबी बिल्डिंग देख रहे हो न सर जी, वो गर्ल्स हॉस्टल है। उसी के बग़ल से अंदर को एक रास्ता गया है। बस थोड़ी ही दूर पर आपका हॉस्टल है।"

ज़िंदगी में उसे पहली बार किसी ने 'सर' जैसे संबोधन से पुकारा था। यह सुनकर पीयूष थोड़ा आश्चर्य और हर्ष से भर गया। एक बार को तो उसने अपने दायें-बायें देखा कि कहीं चौकीदार किसी और को तो 'सर' नहीं बोल रहा। पर वहाँ कोई और नहीं था इसलिए पहली बार उसे ख़ुद के विशेष होने का अनुभव हुआ।

गर्ल्स हॉस्टल सुनकर पीयूष के मन में थोड़ी गुदगुदी हुई। एक तरफ़ लेक व्यू मतलब झील का दृश्य और दूसरी तरफ़ गर्ल्स का दृश्य। सही है बेटे! मन-ही-मन वो बुदबुदाया। उसने चौकीदार को थैंक्स बोला और बढ़ गया लेक व्यू न्यू की तरफ़। जैसा कि अधिकतर मामलों में होता है, सच्चाई कल्पना के बिल्कुल उलट होती है। वैसा ही कुछ एलवी न्यू पहुँचकर पीयूष के साथ हुआ। वहाँ कोई झील न थी जिसके सुंदर दृश्य की उसने कल्पना कर ली थी। हाँ, गर्ल्स हॉस्टल ज़रूर था पर उसकी चारदीवारी इतनी ऊँची थी कि उतनी ऊँची तो शायद तिहाड़ जेल की बाउंड्री वॉल भी नहीं होगी। लड़कियों का दिखना तो दूर वहाँ से तो गर्ल्स हॉस्टल के टीवी डिश का एंटीना का भी दिखना दूभर था। यह पीयूष की कानपुर में पहली उम्मीद थी, जो सिरे से तार-तार हुई थी।

ख़ैर हॉस्टल पहुँचा तो उसे कमरा नंबर 114 मिल गया था। अंशुल और नवीन, पीयूष से पहले हॉस्टल पहुँच चुके थे और उन्हें क्रमश: 202 और 104 नंबर कमरा मिला था। अंशुल और नवीन की तरह ही और भी बहुत से लड़के पहले पहुँचकर रूम अलॉट करवा चुके थे। अंशुल अपना सारा सामान अपने मिले हुए कमरे में सेट कर रहा था। कमरा लगाते-लगाते उसे प्यास लग आई थी। उसने अपना पानी वाला कमंडल-थर्मस उठाया और रूम से बाहर पानी के लिए निकल आया। वह अपने विंग में आकर एक लड़के से यूँ ही पानी के लिए पूछा। उस लड़के ने बताया कि पानी नीचे मेस में लगे वाटर कूलर से भरना होगा और उधर इस वक़्त चाय भी मिल रही थी। वहाँ जो भी लड़के पहले पहुँच

गए थे वो सभी मेस में जाकर चाय–पानी कर रहे थे। उसने अंशुल को भी जाने के लिए बोला।

उधर पीयूष ने भी वॉर्डन सर से अपने कमरे की चाभी ले ली थी। उसने कमरा खोला, बैग रखा और निकल आया चाय-पानी के लिए। मेस पहुँचकर पीयूष ने चाय ली। उसने देखा मोटे ग्लास वाला चश्मा पहने एक लड़का वॉटर कूलर से कमंडल जैसे थर्मस में पानी भर रहा था। पीयूष को प्यास लगी थी, चाय पीने से पहले उसे पानी पीना था। वो उसके पीछे अपनी बारी का इंतज़ार करने लगा। थर्मस वाले लड़के ने पीछे मुड़कर देखा और बोला- "यार, तुम पहले पानी पी लो। थर्मस बड़ा है, इसे भरने में टाइम लगेगा।" उसने अपना थर्मस हटा लिया। पीयूष ने पानी पीया। उसे वो लड़का भला जान पड़ा। पानी पी चुकने के बाद वो वहीं खड़ा रहा और उससे बातें करने लगा।

"थैंक्स यार! मेरा नाम पीयूष श्रीवास्तव है, और तुम्हारा?"

"मैं अंशुल दूबे।"

"मुझे केमिकल इंजीनियरिंग (बीटेक की कई सारी ब्रांच में से एक ब्रांच) मिली है और तुम्हें।"

"क्या बात है! मुझे भी सेम, सही यार। चलो फिर तो अपनी क्लास भी साथ लगेगी। फिर कल कब निकलना है सुबह?"

"ये तो बढ़िया रहा। 10 बजे का टाइम है, पर सबको साथ निकलना है। वो शायद रैगिंग वग़ैरह का चक्कर है।"

"हाँ चलो ठीक है, तुम्हारा रूम कौन-सा है? मैं 9.30 पर सुबह आ जाऊँगा। फिर साथ चलेंगे।"

"रूम नंबर 114, ठीक है फिर।"

इसके बाद दोनों अपने-अपने रूम की ओर चल पड़े। शायद यह एक प्रगाढ़ दोस्ती के वृक्ष के बीजारोपण का पहला दृश्य था।

अगले दिन तय वादे के अनुसार अंशुल, पीयूष के रूम पर आ गया। दोनों ने नीचे मेस में जाकर नाश्ता किया। नाश्ते के बाद वे दोनों गेट पर गए जहाँ और भी 5-6 लड़के इकट्ठे हुए थे। चौकीदार ने बताया था कि फ़र्स्ट ईयर के लड़कों को दो-चार दिन लाइन में ही जाना चाहिए। ताकि कोई रैगिंग के लिए परेशान न करे। पिछले वर्षों में भी साल के शुरू के दिनों में लड़के ऐसे ही जाया करते थे।

इसीलिए गेट पर लड़के इस इंतज़ार में खड़े थे कि ठीक-ठाक संख्या में दूसरे लड़के आ जाएँ तो वे सभी भी लाइन में जाएँ।

"सबको साथ ही जाना है। इसीलिए अभी सब रुके हुए हैं।" अंशुल बोला।

"हाँ, पर अब तो रैगिंग नहीं होती। मैंने कहीं पढ़ा था कि अब बहुत स्ट्रिक्ट रुल्स हो गए हैं।" पीयूष ने प्रत्युत्तर दिया।

"हाँ, सही बोल रहे हो। भैया (कज़िन) ने भी बताया था कि अब रैगिंग नहीं होती। बस परिचय (intro) वग़ैरह होते हैं।"

"हाँ, यार। पर थोड़ा डर तो लगता है।"

"अबे यार, डरने की कोई बात नहीं है। कोई अगर परेशान करे तो मेरे भैया का नाम ले लेना। वो थर्ड ईयर में हैं। उल्टा सेकेंड ईयर वालों की हालत ख़राब हो जाएगी।" इतना कहकर वह हँसने लगा।

"हम्म!"

क़रीब 20-25 लड़कों के इकट्ठे हो जाने के बाद सब लड़के एक लाइन में लग गए। लाइन में सब बारी-बारी आगे बढ़ने लगे। उस लाइन में पीयूष आगे चल रहा था। अंशुल ठीक उसके पीछे। उनकी लाइन गर्ल्स हॉस्टल के आगे से होते हुए गुज़र रही थी।

"यार, सीनियर लड़कियाँ भी तो जूनियर लड़कियों की रैगिंग करती होंगी? पता नहीं क्या करवाती होंगी?" अंशुल पूछा।

"हाँ, अरे वो उनको चोटियाँ बाँधकर आने को कहती हैं। बालों में ढेर सारा तेल चुपड़कर आने को कहती हैं और पता नहीं क्या-क्या!" उसने इस भाव से उत्तर दिया मानो उसे गर्ल्स रैगिंग के बारे में बहुत कुछ पता था।

"तुम्हें बहुत पता है।"

"अरे, मैंने कहीं पढ़ा था।"

"यार, तुम पढ़ते बहुत ज़्यादा हो।" अंशुल हँस पड़ा था।

फिर बाद में दोनों हँस पड़े। बातचीत करते-करते कब कॉलेज आ गया, पता ही नहीं चला। सुशांत नाम का लड़का जिसे हॉस्टल में पीयूष के बग़ल में रूम मिला था, उसने पीयूष को बता रखा था कि केमिकल और लेदर टेक्नोलॉजी की फ़र्स्ट ईयर की क्लास कॉलेज के मुख्य भवन के प्रथम तल पर कमरा नंबर 215 में चलेगी। इसलिए दोनों 215 रूम नंबर में चल पड़े। क्लास में लगभग

20 लड़के और लड़कियाँ आ चुके थे। सारी लड़कियाँ जितनी अभी तक आई थीं वो बायीं ओर की बेंच पर बैठी थीं और लड़के दायीं ओर की बेंच पर बैठे थे। अंशुल और पीयूष भी दायीं ओर जाकर तीसरी बेंच पर बैठ गए। 15-20 मिनट में बाक़ी लड़के-लड़कियाँ आ गए। क्लास भर चुकी थी। ऐसा लग रहा था जितनों को आना था, आ चुके थे क्योंकि दस बजे हुए 15 मिनट गुज़र चुके थे और पिछले 10 मिनट से कोई नया लड़का या लड़की क्लास में नहीं आया था। क्लास का वक़्त 10 बजे से ही था, पर अभी तक कोई टीचर नहीं आया था।

थोड़ी देर में सब छात्र-छात्राएँ एक दूसरे से बातचीत में मशग़ूल हो गए। क्लास का वॉल्यूम बढ़ चुका था। शोर-शराबा और बढ़ पाता कि एक दुबली-पतली, लंबी, सुंदर-सी काया अपने हाथ में कुछ एक-दो किताबें लेकर क्लास में आई। सभी एकदम से चुप हो गए। सारे खड़े हो गए और एक स्वर में बोले- "गुड मॉर्निंग मैडम!"

लड़की थोड़ी सकपका-सी गई। उसे समझ नहीं आया कि यह क्या हो रहा था और वो क्या कहे। वो चुपचाप लड़के-लड़कियों के बेंच के बीच से गुज़रते हुए बायीं ओर की दूसरी बेंच पर जाकर बैठ गई। अब तक क्लास समझ गई थी कि ये अपने साथ की ही पढ़ने वाली लड़की थी। कोई मैडम नहीं। उसके बाद तो पूरी क्लास एक साथ ज़ोर से हँस पड़ी। लड़कों में कानाफूसी शुरू हो गई कि ये सुंदर नवयौवना कौन थी!

एक बार फिर से क्लास का वॉल्यूम तेज़ हो रहा था। क़रीब पाँच मिनट बाद एक गेहुआँ रंग की, लंबी, पतली लड़की हाथ में एक-दो रजिस्टर लिए कमरे में घुसी। कुछ ने एक बार उसकी ओर देखा, कुछ ने बिल्कुल ध्यान नहीं दिया। सब उसी तरह बातें करते रहे। अचानक एक तेज़ आवाज़ ने सबकी बातचीत के सिलसिले को रोका। ऐसा लगा जैसे क्लास में कहीं एक शेरनी-सी चीख़ी थी। ये वही लड़की थी जो अभी-अभी आई थी।

वो लड़की ब्लैकबोर्ड के पास रखे टेबल पर अपना रजिस्टर रखी और आवेश में बोली- "क्लास! व्हॉट इज़ दिस? यही मैनर्स हैं आपके? टीचर आ गई और आप लोग उसी तरह क्लास को मछली बाज़ार बनाए हुए हैं।"

पूरी क्लास चुप। एकदम सन्नाटा। ये तो बिल्कुल उम्मीद के उलट हो गया था। सबने एक स्वर में बोला- "सॉरी मैम!"

उसके बाद क्लास में इंट्रोडक्शन शुरू हो गया। इसी के दौरान लोगों को पता चला कि जिसको सबने मैडम समझा था वो हिमानी शुक्ला थी और जो वाक़ई में मैडम थी वो केमिस्ट्री पढ़ाने के लिए आई थी। थोड़ी देर में मैडम ने रबर, पॉलीमर आदि के बारे में पढ़ाना शुरू किया।

पीयूष (धीरे से) बोला- "यार, ये तो एक जगह खड़ी ही नहीं रहती। एक पल को ब्लैकबोर्ड के इस ओर तो अगले ही पल उस ओर। मैं तो लिख ही नहीं पा रहा हूँ। इधर का लिख पाता हूँ कि तब तक ये टहलकर उसे ढक लेती है।"

अंशुल बोला- "हाँ यार! ये तो बिल्कुल छिपकली-सी इधर-उधर छपर-छपर चलती जा रही है। एक जगह तो ठहरती ही नहीं।"

तभी पीछे की बेंच से कोई लड़का चिल्लाया- "मैडम! छिपकली!"

अब मैडम को तो काटो तो ख़ून नहीं। डर से उन्होंने चॉक (खड़िया) फेंका और चीख़ी- "छिपकली! किधर छिपकली?"

वहाँ कहीं छिपकली तो थी नहीं। किसी ने बस शरारत की थी। फिर क्या, पूरी क्लास में हँसी के ठहाके गूँज गए। मैडम का ग़ुस्सा सातवें आसमान पर पहुँच गया। वो चिल्लाई- "किसकी शरारत है ये?"

क्लास चुप। थोड़ा-बहुत बोलकर वो भी चली गईं। इस तरह पहले पीरियड का अंत हुआ।

"भाई, ये कौन लड़का था? बिल्कुल हमारे मन की बात बोल दी।" पीयूष ने अंशुल से कहा।

"हाँ, आओ देखते हैं। पीछे चलते हैं। आवाज़ तो पीछे से ही आई थी।" अंशुल ने बोला।

पीछे के लड़के नवीन की पीठ थपथपा रहे थे। उसी ने ये छिपकली वाली शरारत की थी। ये दोनों भी पीछे जाकर उससे बातें करने लगे। बातों-बातों में इन दोनों को उसके बारे में पता चला कि वो भी एलवी न्यू हॉस्टल में है और ये भी कि उसका कमरा नंबर 104 है।

"नवीन भाई! मस्त यार। हम बातें कर ही रहे थे कि ये छिपकली की तरह इधर-उधर रेंगती जा रही है कि तुमने ये बात पूरी क्लास में बोल दी। क्या टाइमिंग थी!" पीयूष ने नवीन से कहा।

"चलो, एक टीचर का तो नामकरण हो गया। देखते हैं अगला कौन!"

अंशुल बोला।

तीनों हँस पड़े। उसके बाद जाने पीयूष को क्या लगा उसने नवीन को अपने साथ आगे की बेंच पर बैठने के लिए कहा। उसने कहा कि वो (नवीन) मस्त लड़का था। इसलिए साथ बैठना चाहिए। हँसी-ख़ुशी उबाऊ क्लास कट जाया करेगी। उसके बाद नवीन, अंशुल और पीयूष साथ-साथ आगे बैठ गए।

***

रात को खाने के लिए सब लड़के मेस में इकट्ठा हुए। पीयूष भी मेस में आ चुका था। वहाँ महाराज ने (मेस का कर्ता-धर्ता) उसे बताया कि रोटी गरम-गरम मिले, इसके लिए तवे के पास खड़ा होना पड़ेगा। रोटी बनने के लिए एक बड़ा तवा था पर लड़के बहुत सारे थे। इसलिए एक बार में प्रत्येक को एक या कभी-कभी दो रोटी ही मिल पाती थी। पीयूष, महाराज से इसके उपाय के लिए कुछ बातचीत करने की कोशिश कर रहा था। पर महाराज उसकी बात को ज़्यादा तवज्जो नहीं दे रहा था। सच ही है, फ़र्स्ट ईयर में लड़कों की हालत शेर के उन छोटे बच्चों की तरह होती है, जिन्हें सियार भी डरा के चला जाता है। पीयूष को ऐसा ही कुछ लगा। थोड़ी देर में अंशुल और नवीन भी आ गए। उसके बाद सबने थाली ली। सबने रोटी छोड़कर बाक़ी खाना ले लिया और रोटी के लिए लाइन में लग गए।

"तुमने चावल नहीं लिया?" अंशुल ने पीयूष से पूछा।

"अरे, मैं रात को चावल नहीं खाता हूँ। मुझे सर्दी जल्दी हो जाती है। इसलिए रात को ठंडी चीज़ें अवॉइड करता हूँ।" पीयूष ने उत्तर दिया।

"यार, बड़े नाज़ुक हो तुम! कैसे काम चलेगा, अभी तो तुम्हें बड़े-बड़े काम करने हैं।" नवीन बोला।

"जैसे तुमने आज किया छिपकली वाला बड़ा काम। ना भाई रहने दो, तुम्हीं करो बड़े काम।" पीयूष हँसते हुए बोला। अंशुल भी हँसे बिना नहीं रह सका।

"अरे, कोई स्ट्रिक्ट रूल नहीं है। बस बचपन में नहीं खाता था तो अब आदत-सी बन गई है। तब मुझे इस्नोफिल ज़्यादा हुआ करती थी।" पीयूष ने अपनी बात पूरी की।

"वैसे रात में हल्का ही खाना खाना चाहिए। उस लिहाज़ से तो सही है।" अंशुल बोला।

"ले लो भाई, ज्ञान। पंडित जी दे रहे हैं।" नवीन बोला।

सब हँसने लगते हैं।

"पर यार, ये क्या बात है! लाइन में लगे रहो। जब तक एक रोटी ले के जाएँगे और वापस दूसरी के लिए आएँगे। बाक़ी की दाल, सब्ज़ी ठंर्ड हो जाएगी। मैंने तो महाराज से बोला भी कि कम-से-कम सबको उनकी टेबल पर तो रोटी पहुँचा दी जाए। ये क्या लाइन का सिस्टम बना रखा है।" पीयूष बोला।

"चलो इस बारे में वार्डन से बात की जाएगी। पर नेक्स्ट ईयर से तो बढ़िया रौब रहेगा अपना। भैया (कज़िन) बताते हैं कि वहाँ तो वो लोग कभी-कभी खाना रूम में भी मँगवा लेते हैं।" अंशुल बोला।

"हाँ, मेरे भैया (सेकेंड ईयर वाले) बता रहे थे कि ये सब बस शुरू के कुछ ही दिनों की बात है। फिर हममें से ही कोई मेस सेक्रेटरी बना दिया जाएगा। फिर मेस की देखरेख हममें से ही कुछ लोग करेंगे और सब प्रोब्लम सॉल्व हो जाएगी।" नवीन अंशुल की बात का समर्थन करता हुआ-सा बोला।

सब तवे से गरम-गरम दो रोटी पा गए और एक टेबल पर खाने के लिए बैठ गए। अंशुल और नवीन ने अपनी रोटियाँ पीयूष की थाली में डाल दी।

"अरे ये क्या? नहीं-नहीं!" पीयूष मना किया।

"अबे भइया, हम तो ठहरे पेट पुजारी। इससे फ़र्क़ नहीं पड़ता हमको कि चावल खा रहे हैं या रोटी। बस पेट भरना चाहिए। (अंशुल की ओर देखते हुए) रोटी ही तो बनी है, पूड़ी थोड़े ही बनी है जो पंडित जी नहीं दे पाएँगे।" नवीन बोला।

"अरे यार, तुम लोग भी!" पीयूष (भावुक होते हुए) बोला।

"अबे साले! सेंटी होने की ज़रूरत नहीं है। चुपचाप खा लो। ये न समझो कि हम दोनों कृष्ण-सुदामा वाली दोस्ती निभा रहे हैं। अगर हम तुम्हारी रोटी का इंतज़ार करते रहे तो हमारी भी दाल ठंडी हो जाती और हमारे पास इतना वक़्त नहीं है। इसलिए ये सब करना पड़ रहा है।" अंशुल ऊपरी हँसी के साथ बोला।

"सही बात। भाई, यू नो, वी आर काइंड ऑफ़ बिज़ी पीपल।" नवीन सहमति में बोला।

"अबे ओय अंग्रेज़ की औलाद! चल खाना शुरू कर। खाने के बाद एक बड़ा टॉपिक भी है, भाई।" अंशुल बोला।

"ठीक है। (एक-एक रोटी वापस उनकी थाली में रखते हुए) मेरे लिए चार रोटी बहुत है। कौन-सा टॉपिक ?" पीयूष बोला।

"अबे, इतने भोले न बनो। अरे मैडम जी ! हिमानी !" इतना कहकर अंशुल हँसने लगा।

"अरे, ये बात, पर अभी नहीं। इस पर तो आराम से बात करनी है।" नवीन ने जैसे उसकी बात कंप्लीट करते हुए बोला।

सब खाना खाने लगे। खाना खाकर सब पीयूष के रूम पर इकट्ठा हुए।

"यार, कुछ भी कहो। है लेकिन सुंदर वो।" नवीन बोला।

"कौन बे, कुछ नाम तो होगा उसका ?" पीयूष उसे छेड़ते हुए बोला।

"हीरो बन रहे हो सालों। कहना सब वही चाहते हो पर..." नवीन चिढ़ते हुए बोला।

"पर... पर क्या ? आगे तो बता ?" पीयूष हँसते हुए बोला।

"कुछ नहीं, छोड़ो।" नवीन बोला।

"यार, है तो सुंदर, पर हाइट काफ़ी है। तू उसके कंधे तक भी शायद नहीं आ पाएगा। वरना मैं तो सोच रहा था तेरी बात चलाने की।" पहले अंशुल ने बात बहुत गंभीर तरीक़े से शुरू की। पर आख़िरी की लाइन कहते हुए वह हँस पड़ा। पीयूष ने भी उसका साथ दिया। कमरा हँसी के क़हक़हों से गूँज उठा।

यूँ ही बातें करते-करते बहुत देर हो गई और क़रीब आधी रात को अंशुल और नवीन अपने-अपने कमरे में सोने चले गए।

परिचय यानी इंट्रो- तेरे रूप अनेक

अगले दिन की क्लास शुरू हो गई थी। अचानक कुछ खड़खड़ाहट हुई। कुछ सीनियर लड़के और लड़कियाँ क्लास में आए। उनमें से एक लड़का दरवाज़े पर खड़ा हो गया। बाक़ी में से एक लड़का जो क़द में सबसे छोटा था, वो चिल्लाते हुए बोला- "येस क्लास, विश कौन करेगा?"

सब (एक स्वर में) बोले- "गुड मॉर्निंग सर!"

वही छोटा लड़का बोला- "और मैडम लोगों को कौन विश करेगा बे?"

सब (एक स्वर में) बोले- "गुड मॉर्निंग मैडम!"

वही छोटा लड़का बोला- "बड़े बेवक़ूफ़ हो यार, तुम लोग। इस बार ख़ाली मैडम लोगों को विश किया, अब सर को कौन विश करेगा? चलो फिर से विश करो।"

सब (एक स्वर में)- "गुड मॉर्निंग सर्स एंड मैडम्स!"

वही छोटा लड़का- "गुड!"

अब एक दूसरा सीनियर- "तुम लोगों को इंट्रो का फ़ॉर्मेट पता है न? याद कर लेना सब और कल अर्पिता मैम (अपने में से एक लड़की की ओर इशारा करते हुए) को सुनाना।"

एक बारगी सब चुप हो गए।

वही छोटा लड़का (ग़ुस्से में)- "क्या हुआ बे! तुम सब चुप काहे हो?"

तभी नवीन बोला, "सर, फ़ॉर्मेट नहीं पता।"

दूसरा लड़का- "क्या बे! तुम बड़े हीरो हो। सबसे पहले तुम्हारे ही मुँह से निकला है कि फ़ॉर्मेट नहीं पता। तो बेटा अब ये तुम्हारी ज़िम्मेदारी है कि तुम सबको फ़ॉर्मेट लाकर दोगे और उससे भी पहले तुम आज शाम ऑडिटोरियम

के पास मिलो।"

तभी दरवाज़े वाला लड़का चीख़ा- "भागों सालों! बाद में रैगिंग करना। मसूद आ रहा है।"

सभी दौड़ते-भागते पिछले दरवाज़े से निकल गए।

उनके जाने के बाद नवीन बोला- "ग़ज़ब फँस गया यार! साला आज तो तगड़ी वाली रैगिंग हो जाएगी।"

अंशुल- "अबे तो साले, कौन बोला था राजा हरिश्चंद्र बनने के लिए? हमसे पूछ लिया होता।"

नवीन- "अबे तुम्हें पता था कि सीनियर को देने वाले इंट्रो का फ़ॉर्मेट क्या है?"

अंशुल- "हाँ, मुझे थर्ड ईयर वाले भैया पहले ही बता चुके हैं। मैं तुम्हें दे दूँगा वही फ़ॉर्मेट, सबको बता देना।"

नवीन- "वो तो ठीक है, पर आज शाम की तो लग गई।"

पीयूष- "और बनो हीरो।"

नवीन- "यार, एक तो मेरी लगी पड़ी है और तुम लोग मेरी मौज लेने पर तुले हो।"

पीयूष- "तो क्या तुम्हारी आरती उतारे!" इतना कहकर पीयूष और अंशुल मुस्कुराने लगे।

थोड़ी देर में श्रीमान मसूद अंसारी इन्फ़ॉर्मेशन टेक्नोलॉजी पढ़ाने के लिए आ चुके थे। सभी लड़के-लड़कियाँ आदर हेतु खड़े हो गए।

सब- "गुड मॉर्निंग, सर!"

मसूद सर बोले- "गुड मॉर्निंग! ओके क्लास, हम हैं आपके आईटी के टीचर। इससे पहले कि कुछ पढ़ाई-लिखाई शुरू की जाए, एक बार आपस में सबका परिचय हो जाए। चलिए पहली बेंच से शुरू कीजिए। ज़्यादा लंबा इंट्रो रखने की ज़रूरत नहीं है। बस, नाम और कहाँ से बिलॉन्ग करते हो, वो बताना है।"

दायीं तरफ़ की बेंच से एक लड़का खड़ा हुआ और बोला- "आई एम अनिल साहू एंड आई बिलांग टू मेरठ।"

फिर दूसरा लड़का खड़ा हुआ और अपना परिचय देना शुरू कर दिया।

इसी क्रम में पीयूष, नवीन और अंशुल भी इंट्रो देते गए। कुछ लड़के ध्यान से सुन रहे थे जबकि कुछ जिन्होंने इंट्रो दे दिया था वे बातें करने में मशग़ूल हो गए थे और जिनका नंबर आने वाला था, वे सचेत हो रहे थे। इंट्रो देने के बाद वे भी पूर्ववत फ़्री से होते जा रहे थे। कमोबेश क्लास में हल्का-फुल्का शोर चल रहा था। धीरे-धीरे दायीं ओर के बेंच पर बैठे सारे लड़कों का इंट्रो हो गया था। अब बारी आई, बाईं तरफ़ की बेंच की। जिधर क्लास की लड़कियाँ बैठी हुई थीं। जैसे ही लास्ट बेंच से पहली लड़की खड़ी हुई, क्लास अचानक से ख़ामोशी की ओर अग्रसर हो गई। सारे लड़के चुप हो गए। ऐसा महसूस हो रहा था जैसे ये कोई और ही क्लास थी जहाँ बिल्कुल शांति थी। क्लास की अवस्था इतनी तेज़ी से बदली कि इतनी तेज़ी से तो कपूर भी ठोस अवस्था से गैस अवस्था में नहीं बदलता होगा। आख़िर ऐसा हो भी क्यों न, हर लड़का हर लड़की के बारे में थोड़ा-थोड़ा परिचय पा जाना चाहता था।

पहली लड़की- "सर, आई एम अनामिका शुक्ला, फ़्रॉम मेरठ।"

अंशुल की आँखें उस पर ठिठक गई। दूसरी लड़की खड़ी हुई पर अंशुल अभी भी अनामिका को ही देखता रहा। यह बात पीयूष से छुप नहीं पाई। उसने अंशुल को कोहनी मारी। अंशुल थोड़ा सकपकाया, फिर दोनों हँस पड़े। दूसरी लड़की- "आई एम रूपा गुप्ता, फ़्रॉम लखनऊ।"

तीसरी लड़की- "नेहा भारद्वाज फ़्रॉम कानपुर।"

इस तरह एक-एक कर बाक़ी सब लड़कियों का इंट्रो भी ख़त्म हो गया। फिर मसूद बाइनरी नंबर, डेसिमल नंबर और उनके कन्वर्जन के बारे में बताता रहा। थोड़ी देर में पीरियड ख़त्म हो गया। इसके बाद नवीन ने पूरी क्लास को अंशुल से पूछकर सीनियर को दिए जाने वाले इंट्रो का प्रारूप बताया। इस फ़ॉर्मेट में नाम, पता, हॉबी आदि जानकारी एक निश्चित क्रम में थी। सीनियर के सामने सर झुकाकर अपनी शर्ट के तीसरे बटन को देखते हुए ही उसी क्रम में ही इंट्रो को देना होता था। अगर कोई क्रम ऊपर-नीचे हुआ तो पूरा इंटरव्यू फिर से देना था। आज जाकर छात्रों को पता चला कि इंट्रो यानी कि परिचय के भी अलग-अलग प्रारूप थे। सीनियर को दिया गया इंट्रो और क्लास में प्रोफ़ेसर को दिए गए इंट्रो में ज़मीन-आसमान का अंतर था। दो-तीन और क्लास के बाद उस दिन का कॉलेज ख़त्म हुआ। सबके लिए दिन ख़त्म हो चुका था। पर नवीन को लग

रहा था कि उसका दिन अब शुरू हुआ था। उसके हाथ-पैर फूल रहे थे क्योंकि उसे अभी छोटे वाले सीनियर से ऑडिटोरियम के पास मिलना था।

अंशुल- "चलो यार आज का दिन ख़त्म। आज तो बुधवार है। आज शाम को हॉस्टल के मीनू में मैगी होगी।"

नवीन (छटपटाहट के भाव में)- "अरे कहाँ भाई! तुम लोग चलो, खाओ-पीयो। मुझे तो साला वो सीनियर ने बुलाया है।"

पीयूष (कुछ याद-सा करते हुए)- "अरे हाँ, मैं तो भूल ही गया। मत जाओ यार। क्या कर लेगा वो।"

नवीन- "अरे नहीं यार! चला जाता हूँ कहीं बाद में और परेशान न करे।"

अंशुल- "अरे तो यार, डर क्यों रहा है। हम भी चलते हैं तेरे साथ।"

पीयूष- "हम्म!"

फ़र्स्ट ईयर का वो वक़्त जब हर कोई सीनियर की नज़रों से छुप जाना चाहता था। उस समय ख़ुद पीयूष और अंशुल नवीन के साथ सीनियर के पास जा रहे थे। उस समय के लिए तो यह ऐसा ही था जैसे शेर के पास ख़रगोश ख़ुद ही चलकर जा रहे थे। उस दिन नवीन को शायद सच्चे दोस्तों की परिभाषा समझ आ रही थी। उसका डर दूर हो गया था। उसे ऐसा लग रहा था जैसे अपने दोस्तों के साथ मिलकर उसने सीनियर को मिलने बुलाया हो, न कि सीनियर ने उसे।

मुख्य भवन से निकलकर वो तीनों ऑडिटोरियम की ओर जाने लगे। मुख्य भवन और ऑडिटोरियम को एक पतली सड़क अलग करती थी। सड़क के इस ओर मुख्य भवन के सबसे अंत में फ़ूड टेक्नोलॉजी विभाग से संबद्ध कक्ष था। उस कक्ष के बाहर बाउंड्री वॉल में एक छोटा लोहे का गोल घूमने वाला गेट था। जिससे घूम-घूमकर एक बार में एक ही व्यक्ति निकल सकता था, उस गेट से सबसे पहले अंशुल निकला, उसके पीछे पीयूष और सबसे पीछे नवीन, जिसको कि सबसे आगे होना चाहिए था। अंशुल ने निकलते ही छोटे सीनियर को देख लिया था जो ऑडिटोरियम के ठीक सामने खड़ा था। उसके साथ दो और सीनियर खड़े थे। तीनों सड़क पारकर उसके पास पहुँच गए।

छोटा सीनियर (नवीन को इंगित करते हुए)- "वाह भाई! तू तो बड़ा तेज़ निकला। अपने साथ फ़ौज भी ले आया। ख़ैर कोई बात नहीं। तो तुम्हें इंट्रो का फ़ॉर्मेट नहीं पता?"

नवीन- "नहीं सर।"

छोटा सीनियर- "और तुम दोनों को पता है या तुम दोनों भी इनकी तरह साहबज़ादे ही हो।"

अंशुल एवं पीयूष- "नो सर।" (अंशुल को फ़ॉर्मेट पता था फिर भी उसने नवीन के रैगिंग में पूर्णतः भागीदार बनने हेतु न में जवाब दिया।)

छोटा सीनियर- "अबे तो फिर क्या आता है, तुम लोगों को? कुछ आता भी है? चलो अच्छा अपनी-अपनी हॉबी बता दो।"

अंशुल- "सर, माय हॉबी इज़ प्लेइंग क्रिकेट।"

छोटा सीनियर- "वाह बेटा शौक़ भी नवाबों वाले! और तुम्हारी भाई?"

पीयूष- "सर, मेरा भी सेम।"

छोटा सीनियर- "अबे तेंदुलकर के खानदान से हो क्या? (नवीन की ओर देखते हुए) तुमसे तो पूछने की ज़रूरत नहीं। तो बेटे ऐसा है कि तुम तीनों अभी क्रिकेट खेलकर दिखाओगे।"

तीनों (असमंजस में)- "पर सर कैसे?"

छोटा सीनियर- "अबे मेले में आए हो क्या? कैसे क्या? एक बैटिंग करो। एक बॉलिंग और एक फ़ील्डिंग।"

फिर वर्चुअल रूप से अंशुल बैटिंग करने लगा, पीयूष बॉलिंग और नवीन फ़ील्डिंग। बीच-बीच में सीनियर के इशारे पर पीयूष को आउट की अपील करनी पड़ती थी। नवीन एक ही जगह खड़ा रहता तो उसे सीनियर इशारे से काल्पनिक रूप से भागती बॉल के पीछे दौड़ा देता था। इसी तरह अंशुल को हवा में बैट चलाने की एक्टिंग करनी पड़ रही थी। वहाँ कोई फ़ैकल्टी का मेंबर नहीं था। कुछ दो-चार और सीनियर थे जो इन तीनों को देखकर हँस रहे थे। वो तीनों भी मन में सोच रहे थे कि क्या ही बेवक़ूफ़ दिख रहे होंगे वो! इस तरह क़रीब 15 मिनट उन तीनों की रैगिंग चली। उसके बाद छोटे सीनियर ने उन तीनों को वापस अपने पास बुलाया और कैंटीन की ओर इशारा करते हुए बोला- "चलो! तुम लोगों ने क्रिकेट तो अच्छा खेला। अब तुम लोगों को कुछ खिलाया जाए। कैंटीन चलते हैं।"

ऑडिटोरियम के तुरंत दाहिनी तरफ़ इलेक्ट्रिकल इंजीनियरिंग विभाग है। उसके सामने का रास्ता कैंटीन तक पहुँचता है। चारों लोग कैंटीन की तरफ़ जाने

लगे। रास्ते में कोई भी फ़र्स्ट ईयर का छात्र नहीं था। सब सेकेंड, थर्ड या फिर फ़ाइनल ईयर के ही सीनियर्स थे। थोड़ी देर में वो लोग कैंटीन पहुँच गए और एक छोटे से टेबल के चारों ओर कुर्सी लगाकर बैठ गए।

छोटा सीनियर- "तो बोलो क्या खाओगे तुम लोग।"

नवीन- "सर, कुछ भी मँगा लीजिए।"

छोटा सीनियर- "अरे सालो, तुम लोग तो बिल्कुल ही सीधे हो। लगता है तुम लोगों को काफ़ी कुछ सिखाना पड़ेगा। तो देखो, रुल नंबर 1 ये कहता है कि जब सीनियर ट्रीट दे तो झपक के लो। कोई शरमाना या तकल्लुफ़ नहीं। दबा के खाओ, जो भी खाना है। ऐसा इसलिए कि ये सिलसिला चलता रहता है। कल को तुम्हारे जूनियर भी होंगे। उन्हें तुम लोग ट्रीट दोगे। उनको भी तुम्हें ख़ूब खिलाना होगा ताकि उनका पेट और मन दोनों भर जाए। समझे! सीनियर और जूनियर का रिश्ता बड़ा ही मज़ेदार होता है। धीरे-धीरे सब समझ जाओगे।"

नवीन- "हम्म!" नवीन के ये कहने के साथ अंशुल और पीयूष भी सर हिलाए।

फिर नवीन, पीयूष और अंशुल ने जमकर समोसे, स्प्रिंग रोल, चाय, कोल्डड्रिंक आदि का ऑर्डर दिया।

पीयूष- "वो सब तो ठीक है सर, पर ये बताइए रुल नंबर 2 क्या कहता है?"

छोटा सीनियर- "रुल नंबर 2 जानना है (हँसता है)? देखो यार, बात ये है कि इसे रुल कहो या सच, अब हम सभी अपने-अपने घरों से इतनी दूर रहने आए हैं कि यहाँ हर पल मम्मी-पापा तो तुम्हारे साथ रहने वाले हैं नहीं और फ़र्स्ट ईयर में घर से दूर रहने की फ़ीलिंग परेशान भी ज़्यादा करती है। इसलिए यहाँ अच्छे दोस्त बनाओ। कोई भी समस्या हो तो तुरंत मम्मी-पापा को फ़ोन करके परेशान नहीं करना। ये जो यहाँ दोस्त बनेंगे, वही तुम्हारे हर सिचुएशन का हल निकालेंगे। बाद में जहाँ ज़रूरत पड़ी तो सीनियर समाज तो है ही।"

सब हँसने लगे।

अंशुल थोड़ी देर में गंभीरता से- "पर सर, हम कैसे जानें कि कौन हमारी दोस्ती के लिए सही है?"

छोटा सीनियर- "हमें पता था ये गंभीर चेहरेवाला हीरो ज़रूर कोई सीरियस

सवाल पूछेगा। दोस्ती के लिए कोई ऐसा स्टैंडर्ड तो बनाया नहीं गया है और न ही कोई लिटमस टेस्ट है। बस यूँ समझ लो दुश्मनी तो तुम किसी से भी मोल ले सकते हो, पर दोस्ती नहीं। दोस्ती उसी से निभेगी जो तुम्हारे लिए सही होगा वरना एक दिन वह ख़ुद-ब-ख़ुद ख़त्म हो जाएगी।"

अंशुल- "ओके सर।"

छोटा सीनियर- "अच्छा चलो। बहुत हो गई ज्ञान की बातें। कल तुम लोग इंट्रो का फ़ॉर्मेट पता करके आना और मस्त रहो बे। पढ़ो, खेलो-खाओ, बकैती करो। कॉलेज का ये टाइम ही पूरे जीवन का स्वर्ण काल है। इसे एंज्वॉय करो क्योंकि यही वक़्त जीवन भर गुदगुदाता रहेगा।"

नवीन- "सर, कुछ और ज्ञान की बात हो तो बता दो।"

सीनियर- "अच्छा बेटे, लग रहा तुम्हें अभी से मज़ा आने लगा। अरे हाँ! ये इंपोर्टेंट बात तो रह गई। इस साल तुम्हारे क्लास में आई (eye) टॉनिक आए हैं कि नहीं।"

पीयूष- "मतलब ?"

सीनियर- "अरे, बिल्कुल ही भोंदू हो यार। लड़कियाँ-वड़कियाँ हैं कि नहीं ?"

तीनों थोड़ा झेंप गए।

सीनियर- "अबे बताओ यार। इसमें शरमाने की क्या बात है ?"

पीयूष- "हाँ सर, हैं तो लड़की क्लास में।"

सीनियर- "और अंशुल तुम बताओ, सही है कोई ?"

अंशुल- "है तो सर एक।"

सीनियर- "और नवीन तुम्हें सही लगा कुछ ?"

नवीन- "कहाँ सर, इतनी लड़कियाँ हैं पर कोई ढंग की नहीं। सारा मस्त सामान तो आपके बैच में है।"

सीनियर- "वाह बेटा! तू तो बहुत तेज़ निकला। ध्यान दिया तुम लोगों ने, उसी सवाल का उत्तर तुम लोगों ने कैसे अलग-अलग दिया।"

तीनों- "मतलब सर!"

सीनियर- "मतलब ये कि नवीन ने लड़कियों की बात की जबकि अंशुल और पीयूष ने केवल लड़की की बात की। इसका मतलब ये हुआ कि अंशुल

और पीयूष का मामला गड़बड़ है (हँसता है) और नवीन तू, तू तो मस्त रह। तेरा सही है। इश्क़-विश्क़ से दूर रहो, मज़े में रहोगे।"

अंशुल और पीयूष- "अरे सर (मुस्कुराते हुए) ! ऐसा कुछ नहीं है। वो तो बस यूँ ही।"

सीनियर- "अरे बेटा, ऐसे मामले में सब यही कहते हैं। तुम अभी जिस नदी के पानी में उतरे हो न, उस नदी को हम पार कर चुके हैं, समझे। तो अब बता भी दो कौन है वो ?"

अंशुल- "अनामिका शुक्ला नाम है सर, पर बस अच्छी लगी है। आगे का ऐसा कुछ नहीं।"

सीनियर (पीयूष की ओर मुख़ातिब होकर)- "और हीरो तुम्हारा क्या सीन है ?"

पीयूष- "अरे सर, ऐसा कुछ नहीं है। बस वो थोड़ी ढंग की लगती है।"

सीनियर- "ढंग की लगती है, वाह बेटा (हँसता है), चलो अब नाम बता भी दो।"

पीयूष- (धीमी आवाज़ में)- "नेहा।"

सब हँसने लगे।

सीनियर- "चलो अच्छी बात है। लगे रहो दोनों। प्रगति बताते रहना।"

इसके बाद सब गंतव्य की ओर निकल गए।

पहली नज़र का प्रेम और केमिस्ट्री के सवाल

सीनियर की बातों का नवीन पर तो पता नहीं, पर अंशुल और पीयूष पर ख़ासा असर हुआ था। हॉस्टल आकर तीनों अपने-अपने कमरे में चले गए। रूम में आने के बाद घर बात करना अंशुल का रुटीन था। पापा को फ़ोन लगाकर उसने आज की रैगिंग के बारे में बताया।

पापा (थोड़े परेशान होते हुए)- "बेटा, फिर क्या हुआ ज़्यादा परेशान किया क्या?"

अंशुल- "नहीं पापा। बल्कि मुझे तो मज़ा आया।"

पापा (असमंजस में)- "मज़ा आया, मतलब!"

अंशुल- "अरे पापा, अच्छा सीनियर था वो। वैसे भी अब रैगिंग नहीं होती। कोई नया क़ानून बना है। अब पहले जैसा टेंशन नहीं।"

पापा- "अच्छा, पर आज ही तो मैंने पेपर में पढ़ा कि किसी मेडिकल कॉलेज में सीनियर्स ने एक जूनियर लड़के को बहुत परेशान किया।"

अंशुल- "मेडिकल कॉलेज का तो पता नहीं पापा, पर यहाँ सब बहुत कूल है। कोई दिक़्क़त नहीं।"

पापा- "अच्छा चलो, खाया-पीया कुछ?"

अंशुल- "हाँ पापा।"

पापा- "और सब बढ़िया?"

अंशुल- "बढ़िया।"

इसके बाद अंशुल ने फ़ोन रख दिया और बेड पर लेट गया। वह लेटे-लेटे अनामिका के बारे में सोचने लगा। उसने सोचा कि अनामिका से बात तो करनी पड़ेगी। सभी लड़कियों में वही तो है सबसे अलग। यह सोचते हुए उसके चेहरे

पर एक मुस्कान लुढ़क गई।

उधर हॉस्टल में कमरा नंबर 114 में पीयूष अपने बिस्तर पर पड़ चुका था। कॉलेज से आने के बाद जो पहला काम वो करता, वो था एक मीठी-सी झपकी लेना। वह जब तक झपकी नहीं ले लेता था उसे सिर भारी-सा लगता था। पर आज उसे झपकी आई ही नहीं। उसने आँखे बंद की तो नेहा का चेहरा उभर आया। उसके बारे में सोचने लगा, छोटा क़द, गेहुआँ साफ़ रंग, प्यारा चेहरा। बाल थोड़े छोटे हैं, पर जँचते हैं उस पर। बायें करवट से दायें करवट होते हुए उसकी आवाज़ उसके मन में बजी– नेहा भारद्वाज फ्रॉम कानपुर। कितनी मीठी आवाज़ है, वाह! सचमुच लाखों में एक। मीठी आवाज़ वाली प्यारी लड़की। ये सब सोचते-सोचते उसने फिर करवट बदली और कुछ गुनगुनाने लगा।

कमरा नंबर 104 में नवीन छिपकली के दिए हुए असाइनमेंट बना रहा था। कुछ सवालों के आंसर नहीं मिल रहे थे। इन्हीं सब में उलझा हुआ वो केमिस्ट्री की किताब के पन्ने पलट रहा था और सोच रहा था-ये छिपकली भी जाने कहाँ से क्वेश्चन फ्रेम करती है। ख़ुद से ही बोला– साला, मिल ही नहीं रहा है। फिर अंत में वो असाइनमेंट छोड़कर मोबाइल में गेम खेलने लगा।

केमिस्ट्री के भी कितने रंग हैं, नवीन सही के केमिस्ट्री के क्वेश्चन सॉल्व करने की कोशिश में लगा था। पीयूष और अंशुल भी प्रश्न हल करने में लगे थे, पर वो दूसरी तरह के केमिस्ट्री के प्रश्न थे।

रात को खाने के बाद पीयूष की टहलने की आदत थी। लेक व्यू हॉस्टल के बाहर वाले रास्ते पर वो टहलने जाता था। वो रास्ता आगे जाकर कॉलेज जाने के मेन रास्ते से जुड़ जाता था। मेन रास्ता आगे गर्ल्स हॉस्टल होते हुए कॉलेज चला जाता था। गर्ल्स हॉस्टल से पहले दायीं ओर मुड़ जाएँ तो वो रास्ता वापस फिर एक बंद वर्ग-सा होता हुआ लेक व्यू के गेट पर पहुँच जाता था। इतनी दूरी पीयूष हर रोज़ टहलता था। वैसे तो अंशुल और नवीन को टहलने का बिल्कुल शौक़ नहीं था। पर वो क्या करते, दोस्ती में साथ देने के लिए टहल आते थे। पंद्रह मिनट का ये सफ़र बड़े काम का था क्योंकि पढ़ाई को छोड़कर सारी काम की बातें इसी वक़्त होती थी। रोज़ की तरह आज का भी सफ़र शुरू हो चुका था।

पीयूष- "यार अंशुल, ये फ़िल्मों में जो दिखाते हैं प्यार-व्यार का चक्कर, तुम्हें क्या लगता है, कितना सही है?"

अभी अंशुल कुछ बोलता कि उससे पहले ही नवीन बोल उठता है- "कमीनों, मैं वापस जा रहा हूँ। अगर तुम दोनों को इस फालतू के टॉपिक पर बात करनी है तो करो।"

अंशुल- "साले, उड़ो मत। मज़ा तो तुमको भी आता है। ख़ैर कोई नहीं, वापस जाना हो तो चले जाओ। क्या पीयूष!" ये सुनकर पीयूष और अंशुल हँसने लगे।

नवीन- "तुम लोग नहीं सुधरोगे। क्या करें, गेहूँ के साथ घुन को भी पिसना पड़ता है।"

अंशुल- "मतलब तुम घुन हो। हा-हा-हा-हा-हा!

पीयूष- "भाई, बहुत ले ली गई इसकी। बस करो। हाँ, वो बताओ यार, प्यार-व्यार का चक्कर!"

अंशुल- "यार, पहले मैं भी सोचता था। ये बॉलीवुड वाले क्या दिखाते हैं। पगलैटी। पर अब अपने साथ ही ऐसा कुछ हो तो विश्वास करना पड़ता है।"

नवीन- "मतलब, क्या हो रहा है तेरे साथ?"

अंशुल- "अरे यार, आजकल नींद देर में आती है। अनामिका का चेहरा आ जाता है सामने।"

पीयूष- "हाँ यार। मुझको भी ऐसा ही कुछ हो रहा है। ऐसा लगता है जैसे बॉडी वेट कुछ कम हो गया है। लगता है हवाओं में उड़ रहा हूँ।"

नवीन- "हाँ तुमसे यही उम्मीद थी। पागल कहीं के। ये बनेंगे इंजीनियर। बस हो गई तुम्हारी पढ़ाई-लिखाई। कल ही फ़ोन लगाता हूँ अंकल को।"

अंशुल ने बीच में काटते हुए कहा- "बेटे, ऐसा है ये थोड़ा कठिन कॉन्सेप्ट है। तुम्हारे पल्ले नहीं पड़ेगा।"

पीयूष- "और तो और, ख़ूब गाने गाता रहता हूँ। सारी हीरोइनों में नेहा दिखती है।"

अंशुल- "हाँ यार, कल ही सुन रहा था– तेरे दर पर सनम, चले आए... ऐसा लगता है जैसे ये गाना बस मेरे लिए बज रहा था।"

नवीन- "अबे कमीनों, यूपी बोर्ड वालों, तुम सुन रहे कुमार सानू को? वो सीबीएसई की लड़की है, एनरिक, एकोन को सुनने वाली। ख़ुद को और उसको देखो। लौट आओ आसमान से, वरना यूँ गिरोगे कि भरे गुब्बारे से फट पड़ोगे।"

पीयूष- “अबे चुप रहो। तुम्हारे सिलेबस से बाहर है। ये सब तो ठीक है, पर आगे क्या करोगे, अंशुल?”

अंशुल- “यार, करना क्या है? कल से बातचीत की कोशिश करता हूँ।”

पीयूष- “हम्म! पर यार, बात कैसे करें! नेहा के सामने आते ही मैं सब कुछ भूल जाता हूँ।”

अंशुल- “अरे देखते हैं। कुछ तो करना होगा।”

नवीन- “अरे, करना क्या है? मैं ही कल नेहा के पास जाता हूँ और उसके सैंडल का नंबर पूछता हूँ।” ये कहकर वह हँसने लगता है।

पीयूष- “अरे यार, मज़ाक़ नहीं।”

नवीन- “अच्छा, तुम करो तो सही, हम करें तो बुरा लगता है।”

पीयूष- “नहीं बच्चे, तुम बोलो... ज़रूर बोलो... तुम्हारी तो हर बात ही मज़ाक़ है।”

एक बार फिर से अंशुल और पीयूष दोनों हँसने लगे। बातें करते-करते तीनों वापस हॉस्टल आ गए और अपने-अपने कमरे की ओर बढ़ गए।

अंशुल- “चलो यारो, कल देखते हैं, क्या होता है क्लास में!”

पीयूष- “हाँ।”

इसी के साथ तीनों ने एक-दूसरे से विदा ली।

***

अगली सुबह प्रतिदिन की तरह तीनों कॉलेज के लिए निकल चुके थे। बस अलग ये था कि नवीन को पीयूष और अंशुल के चक्कर में जल्दी कॉलेज आना पड़ रहा था। अंशुल तो इसलिए जल्दी निकला कि क्या पता अनामिका गर्ल्स हॉस्टल से ही दिख जाए और अंशुल का कॉलेज का सफ़र उसके पीछे चलते-चलते कट जाए। अनामिका गर्ल्स हॉस्टल में ही रहती थी। वह चार-पाँच लड़कियों के ग्रुप में कॉलेज आती थी। उस ग्रुप में उसके अलावा दो और केमिकल इंजीनियरिंग की लड़कियाँ मीनल और अविका आती थीं। बाक़ी एक लड़की मौसमी इलेक्ट्रिकल की और दूसरी फ़ूड टेक्नोलॉजी की प्रियांशी आती थी। चूँकि स्वभाव से ही लड़कियाँ समय की पाबंद होती हैं और लड़के लेट-लतीफ़। तो इस यूनिवर्सल से सत्य को आधार मानकर अंशुल हॉस्टल से जल्दी निकला था।

जैसा कि ज़्यादातर होता ये है कि प्यार में अपना सोचा हुआ होता नहीं और अगर होने वाला होता है तो कायनात की ताक़तें उसे जल्दी से होने नहीं देतीं। ऐसा इंजीनियरिंग में मिले ज्ञान के आधार पर कहा जा सकता है। ठीक इसी तरह जैसा कि अंशुल ने सोचा था वैसा हुआ नहीं और अंशुल अकेले ही कॉलेज तक गया। लड़कियों के बहुत से ग्रुप कॉलेज जा रहे थे, पर उसमें कोई ग्रुप अनामिका का नहीं निकला। एक हल्की-सी मायूसी अंशुल पर छा गई।

नवीन (मस्ती से)- "यार अंशुल, जिस काम के लिए तुम जल्दी निकले वो तो हुआ नहीं।"

अंशुल (नासमझ-सा बनता हुआ)- "मतलब क्या?"

नवीन- "हीरो न बनो, पता नहीं क्या हमको।"

पीयूष भी सहमति में सिर हिलाया।

अंशुल- "अरे यार, ऐसा बिल्कुल नहीं है, मैं तो इसलिए जल्दी निकला था कि मेरा रोल नंबर जल्दी आता है। देर हो जाए तो सही नहीं लगता, न।"

पीयूष- "अच्छा ऐसा क्या? (हँसने लगा) पर तुमसे पहले भी तो किसी का रोल नंबर आता है। बताओ तो ज़रा।"

नवीन- "हाँ, हाँ। बताओ ज़रा।" कहकर हँसने लगा।

अंशुल- "अरे कुछ नहीं कमीनों। चलो अच्छा छोड़ो।"

नवीन- "अरे भाई, छोड़ने से याद आया। आज सेकेंड हाफ़ का मौक़ा मत छोड़ना, अंशुल।"

पीयूष- "मतलब!"

नवीन- "अरे, सेकेंड हाफ़ में मैकेनिकल की लैब है।"

पीयूष- "तो?"

नवीन- "तो क्या पिछले हफ़्ते सर ने सारे ग्रुप एल्फ़ाबेट के क्रम में बनाए हैं? अनामिका का रोल नंबर इसके (अंशुल) जस्ट ऊपर आता है तो वो इसी के ग्रुप में है। अनामिका का रोल नंबर 1 और भाईसाब नंबर 2 (हँसते हुए) तो बात करने का अच्छा मौक़ा है।"

पीयूष- "सही लड़के। देख लो, इसे कहते हैं नसीब। एक मेरा रोल नंबर है साला, हम तीर घाट तो वो मीर घाट। बीच में चार लोगों के रोल नंबर पड़ते हैं। निहारिका, निशा, पवन, पीहू, फिर कहीं मैं।"

नवीन- "वाह क्या बात, भाई सब याद किए बैठा है। (हँसते हुए) बहुत ज़ोर से दिल लगा है भाई तेरा।"

पीयूष- "भक्क साले!"

तीनों क्लास पहुँचकर बैठे ही थे कि नवीन ने पीयूष को कोहनी मारकर दरवाज़े की तरफ़ इशारा किया। पीयूष ने उधर देखा तो फिर देखता रह गया। नेहा नीले सलवार सूट में एंट्री कर रही थी।

नवीन धीरे से कहा- "चलो सही है, जल्दी आने के चक्कर में किसी का तो काम बना।" इतना कहकर वह मुस्कुराने लगा।

अंशुल- "सही बात, क्यों पीयूष?" पूछकर हँसना शुरू कर दिया।

पीयूष (असहज सा)- "अबे, तुम लोग भी यार!"

नवीन- "अच्छा-अच्छा चलो, तुम्हें डिस्टर्ब नहीं करते हैं।"

पीयूष तो बस नेहा को देखता जा रहा था। ऐसा लग रहा था जैसे वक़्त बस थम गया था। उसके दाहिने कान की तरफ़ लटकती बाल की दो लटें, हल्के-हल्के हिलते छोटे ईयरिंग्स, हवा में लहरता हुआ दुपट्टा। सब कुछ ऐसा लग रहा था, मानों धीमी गति में हो रहा था। वह आई और पीहू के बग़ल में बैठ गई। जितनी देर के लिए ये सब हुआ था उतने देर के लिए पीयूष की पलकें भी उस पर थमी हुई थीं। नेहा के बैठने के साथ पीयूष की पलकें भी बैठीं।

पीयूष के कंधे को हिलाता हुआ नवीन- "बस कर मेरे रांझे, मुझे थोड़ा-सा बता दे, कल छिपकली ने पढ़ाया क्या था? आते ही प्रीवियस डे का पूछती है आजकल।"

पीयूष- "अरे वही, थर्मो सेट और थर्मो प्लास्टिक के अंतर के बारे में पढ़ाया था।"

नवीन- "अरे यार, ये डिफ़रेंस वाली चीज़ों का शुरू का नाम एक ही जैसा क्यों होता है। अब देखो थर्मो याद रह जाएगा और प्लास्टिक और सेट भूल जाऊँगा।"

अंशुल (हँसते हुए)- "अरे कोई नहीं, मैं पढ़ा देता हूँ तुझे, आसान है।"

पीयूष- "छोड़ भाई, अब तू नहीं पढ़ा पाएगा। देख, उधर अनामिका आ गई है।"

उसके बाद अंशुल अनामिका की ओर मुख़ातिब हो गया और उसे निहारने

में खो गया।

नवीन- "अरे यार! क्या है ये, साला तुम दोनों के चक्कर में मैं किसी दिन पिस जाऊँगा।"

पीयूष ने उसे समझाया और केमिस्ट्री पढ़ाने लगा। थोड़ी देर में छिपकली आ गई और क्लास शुरू हो गई। वो पिछले क्लास का कुछ नहीं पूछी और आगे का कोर्स पढ़ाना शुरू कर दी।

नवीन (अंशुल से)- "बताओ यार, फ़र्ज़ी में टाइम ख़राब किया। कुछ पूछा ही नहीं। इतने में तो इलेक्ट्रिकल की बिजलियाँ देख आए होते। थोड़ा करंट लगा आए होते।" कहकर हँसने लगा।

अंशुल- "अरे कमीने, पढ़ ले भाई। पढ़ाई कभी बेकार नहीं जाती।"

नवीन- "अरे, तू तो पीयूष की भाषा बोल रहा है।" ऐसा बोलते हुए वह पीयूष की ओर देखता है, पर पीयूष तो उनकी बातें सुन ही नहीं रहा होता। वो अभी ब्लैकबोर्ड पर ध्यान दे रहा था। बीच-बीच में नेहा को भी देख लेता था। पीयूष की तरफ़ से कोई प्रतिक्रिया न पाकर नवीन ने उसे थोड़ी देर ऑब्ज़र्व किया और पाया कि वो समयांतर के हिसाब से नेहा और ब्लैकबोर्ड में बराबर-बराबर ध्यानमग्न था।

नवीन (अंशुल से)- "अबे यार, इसे देखो, साला इतना ज़बरदस्त बैलेंस है इसका। बंदी और ब्लैकबोर्ड दोनों पर बराबर अटेंशन है। उस पर से साले को पूरा याद भी रहेगा कि नेहा क्या पहन के आई थी और लेक्चर में पढ़ाया क्या गया था?"

अंशुल- "भाई, कुछ भी कहो। लड़का अपना टैलेंटेड है।"

अबकी बार पीयूष ने उनकी बात सुन ली।

पीयूष- "उससे क्या? जिसे पता होना चाहिए, उसे तो नहीं पता न।"

अंशुल- "कोई नहीं भाई, उसे भी पता चलेगा एक दिन।"

नवीन- "और क्या! आख़िर हीरे की चमक कब तक छुपेगी?"

छिपकली का पीरियड ख़त्म हो गया।

नवीन, अंशुल, पीयूष, मोहित इसी क्रम में बेंच पर बैठे हुए थे। उनकी बग़ल में मोहित बैठा हुआ था। मोहित थोड़ा मस्त टाइप का लड़का था जिसकी पीयूष से आजकल थोड़ी ज़्यादा बन रही थी। अभी अगले पीरियड के प्रोफ़ेसर महोदय

क्लास में आए नहीं थे।

मोहित (पीयूष से)- "और दोस्त! कोई पसंद आई क्या?"

पीयूष (शर्माते हुए)- "अरे यार, क्या बात कर रहे हो। पसंद आई क्या? मतलब क्या? अरे शादी करने थोड़े न आया हूँ, बीटेक करने आया हूँ।"

मोहित- "अरे बता दो भाई। कौन-सी सही लगती है?"

पीयूष- "अमा यार।"

मोहित- "अरे शर्माओ मत यार।"

पीयूष- "ऐसे कैसे बता दूँ! (असमंजस में) मतलब कि आख़िर किस क्राइटेरिया पर?"

मोहित- "अरे यार। अच्छा चलो, तुम्हारी मुश्किल आसान करता हूँ। क्राइटेरिया पूछ रहे हो न। तो बस ये समझ लो, अगर शादी करनी हो तो किस से करोगे? समझ लो शादी ही करने आए हो।" मुस्कुराते हुए बोला।

पीयूष (शर्माता हुए)- "ये भी कोई बात हुई!"

मोहित- "बता दो भाई। मैं किसी को नहीं बताऊँगा।"

पीयूष- "पक्का न।"

मोहित- "हाँ यार।

पीयूष ने एक बार सारी लड़कियों को देखने का नाटक-सा किया। पर अच्छी तो उसे एक ही लगी थी।

पीयूष धीरे से बोला- "नेहा।"

नाम तो उसने ले लिया। पर शादी... शादी की बात, जाने क्यों बदन में एक अजीब-सी सिहरन दौड़ गई। एक-दो सेकेंड बाद ही पीयूष सामान्य हो पाया।

मोहित- "वाह क्या बात है, नेहा? सुनो-सुनो, (अंशुल और नवीन से) भाई, इसकी शादी करवा दो।"

पीयूष- "देख, देख साले तूने प्रॉमिस किया था, किसी को नहीं बताएगा।"

अंशुल और नवीन (मोहित से)- हाँ, क्यों नहीं, नेकी और पूछ-पूछ!

मोहित- "लड़की मैं बताता हूँ। नेहा। नेहा भारद्वाज।"

अंशुल और नवीन हँसने लगे। मोहित और कुछ शोर-शराबा मचा पाता कि क्लास में रामकुमार जी की एंट्री हो गई। रामकुमार जी गणित पढ़ाया करते थे और थोड़े सख़्त टाइप के व्यक्तित्व थे।

मैथ्स की क्लास शुरू हो गई। बीच में पीयूष, मोहित को किसी और से न कहने के लिए रिक्वेस्ट करता रहा। मोहित ने भी उसे आश्वस्त किया कि किसी और को नहीं बताएगा और ये भी कि इस मामले में उसका काम भी बनाएगा। पीयूष ने मैथ्स का पीरियड यही सोचते-सोचते बिता दिया कि मोहित काम बनाएगा। मतलब करेगा क्या! कुछ तो करेगा। पर क्या?

पीरियड ख़त्म होने पर पीयूष ने मोहित से पूछा- "क्या करेगा भाई?"

मोहित- "वक़्त आने पर तुझे ख़ुद ही पता चल जाएगा कि तेरा दोस्त क्या कमाल चीज़ है!"

जब ऐसे डायलॉग लड़कों के मुँह से निकलें तो डर जाना चाहिए क्योंकि ज़्यादातर मामलों में हीरो बनने के चक्कर में लड़का कुछ ऐसा कारनामा कर जाता है कि ख़ुद तो वह डूबता ही है, सामने वाले को भी ले डूबता है।

लंच के बाद सब मैकेनिकल लैब में इकट्ठे हुए। लेक्चरर ने लैब में आकर सबको अपने-अपने ग्रुप में बैठकर प्रैक्टिकल बुक से प्रैक्टिकल की थ्योरी लिखने के लिए बोल दिया। इसी बात का तो अंशुल को इंतज़ार था क्योंकि उसके ग्रुप में अमित, अजय के अलावा अनामिका थी। अंशुल अपने ग्रुप को इकठ्ठा करने में लग गया। नवीन भी अपने ग्रुप के साथियों की ओर चलता बना। बस पीयूष था जिसका मन अपने ग्रुप में जाने का नहीं था। पीयूष नेहा को उसके ग्रुप के दूसरे लड़के-लड़कियों की ओर जाते हुए देखता रहा। उस दिन उसे दुख हुआ कि उसका नाम 'प' की बजाय 'न' से क्यों नहीं था! पर बेचारा क्या करता, चुपचाप अपने ग्रुप में चलता बना। उसके मम्मी-पापा को थोड़े न पता था कि बेटे को इश्क़ में 'न' नाम की ज़रूरत पड़ेगी।

पीयूष प्रैक्टिकल की नोटबुक तो लाया था पर उसके पास प्रैक्टिकल की किताब नहीं थी जिससे प्रैक्टिकल कॉपी करना था। थोड़ी देर बाद मोहित ने पीयूष को अपनी बेंच पर बुलाया।

पीयूष- "क्या हुआ भाई?"

मोहित- "अभी तो कुछ नहीं हुआ। जो होना है वो तो अब होगा।"

पीयूष कुछ समझ पाता कि उससे पहले ही मोहित बोला (नेहा को पुकारते हुए)- "नेहा, ओ नेहा, ये पीयूष तुम्हें बुला रहा।"

इस सिचुएशन के लिए पीयूष बिल्कुल तैयार नहीं था। कोई और लड़की

होती तो कोई बात नहीं, पर सामने नेहा। पीयूष जड़ हो गया।

नेहा (पीयूष से)- "क्या हुआ ?"

पीयूष को समझ नहीं आया कि वह क्या बोले! अचानक से नेहा से उसकी बात होगी, उसने कभी सोचा नहीं था।

जैसे-तैसे ख़ुद को संयत करते हुए पीयूष बोला- "ओ... अरे अपनी नोटबुक दे दो।" हड़बड़ाहट में बस उसके मुँह से इतना ही निकला। नेहा ने पीयूष को अपनी प्रैक्टिकल की नोटबुक दे दी और अपनी सहेलियों से बातचीत में मशग़ूल हो गई।

पीयूष ने काँपते हाथों से नोटबुक खोला। पहले पन्ने के बिल्कुल ऊपर सीताराम लिखा था। फिर नीचे बहुत ही सुंदर शब्दों में 'नेहा भारद्वाज' लिखा हुआ था। पीयूष के मन में यकायक रामानंद के रामायण की सीता का चित्र उभर आया। उसे न जाने क्यों नेहा और दीपिका (रामायण में जिन्होंने सीता का चरित्र निभाया है) के चेहरे में एक समानता-सी नज़र आई। फिर पीयूष ने अगला पन्ना खोला जहाँ पहले प्रैक्टिकल का ऑब्जेक्ट वग़ैरह लिखा था। उसमें पीयूष का ज़्यादा इंटरेस्ट था नहीं सो वह यूँ ही और पन्ने पलटता गया।

उधर अंशुल अनामिका से बातें करने की कोशिश में लगा हुआ था। एक-दो सेंटेंस के बाद उसको समझ नहीं आता कि अब उससे और क्या बात करे। फ़ॉर्मल बातें जैसे कि मेरठ में कहाँ से है, पापा क्या करते हैं, कितने भाई-बहन हैं, आदि। इतनी बातें हो चुकी थीं। वह और बातें सोच ही रहा था कि नवीन उछलता-सा आया और बोला- "अंशुल, पीरियड ख़त्म। चलो।"

अंशुल ने हामी भरी और पीयूष को आवाज़ दी। पीयूष ने उन दोनों की ओर देखा और इशारों में समझ गया कि टाइम ख़त्म हो गया। वह नेहा की ओर गया।

पीयूष (नेहा से)- "योर नोटबुक।"

नेहा- "हम्म!"

नेहा मुस्कुराई और रजिस्टर लेकर स्कूटी स्टैंड की ओर चली गई। कॉलेज के 10वें दिन पहली बार आज पीयूष ने कुल दो बातें नेहा से कीं। पहली- 'ओ... अरे अपनी नोटबुक दे दो।' और दूसरी- 'योर नोटबुक।'

पीयूष नेहा को साइकिल स्टैंड की ओर जाते देखता रहा। तब तक अंशुल और नवीन उसके पास आ गए थे।

नवीन- "वाह क्या बात है! आज तो कुछ ग़ज़ब का ही दिन है। दोनों हीरो ने अपनी हीरोइनों से बातचीत की।"

अंशुल और पीयूष- "कहाँ बे? वो तो बस ऐसे ही।"

नवीन- "ऐसा है बेटे, मुझे ज़्यादा एक्सप्लनेशन नहीं चाहिए। जल्दी हॉस्टल चलो। तुम मजनुओं के चक्कर में मुझे चाउमीन और रसना नहीं छोड़ना।"

तीनों लैब से निकलकर एलवी न्यू की ओर चल दिए।

सीआर का चुनाव और क्लास टेस्ट

शाम के नाश्ते के बाद नवीन ने अंशुल और पीयूष से हॉस्टल के बाहर वाले लॉन में टहलने के लिए पूछा, पर दोनों ने दिन की थकान का हवाला देकर मना कर दिया और अपने कमरे में चले गए। नवीन अकेला पड़ गया। वह अकेले ही लॉन में चला गया। वहाँ वह अपनी ही क्लास के सुशांत से मिला। वह भी यूँ ही टहल रहा था।

सुशांत- "और भाई, क्या चल रहा है ? अंशुल और पीयूष नहीं दिख रहे।"

नवीन- "कुछ नहीं यार। बस यूँ ही। अरे वो दोनों आशिक़ी में पड़ गए हैं कमीने। बहाना बनाकर अपने रूम में चले गए। अपनी वालियों को याद करने।"

सुशांत- "तो तू भी पड़ जा भाई।"

नवीन- "नहीं भाई। अपन ऐसे ही ठीक हैं। तुम अपना बताओ।"

सुशांत- "मुझे तो वो हिमानी अच्छी लग रही।"

नवीन- "अरे-अरे... ओ भाई, उसकी बात नहीं पूछ रहा। जनरल पूछ रहा था।"

सुशांत- "अरे तो मैं भी जनरल बता रहा।"

नवीन- "ठीक है भाई। चल बता फिर। उसकी क्या-क्या इन्फ़ॉर्मेशन निकाली है ?"

सुशांत- "कुछ ख़ास नहीं। कोशिश में लगा हुआ हूँ। दिल्ली से है। थोड़ी हाई-फ़ाई है यार।"

नवीन- "ओ तेरी! बहुत तेज़ निकला, भाई! इतना सब कब पता लगा लिया ?"

सुशांत- "अरे कहाँ यार ? आज ही लैब में थोड़ी बात हुई।"

नवीन- "सही बेटे। चलो लगे रहो। अच्छा चलो यार, मैं चलता हूँ।"

लड़की का टॉपिक उसे अपेक्षाकृत बोर कर रहा था, इसलिए सुशांत से विदा लेकर वह अपने कमरे की ओर वापस लौट गया।

नवीन लॉन से वापस लौटते हुए सोचने लगा– 'ये सुशांत साला, क़द में छोटा-सा है। दिखने में भी ऐसे ही है बस और सपने देख रहा हिमानी के। उसकी गर्दन तक ही आएगा।' सोचकर ख़ुद ही हँसने लगा। फिर आगे सोचना शुरू किया कि ये सबको हुआ क्या है! सब-बस लड़की-लड़की। यही टॉपिक है क्या बस? ख़ुद से बात करते-करते वह अपने कमरे में पहुँच गया और आईटी की बुक निकालकर पढ़ने बैठ गया।

उधर पीयूष की आँखों में आज के दिन का वाक़या फ़िल्म की तरह चलने लगा। वह सोचा, जो भी कहो पर मोहित ने काम अच्छा किया। नेहा के होंठ कैसे चल रहे थे। लग रहा था जैसे फूल झड़ रहे थे। उसकी आवाज़ कितनी मीठी! कोयल जैसी बिल्कुल। उसे मैं एक घंटे, दो घंटे, सौ घंटे नहीं... नहीं... पूरे जीवन भर यूँ ही सुन सकता हूँ, बिना कुछ बोले हुए। बात तो उससे दो ही वाक्य की हुई। पर ऐसे लगता था जैसे घंटों बात हुई हो। नेहा का रजिस्टर उसे लौटाना ही नहीं चाहिए था। कल फिर बात करने का मौक़ा मिल जाता। ख़ैर, कोई बात नहीं। कोई तो रास्ता निकालना पड़ेगा।

अंशुल अपने कमरे में पड़ा सोच रहा था। अनामिका के सामने आते ही मैं सब कुछ भूल क्यों जाता हूँ? आज और भी ढेर सारी बातें हो सकती थी, पर मुझे उस वक़्त बातें ही नहीं सूझ रही थीं। यहाँ हॉस्टल आकर लग रहा, ये बात थी, वो बात थी। उसके सामने ऐसा क्यों नहीं हो पाता? वह अनामिका से बातचीत बढ़ाने का आइडिया सोच रहा था। उसने ख़ुद से कहा-एक बात तो तय हो गई, अनामिका उसे बिल्कुल नापसंद नहीं करती। जैसा कि उसके अंतस में एक डर था कि अगर अनामिका ने बात ही नहीं की तो! पर नहीं। आज तो इतनी बातें हो गईं। उसका यह डर जाता रहा।

जब प्यार शुरू हो रहा होता है तो आशिक़ छोटी से छोटी बात को भी अपने पक्ष के नज़रिये से देखने की कोशिश करता है। उस कोशिश में हर ऐसा इंसान इतना पॉज़िटिव हो जाता है जितना वह जीवन के अन्य किसी मोड़ पर नहीं हो पाता। काफ़ी सोचते-विचारते अंशुल को एक आइडिया आया था जिसकी वजह

से वह अपने बिस्तर से उछल पड़ा था। आइडिया कुछ ऐसा था कि वह बातों की टॉपिक का एक लिस्ट बना कर एक छोटे से काग़ज़ पर लिख लेगा और उस नोट को कॉलेज ले जाएगा ताकि अनामिका के पास जाने पर बातों का सिलसिला लंबी देर तक चले।

डिनर का वक़्त हो चुका था। पर अभी तक नवीन के पास पीयूष और अंशुल में से किसी का फ़ोन नहीं आया था। वह समझ गया था कि दोनों अपनी-अपनी प्रेम कहानी में उलझे पड़े होंगे। उसने कॉल करके दोनों को मेस में बुलाया।

नवीन- "अरे भाइयों, एक बात बताओ ये कॉलेज में सब बीटेक करने के लिए आए हैं या दुल्हन ढूँढने!"

अंशुल- "मतलब?"

नवीन- "अरे जिसे देखो वही लड़कियों के बारे में बात करता है।"

पीयूष- "अरे! अब कौन मिल गया तुम्हें?"

नवीन- "क्यों इश्क़ पर बस तुम्हारा कॉपीराइट है क्या?" ऐसा कहकर हँसने लगा।

पीयूष- "अबे क्या गोल-गोल घुमा रहा है। सीधे बता न, बात क्या है?" अंशुल भी पीयूष के समर्थन में सिर हिलाया।

नवीन- "अरे वो सुशांत है न, वो कह रहा था उसे भी एक लड़की पसंद आ गई है।"

अंशुल- "अरे तो इसमें क्या बात हुई? पसंद तो आ ही सकती है कोई।"

पीयूष- "भाई लड़का है तो लड़की ही तो पसंद आएगी। तुम्हारी तरह थोड़े न है वो कि हमें पसंद करते हो तुम।" कहकर ज़ोर से हँसने लगा।

नवीन- "अरे यार! जब देखो तब बस मौज। ये कोई हँसने की बात नहीं है।"

अंशुल (हँसते हुए)- "फिर हँसने की बात कौन-सी है?"

नवीन- "बताता हूँ। सुशांत पता है किसको पसंद कर आया है? हिमानी को। कहाँ वह जिराफ़-सी लंबी और कहाँ यह ससुर, चूहे से छोटे और मोटे।"

इतना कहकर वह हँसने लगा। अंशुल और पीयूष भी साथ में हँसने लगे।

पीयूष (थोड़ी देर में गंभीर होते हुए)- "लेकिन किसी के रूप-रंग का

मज़ाक़ उड़ाना तो सही बात नहीं। फिर हम लोगों की पढ़ने-लिखने का क्या अर्थ?"

ये बात हो ही रही थी कि कहीं से सुशांत वहाँ आ गया।

सुशांत- "और क्या हो रहा, दोस्तों?"

नवीन अपनी हँसी नहीं रोक पाता और हँस पड़ा। सुशांत को कुछ समझ नहीं आया। वह बोला- "क्या हुआ भाई?"

पीयूष- "अरे कुछ नहीं भाई, अभी ऐसे ही अंशुल की मौज ली जा रही थी। वही बात सोच के अभी भी हँस रहा है वो। तुम तो जानते ही हो, बड़ा वाला है ये।"

सुशांत- "अच्छा-अच्छा। अरे मैं ये कहने आया था यार, कल सीआर (क्लास रिप्रेजेंटेटिव) का चुनाव होना है। तो मैं भी खड़ा होऊँगा। बस दोस्तों, तुम लोगों का सपोर्ट चाहिए।"

तीनों (एक स्वर में)- "हाँ,क्यों नहीं यार!"

सुशांत- "एक बार सीआर बनवा दो। फिर अपने हिसाब से बंक वग़ैरह लगवाता रहूँगा।"

नवीन- "और दूसरे कौन खड़े हो रहे? और प्रॉसेस क्या है चुनाव का?"

सुशांत- "भाई, रौनक खड़ा हो रहा।"

पीयूष- "अच्छा, वो तो एलवी ओल्ड हॉस्टल में रहता है।"

सुशांत- "हाँ, भाई। अब तो समझ ही गए होगे। अपने हॉस्टल की नाक का भी सवाल है। प्रॉसेस ये है कि रचित सर, वो अपने सीनियर, अपने कुछ बैचमेट्स के साथ आएँगे। उन लोगों के सामने ही हाथ उठाकर वोटिंग होगी। अभी उनसे ही मिलकर आ रहा हूँ।"

नवीन- "अच्छा, रचित सर कौन हैं यार?"

पीयूष- "अबे वही जो तुमसे क्रिकेट खिलवाए थे, उस दिन ऑडी के सामने।"

नवीन- "अरे वो तो मस्त सर हैं।"

अंशुल- "और, एलवी न्यू से दूसरा कोई भी है तुम्हारे अलावा?"

सुशांत- "अरे वो हर्षित है। तुम तो जानते ही हो उसे। मुझे ही सपोर्ट करना, भाइयो।"

इतना कहकर सुशांत वहाँ से चला गया। थोड़ी देर में हर्षित भी उनसे आकर मिला।

हर्षित- "भाइयो, कल सीआर का चुनाव है। तो मुझे ही सपोर्ट करना।"

तीनों- "हाँ भाई, बिल्कुल!"

हर्षित- "यार,बिल्कुल अपने लोगों के हिसाब से बंक वग़ैरह लगवाऊँगा। असाइनमेंट की डेट भी अपन लोगों के हिसाब से आगे पीछे कराऊँगा।"

नवीन- "हाँ यार। असाइनमेंट ने बड़ा दिमाग़ ख़राब कर रखा है।"

हर्षित- "वही तो भाई, बस एक बार बनवा दो। फिर जैसा चाहोगे वैसा काम होगा सब।"

अंशुल- "हाँ भाई, क्यों नहीं!"

हर्षित- "बाक़ी तुम सुशांत को जानते ही हो। लड़कियों में ही घुसा रहता है। वह बना तो उन के हिसाब से ही सब करेगा। कल रचित सर आएँगे तभी होगा ये सब। थोड़ा ध्यान देना भाइयों। शाम को उनसे मिलके आया हूँ कि कल सीआर का चुनाव करवा ही दें। काफ़ी दिन हो चुके हैं।"

ऐसा कहकर वो चला गया।

नवीन- "यार, इसकी बात में दम तो है। सुशांत तो बस अपना उल्लू सीधा करने में लग जाएगा।"

पीयूष- "चलो, कल की बात कल कॉलेज में ही देखते हैं। सब यहाँ नेता बन गए हैं।" कहकर हँसने लगा।

***

अगले दिन लंच टाइम में रचित सर अपने कुछ दोस्तों के साथ क्लास में आए। सभी खड़े होकर गुड आफ़्टरनून बोले। उसके बाद सीनियर्स ने सबको बैठने के लिए बोला।

रचित- "हाँ, तो कौन-कौन सीआर बनना चाहता है, निकल के बाहर आ जाओ।"

सुशांत, रौनक और हर्षित बाहर आकर ब्लैकबोर्ड के पास खड़े हो गए। अंशुल, पीयूष और नवीन आपस में फुसफुसाना शुरू कर दिए।

नवीन- "कौन सही रहेगा यार ?"

अंशुल- "अरे! हर्षित को कर देंगे सपोर्ट।"

पीयूष- "अच्छा, चलो सही। डन।"

थोड़ी देर में रचित सर की आवाज़ आती है- "हाँ तो क्लास, अब ये तीन तुम लोगों के सामने खड़े हैं। एक-एक करके आगे आओ (रौनक, सुशांत और हर्षित को इशारा करके) और क्लास हाथ उठाकर वोट करो।"

रौनक आगे बढ़ा। कुछ लोगों ने हाथ उठाया। रचित सर ने गिना। 28 हाथ उठे थे। ज़्यादातर एलवी ओल्ड के लड़के और कुछ लड़कियाँ हाथ उठाई थीं। अंशुल, पीयूष और नवीन ने हाथ नहीं उठाए थे। उन लोगों ने हर्षित को वोट देने का मन बना लिया था।

फिर सुशांत आगे आया जाने उसका कैसा इम्प्रैशन था लोगों के मन में कि 15-20 सेकेंड हो गए पर कोई हाथ ही नहीं उठा रहा थ। सुशांत भी बेचारा निरीह मेमने की तरह पूरी क्लास की ओर देख रहा था शायद कहीं से कोई हाथ उठ जाए।

रचित- "चल भाई, क्या सोच के सीआर बनने के लिए उठे थे। चलो ख़ुद ही अपना हाथ उठा लो। चाहे तो दोनों हाथ उठा लो। दो वोट हो जाएँगे।" ऐसा कहकर हँसने लगा।

सुशांत रुआँसा-सा हो जाता है। उसने एक बार फिर पीयूष और नवीन की ओर देखा। नवीन तो इधर-उधर देखने लगा। पर पीयूष से उसकी नज़रें मिल गईं। जाने क्या सोचकर पीयूष ने अपना हाथ उठा दिया। ऐसा लगा जैसे डूबते को तिनके का सहारा।

जैसे-तैसे सर झुकाए सुशांत अपनी सीट पर वापस आ गया। बाक़ी बचे लोगों को रचित सर ने गिना 31 लोग थे जो हर्षित के फ़ेवर में थे। अब केमिकल इंजीनियरिंग क्लास को अपना सीआर हर्षित के रूप में मिल गया था।

इसके अलावा लड़कियों में अनामिका को निर्विवाद रूप से सीआर चुन लिया गया था।

***

मसूद की क्लास चल रही थी। उसी वक़्त एक प्यून आया। वह उन्हें एक काग़ज़ देकर चला गया। मसूद ने थोड़ी देर काग़ज़ को देखा और उसके बाद क्लास के सीआर के बारे में पूछा। हर्षित खड़ा हो गया। मसूद उसे ब्लैकबोर्ड के पास बुलाकर बोला कि वह उस नोटिस के बारे में पूरी क्लास को बताए।

हर्षित पूरी क्लास को बताना शुरू किया कि वह काग़ज़ फ़र्स्ट क्लास टेस्ट से संबंधित था। अगले हफ़्ते बुधवार से सीटी यानी क्लास टेस्ट रहेगी। पाँच पेपर रहेंगे, 1-1 घंटे का प्रत्येक पेपर होगा। सीटी 15 मार्क्स का रहेगा और आने वाले सोमवार तक जितना भी कोर्स कराया जाएगा उतना सीटी के लिए कोर्स होगा। ऐसी उद्घोषणा करके वह अपनी जगह बैठ गया। फिर मसूद अपना सब्जेक्ट पढ़ाने लगा। उसके जाने के बाद लड़कों में एक खलबली-सी मच गई थी कि इतनी जल्दी एक महीना बीत गया और टेस्ट भी आ गया।

उन सभी के बीच बस पीयूष ही ऐसा लड़का था जो बिल्कुल निर्विकार रूप से शांत था। पीयूष पढ़ाई-लिखाई के मामले में गंभीर रहने वाला लड़का था। अतएव उसके सारे नोट्स पूरे बने हुए थे। प्रतिदिन थोड़ा-बहुत पढ़ता भी रहता था। इसलिए उसका रिवीज़न भी होता रहता था। इसके अलावा लड़कियों में नेहा और रूपा काफ़ी सिनसियर थीं। अत: वे दोनों भी बिल्कुल शांति से बैठी थी। इनके अलावा बाक़ी सभी का हाल यूँ था जैसे कोई बम गिर गया हो। कुछ थे जिनके आधे-अधूरे नोट्स पूरे थे तो वो कम हैरान थे। बाक़ी कुछ थे जिन्होंने अभी कुछ भी नहीं किया था वो सबसे ज़्यादा हैरान-परेशान थे। अंशुल को यह बात भली-भाँति पता थी कि पीयूष का सारा काम पूरा होगा। इसीलिए जब नवीन ने उससे परेशान होते हुए कहा कि उसके तो नोट्स ही नहीं पूरे हैं, उसका क्या होगा। तो अंशुल ने उसे कूल रहने के लिए बोला और कहा कि पीयूष हम सबकी नैया पार लगाएगा। चिंता की कोई बात नहीं।

इसी बीच मैथ्स के टीचर आ गए थे। दोनों ने आपस में मशविरा किया कि हॉस्टल जाकर देखेंगे कि किस सब्जेक्ट का कितना काम पूरा है, कितना नहीं। उसके अनुसार पीयूष की मदद ली जाएगी।

हॉस्टल पहुँचकर पीयूष अपने कमरे में बैठा, आज की क्लास की पढ़ाई दोहरा रहा था कि नवीन और अंशुल एक साथ ही उसके कमरे में आ गए।

"मेरा तो यार बस इन्फ़ॉर्मेशन टेक्नोलॉजी का काम पूरा है। बाक़ी फ़िज़िक्स, केमिस्ट्री सब में फटी पड़ी है।" नवीन बोला।

"अबे, पीयूष अच्छा टेलर है सिल देगा।" हँसते हुए अंशुल ने कहा।

"अरे भाई! अभी मौज का मूड नहीं है। सही में डर लग रहा है।" नवीन ने परेशान होते हुए कहा।

पीयूष ने उसे ढाढ़स बँधाया कि इतना कम कोर्स है। पहले पूरे नोट्स बना ले। कोर्स भी पूरा हो जाएगा और तैयारी भी। अंशुल ने भी सहमति दी। नवीन ने अंशुल से जानना चाहा कि वह तो ऐसे कह रहा जैसे उसके नोट्स पूरे हो। इस पर अंशुल उससे बोला कि वह उसकी तरह नहीं है कि कोई नोट्स पूरे ही नहीं हैं। उसे तो बस मैथ्स और फ़िज़िक्स का काम पूरा करना है। बाक़ी का काम पूरा था। पीयूष ने नवीन को केमिस्ट्री की नोटबुक देते हुए बोला कि वह नोटबुक ले जाए और केमिस्ट्री का काम पूरा करे। इसके बाद अंशुल ने कहा कि उसको भी फ़िज़िक्स की कॉपी दे दे। वह भी जाकर अपना फ़िज़िक्स का काम पूरा करेगा। फिर पीयूष, नवीन को इशारे से जाने के लिए और अंशुल को रुकने के लिए कहता है।

"अच्छा बेटा, यही दोस्ती मुझे भगा रहे हो और अंशुल को रोक रहे। आख़िर माजरा क्या है?" नवीन बोला।

"अरे नौटंकी, रुक जाओ तुम भी। इश्क़-मोहब्बत की बातें करनी हैं। रुकोगे?" पीयूष ने कहा।

"नहीं-नहीं, तुम लोग ही करो, हमें सीटी में पास होना है। हम जाते हैं। कैरी ऑन।" इतना कहकर नवीन चला गया।

उसके बाद पीयूष ने अंशुल को अपनी परेशानी बताई कि नेहा से उसकी बात ही नहीं हो पाई। कोई उपाय सुझाए।

अंशुल ने कहा- "जिस नाव पर वो है उसी नाव पर वह भी है। पर उसकी तरह पतवार लेकर बैठा नहीं है। पतवार चलाने की कोशिश करता रहता है। तभी तो नाव आगे बढ़ेगी वरना खड़े रहो किनारे पर। वो लिस्ट वाले आइडिया से भी फ़ायदा हुआ है।"

पीयूष ने अपनी बात आगे बढ़ाई- "उसका सही है क्योंकि अनामिका यहाँ-वहाँ उसे मिल जाती है। एक तो वह गर्ल्स हॉस्टल में रहती है जो कि एलवी न्यू के बग़ल में है। इसके अलावा उनका लैब में ग्रुप भी एक है। इन दोनों ही बातों में से एक भी चीज़ उसके फ़ेवर में नहीं है। एक तो क्लास छूटने के बाद वह स्कूटी स्टैंड जाती है जबकि वह एलवी न्यू जाता है, जो कि परस्पर विपरीत दिशाओं में हैं। इसके अलावा उसके लैब वाले ग्रुप में भी वह नहीं है। फिर वह लिस्ट बनाकर भी क्या करेगा! जब नेहा मिलेगी ही नहीं तो बात क्या करेगा!"

अंशुल को यह सब बहाना लगा। उसने उसे समझाया- "जो भी मौक़ा मिले उसे पकड़ लो। थोड़ी हिम्मत करके उसके पास जाओ। ये भूल जाओ कि कोई तुम्हें देख रहा है या लोग क्या कहेंगे। मुझको देखो, मैं आज ही अनामिका के पास जाकर उससे फ़िज़िक्स के नोट माँग आया। उससे बात करके पता चला कि उसके नोट्स पूरे नहीं हैं। पर यह सब तो बात करने का बहाना था क्योंकि नोट्स तो मुझे तुमसे (पीयूष) ही लेने थे। नोट्स माँगने ज़रूरी थे वरना फिर अनामिका से बात कैसे होती! तुम्हें भी ऐसी कोशिशें करते रहनी चाहिए।"

इतने लंबे मोनोलॉग के बाद थोड़ा रुककर बोला- "अच्छा यार, कोशिश जारी रखो। मुझे फ़िज़िक्स की कॉपी दे दो। मैं चलता हूँ। बाक़ी लगे रहो। कोशिशें सफल होती ही हैं।" इसके बाद अंशुल अपने रूम चला गया।"

उसके जाने के बाद पीयूष को अंशुल के चेहरे पर मौजूद आत्मविश्वास की याद आई। जाने क्यों वह आत्मविश्वास पीयूष को गहराई तक चुभी। उसे अंशुल से कोई क्षोभ नहीं हुआ। उसे ख़ुद पर ग्लानि हुई। उसे ख़ुद पर दुख हुआ कि सच में वह अवसरों को मिस कर देता है। फिर सोचने लगा कि नेहा मिल ही नहीं पाती यह तो कोई बात नहीं। उसने सोचा कि अंशुल की तरह वह भी कल जाकर नोट्स माँगेगा। इसी सब उधेड़बुन में लगा वह कब सो गया, उसे पता ही नहीं चला।

अंशुल अपने कमरे में जाकर पीयूष की फ़िज़िक्स की कॉपी खोलकर काम पूरा करने के लिए बैठा। अभी उसने पहला पैराग्राफ़ ही लिखा था कि उसे नींद-सी आने लगी। अंशुल वैसे भी नवीन की तरह देर रात जागने का आदी नहीं था। पर आज का दिन महत्त्वपूर्ण था, अगर आज उसने काम नहीं पूरा किया तो कल वह अनामिका को नोट्स देने की हालत में कैसे रहेगा। पर क्या करे ये नींद। उसने कॉपी बंद की और उठकर टहलने लगा। थोड़ा पानी पीया, बाथरूम गया, हाथ-मुँह धोया और वापस कमरे में आया। अब उसकी नींद थोड़ी-थोड़ी भाग रही थी। इसके बाद वह काम करने बैठ गया। क़रीब डेढ़ घंटे लगातार लिखने के बाद उसको एक आनंद की अनुभूति हुई। वह आनंद इस कल्पना को सोचकर हुई कि वह अनामिका को अपनी फ़िज़िक्स की कॉपी दे रहा था और वह अपने मीठे शब्दों में उसे थैंक यू बोल रही थी। अंशुल ने घड़ी देखी रात के पौने दो बज रहे थे। वह एक बार खिड़की पर गया उसे लगा मानो ठंडी हवा

अंदर आकर उसकी पीठ सहलाती हुई वेल डन बोल रही थी। उसके बाद वह सोने चला गया। यही तो ताक़त है इश्क़ की कि व्यक्ति अपने सामर्थ्य से ज़्यादा काम कर जाता है। प्रायः 12 बजे तक बिस्तर पर पड़ जाने वाला अंशुल आज इतनी रात तक जग गया था। सच ही है, इश्क़ में पड़ा हुआ आदमी चींटी सरीखा हो जाता है, ख़ुद से ज़्यादा बोझ उठाने का साहस रखता है।

अगला दिन शनिवार का दिन था। क्लास चल रही थी। उस दिन नेहा नीला सूट पहनकर आई थी। पीयूष अंशुल, नवीन और सुशांत के साथ खिड़की की तरफ़ बैठा था। पीयूष तिरछी निगाहों से पहले की तरह उसे देखने की कोशिश कर रहा था। जो कि प्रायः हर दिन के उसके क्रिया-कलाप में शामिल-सा था। सामने छिपकली केमिस्ट्री पढ़ा रही थी। पीयूष कभी ब्लैकबोर्ड तो कभी नेहा को देखता था। साथ में सचेत भी था क्योंकि नेहा ने देख लिया तो भी दिक़्क़त और छिपकली ने देख लिया तो भी। वह चाह तो रहा था कि क्लास पर कन्संट्रेट करे, पर कर नहीं पा रहा था। नेहा इतनी सुंदर लग रही थी आज कि उसके सिवा उसे कुछ और देखने का मन ही नहीं हो रहा था। पीयूष उसे देख ही रहा था कि नेहा ने जाने क्या देखने के लिए खिड़की की तरफ़ देखा। अचानक से उसने पीयूष को अपनी तरफ़ देखते हुए पाया। पीयूष की चोरी पकड़ी गई थी, उसने तुरंत अपना सिर खिड़की से बाहर की ओर देखने के लिए घुमा लिया। नेहा को भी अंदर से एक गुदगुदी-सी महसूस हुई। वह मुस्कुराने लगी। उसे ध्यान आया कि पिछले दो-तीन दिन लैब से छूटने के बाद जब वह स्कूटी स्टैंड जा रही थी तो पीयूष उसके पीछे-पीछे आ रहा था। उसे थोड़ा कुछ लगा तो था। पर मुख्य भवन आने के बाद वह अचानक से रजिस्ट्रार ऑफ़िस को मुड़ गया था। इसलिए वह अपनी सोच पर मुस्कुरा पड़ी थी। आज अभी के घटनाक्रम से एक बार फिर वह मुस्कुरा पड़ी थी। कल-परसों उसे लगा था ऐसी सोच उसका वहम है इसलिए मुस्कुराई थी और आज लगा, नहीं, ये शायद सच है। इसलिए मुस्कुराई। दोनों मुस्कुराहटें प्रत्यक्ष में एक-सी होते हुए भी कितनी अलग थीं!

पीयूष के मन में एक अजीब-सी गहमागहमी चल रही थी। नेहा क्या सोच रही होगी। सोचे ना, यही तो वह सोचवाना चाहता था। पता नहीं उसे अच्छा लगा होगा या बुरा। कहीं मुझे बुरा लड़का न समझ ले। समझे तो समझे, अगर ऐसा करने से बुरा हो गया तो हाँ, बुरा है वो। वो कुछ नहीं जानता बस इतना जानता

था कि वो उससे प्यार करता है। आज उससे ज़रूर बात करेगा। उसे देखते और ये सब सोचते क्लास का टाइम कब ख़त्म हो गया उसे पता भी नहीं चला।

उस दिन लंच के पहले का वो आख़िरी पीरियड था। छिपकली के जाने के बाद हर्षित ने सबको बताया कि अब से बंक रहेगा अब सबको सीधे मंगलवार आना है। सीटी आ गई इसलिए सब पढ़ाई करेंगे। नवीन बहुत ख़ुश हुआ। वह हर्षित की तारीफ़ अंशुल से करने लगा।

पीयूष आज इरादा करके तो आया ही था कि आज नेहा से बात करेगा। उसने नवीन को भी हॉस्टल जाने के लिए बोल दिया कि उसे अभी थोड़ा टाइम लगेगा। नवीन ने सोचा कि इन दोनों का तो काम पूरा है बस उसका ही काम सबसे ज़्यादा अधूरा है। वह अपना वक़्त क्यों बर्बाद करे? इसलिए पीयूष की बातों से सहमत होता हुआ वह हॉस्टल अकेला ही निकल गया।

पीयूष नेहा के पास गया। उसने उसे पुकारा। अचानक उसे धक–धक की आवाज़ सुनाई देने लगी जो उसके ही सीने से आ रही थी। धड़कन इतनी तेज़ बज रही थी कि एक-एक बीट आसानी से सुनी जा सकती थी। नेहा उसकी ओर मुख़ातिब हुई और मुस्कुरा पड़ी। शायद उसे क्लास का वाक़या याद आ गया था। अब तो पीयूष को लगा जैसे काटो तो ख़ून नहीं। उसकी धड़कन और तेज़ हो गई। उसे लगा जैसे उसके सीने में एक नहीं चार दिल धड़क रहे थे। पीयूष ने डरते-डरते नेहा के हाथों की ओर देखते हुए बोला कि उसका काम पूरा नहीं है। इसलिए उसे उसका रजिस्टर चाहिए था। नेहा ने अपने हाथ से नोटबुक उसे दे दिया। रजिस्टर लेकर ज्यों ही वह मुड़ा उसे ध्यान आया उसने नेहा को सब्जेक्ट तो बताया ही नहीं था। यों ही रजिस्टर ले लिया। इतनी देर में शायद नेहा को भी इस बात का एहसास हो गया था। पीयूष वापस मुड़ा। दोनों की नज़रें मिली और दोनों मुस्कुरा पड़े। दोनों ही के मन में शायद सेम बात चल रही थी। पीयूष ने नोटबुक के पहले पन्ने को देखते हुए बोला, ये मैथ्स की नोटबुक है। यही चाहिए थी मुझे। मंडे लौटाने का वादा कर वह वहाँ से चला गया। थोड़ी देर बाद अलग-अलग जगहों पर दोनों ही के चेहरे पर एक मुस्कान ढुलक रही थी।

अगले सप्ताह सीटी हो गई। उम्मीद के अनुरूप पीयूष के पेपर अच्छे हुए थे। अंशुल के भी अच्छे हुए पर नवीन से कुछ-कुछ ग़लतियाँ हो गई थी। इसलिए जितना अच्छा उसने सोचा था उसके अनुरूप पेपर नहीं हो पाया।

क्लासेस फिर से रेगुलर चलने लगी। किसी एक दिन ऐसे ही लंच के बाद का वक़्त था। सारे स्टूडेंट्स केमिस्ट्री लैब में प्रैक्टिकल कर रहे थे। क्लास टेस्ट हुए 10 दिन हो चुके थे। अचानक छिपकली आई और उसने बताया कि केमिस्ट्री की कॉपियाँ चेक हो गई थीं। सब लोग अपने मार्क्स देख लें। लिस्ट में देखने पर पता चला कि नवीन के 18, अंशुल के 20, अनामिका के 21, नेहा के 25, सुशांत के 20 और पीयूष के 23 नंबर आए थे। लगभग इसी प्रकार के मार्क्स पूरी क्लास के आए थे। सबसे ज़्यादा नेहा के मार्क्स थे।

अपने स्कूल के दिनों में अंशुल अपनी क्लास में प्राय: फ़र्स्ट या सेकेंड आया करता था। यहाँ कॉलेज में पहले टेस्ट के रिज़ल्ट में न तो वो फ़र्स्ट आया न ही सेकेंड। यहाँ तक कि टॉप पाँच में भी वह नहीं था। पर उसके मन में एक अजीब-सी ख़ुशी थी। ख़ुशी इस बात की ज़्यादा थी कि अनामिका के उससे ज़्यादा मार्क्स थे और साथ ही उसके मार्क्स कहीं-न-कहीं अनामिका के समानांतर से थे।

नवीन ने आख़िर के दिन में पढ़ाई तो ख़ूब की थी। पर नंबर उसके अनुरूप नहीं आ पाए थे। उससे छोटी-मोटी ग़लतियाँ हो गई थीं। वह थोड़ा उदास हो गया। यह उदासी इसलिए भी हो गई कि तीन दोस्तों के ग्रुप में उसके नंबर सबसे कम थे। वह सोच रहा था 20 आ जाते तो भी सही था। उसने ख़ुद से ही कहा अगली बार अच्छा नंबर ले आऊँगा। एक बार पेपर ख़राब हो जाए तो इसके सिवा और किया भी क्या जा सकता था। वह चुपचाप वापस लैब में अपनी प्रैक्टिकल करने की जगह आ गया।

अंशुल, पीयूष, नवीन में सबसे ज़्यादा ख़ुश पीयूष था। एक तो नेहा ने टॉप किया था दूसरे लड़कों में वह भी टॉप पर ही था।

शाम को तीनों नाश्ता करके एलवी न्यू के ग्राउंड पर घूम रहे थे। अंशुल से नवीन की उदासी छुपी न रह सकी।

"अरे यार! तू इतना उदास क्यों है।" अंशुल ने नवीन से कहा।

"अरे कुछ नहीं यार, बस ऐसे ही ज़रा मन बोर-सा हो रहा था।" नवीन बोला।

"अरे यार अभी तो ये पहली कॉपी जँची है। ज़रूरी थोड़े ही है कि सारे पेपर में तुम्हारे नंबर कम ही रहेंगे।" पीयूष ने स्थिति भाँपते हुए कहा।

"नहीं ऐसा तो कुछ नहीं है। बस यूँ ही ज़रा सोच रहा था। तीसरा क्वेश्चन फ़र्ज़ी में ग़लत हो गया। वरना आ जाते 20-21 तक। जल्दी में प्रश्न ही नहीं पढ़ा मैंने। जो लिखना था उसके उलट लिख दिया।" नवीन बोला।

"हो जाता है यार। प्रेशर रहता है परीक्षा भवन में। इसीलए तो कहते हैं कि एग्ज़ाम केवल उस सब्जेक्ट का ही नहीं होता बल्कि हम प्रेशर में कितना अच्छा प्रदर्शन करते हैं उसका भी होता है। तू परेशान न हो। ये आख़िरी इम्तिहान थोड़े न था।" अंशुल बोला।

"वो तो ठीक है। पर बुरा लगता है। कैसे-कैसे घरवाले पढ़ा रहे हैं, वो तो वही जानते हैं। हम यहाँ ऐसे पढ़ रहे हैं। ऐसे ही रहा तो जाने सेमेस्टर में क्या हाल रहेगा?" नवीन निराश होते हुए बोला।

"ए भाई, इतना सीरियस नहीं होना रे। कौन-सा आख़िरी टेस्ट दिया है तुमने कि दुबारा मौक़ा नहीं मिलेगा। तीन सीटी होने हैं हर विषय के। तीनों में से जो दो बेस्ट होंगे वही लेकर औसत लिया जाएगा। इसका मतलब अभी दो बार देना है सीटी। इतना सेंटी नहीं होने का। बाक़ी हम तेरे दोस्त किसलिए हैं बे यहाँ! अगले केमिस्ट्री टेस्ट में तुम्हें टॉप करवाके मानेंगे हम। तू चिंता मत कर।" नवीन की पीठ थपथपाते हुए पीयूष बोला।

"बाक़ी ये रोनी-सी सूरत तुम्हें सूट नहीं करती। ये रोने-धोने का काम पीयूष का है। उसी को करने दिया कर। तू तो मस्त रह।" अंशुल बोला।

नवीन को ढाढ़स बँधा। रोने-धोने का काम पीयूष का है, ऐसा सुनकर उसके चेहरे पर मुस्कान तैर गई। अंशुल और पीयूष भी मुस्कुराने लगे। इस घटना ने तीनों की पल्लवित हो रही दोस्ती को और मज़बूत करने का काम किया।

गोविंद की जलधि जैसी दुकान, चिड़ियाघर और जेके टेंपल

एक दिन लंच टाइम पर हर्षित (सीआर) ने सबको रोका और अगले दिन की पिकनिक के लिए सबकी स्वीकृति चाही। सब उसकी बात से सहमत हो गए। उसने कहा कि पहले चिड़ियाघर चल लेंगे फिर अगर समय रहा तो कहीं और भी घूम लेंगे। इस पिकनिक के लिए आने वाले शनिवार का दिन निश्चित किया गया। इसके लिए अगले दिन की बंक की घोषणा कर दी गई। सबने उसके इस प्लान का एक स्वर में समर्थन किया। बस सुमंजीत सिंह वह लड़का था जिसने बंक के लिए धीमे स्वर में अनिच्छा ज़ाहिर की।

सुमंजीत ने पहले भी दो-तीन बार बंक तोड़ा था। शायद वही एक लड़का था जिसको क्लासें इतनी पसंद थीं। अगर पीरियड नहीं भी रहता था तो भी वह कॉलेज में इधर-उधर, कभी एक प्रोफ़ेसर से दूसरे प्रोफ़ेसर के पास घूमता रहता था। पिछली बार जब फ़िज़िक्स की क्लास का बंक डिसाइड हुआ था तो इन महानुभाव ने अकेले जाकर क्लास अटेंड कर ली थी। उसके इस कृत्य का पता सबको तब चला, जब अगली क्लास में फ़िज़िक्स के प्रोफ़ेसर ने कहा कि वह चैप्टर 2 नहीं पढ़ाएँगे क्योंकि इसे उन्होंने पिछली क्लास में पढ़ा दिया था। तो सबका मुँह विस्मय से खुला रह गया था क्योंकि पिछली क्लास तो हुई ही नहीं थी। सब बंक पर जो थे, पर सबके आश्चर्य को ख़त्म करते हुए प्रोफ़ेसर ने बताया कि बस सुमंजीत ही वह गुड ब्वॉय था जिसने अकेले वह पाठ पढ़ा था। पर उसकी इस हरकत से पूरी क्लास सकते में थी। सबने उसको बोला भी कि वह बच्चों वाली हरकतें क्यों करता था! हरकतों का तो पता नहीं बदलीं कि नहीं, पर उसका नाम ज़रूर बदल दिया गया था। अब उसे सब सुमंजीत सिंह न

बुलाकर 'बच्चा सिंह' बुलाते थे। उसकी इन्हीं हरकतों के कारण क्लास में कुछ सुर ऐसे भी उठ रहे थे कि उसे बॉयकाट कर दिया जाना चाहिए था।

इसीलिए जब इस बार पिकनिक का प्लान बन रहा था और सुमंजीत ने धीमे स्वर में अपनी बात रखी तो सबकी भौहें एक बार फिर तन गई थी। साथ ही साथ सब सहम भी गए थे कि 'बच्चा' कुछ गड़बड़ ज़रूर करेगा। बंक को न मानने के कारण बच्चा की क्लास में कम ही लोगों से बनती थी। उसके साथ आत्मीयता का रिश्ता शायद ही किसी का बन पाया था, बस नवीन ही था जो थोड़ा उसके क्लोज़ था। इसका कारण ये था कि 'बच्चा' ने कभी नवीन को बताया था कि बंक करके एक दिन वह जब घर जल्दी चला गया था तो उसके भैया को विश्वास नहीं हुआ कि कॉलेज इतनी जल्दी बंद कैसे हो सकता था। इसके बाद उसके भइया वापस उसे कॉलेज लेके आ गए थे। घर पर उसकी बहुत भद्द पिटी थी। उसकी इस बात को नवीन ने ही तवज्जो के साथ सुना था। इसीलिए अपनी बातें प्रायः वह नवीन को ही बताता था।

उस दिन भी अंशुल ने नवीन को इशारा किया कि वह 'बच्चा' को समझाए। नवीन ने 'बच्चा' को समझाया कि घर वालों को मत बताना कि बंक करके सब पिकनिक जा रहे हैं। तुम्हारा पूरा दिन तो यूँ बीत जाएगा जैसे सुबह से शाम तक का पूरा कॉलेज का टाइम बीतता है। उसके समझाने से बच्चा मान गया। पिकनिक का प्लान फ़ाइनल हो गया था।

अंशुल (अनामिका से)- "हर्षित का आइडिया सही रहा आज।"

अनामिका बोली- "हाँ सही में यार। मैं तो इतने दिनों से कहीं बाहर भी नहीं गई। अच्छा रहेगा, थोड़ा एंज्वॉय करेंगे सब।"

अंशुल बोला- "हाँ वो तो सही है, पर बाहर नहीं गई तुम, ऐसा क्यों?"

अनामिका- "अरे यार हम लोगों की वॉर्डन बहुत स्ट्रिक्ट है। कहीं जाओ तो शाम को 6-6.30 तक आ जाओ। बताओ अब कहीं दूर जाएँगे तो कैसे आ पाएँगे। बस यहीं नवाबगंज जा पाते हैं। कभी-कभी सामान लेने या फिर वो पानी के बताशे खाने जाते हैं। सीनियर्स बोलती हैं ये पाबंदी फ़र्स्ट ईयर तक ही है।"

अंशुल- "अच्छा, ख़ैर वार्डन तो हमारा भी कड़ा है। पर ऐसी कोई बंदिश नहीं है। हाँ, रात को कोई ग़ायब न रहे। किसी को कानपुर अपने रिलेटिव के पास जाना हो तो बता के जाता है। नवाबगंज में बताशे की दुकान किधर है?

कभी ध्यान नहीं दिया। (पीछे नवीन, पीयूष की ओर इशारा करके) पीयूष, नवीन और हर्षित तो अक्सर जाते हैं वहाँ बरगद के पेड़ के नीचे चाय पीने। बोलते हैं कि वो बहुत अच्छी चाय बनाता है। एकाध बार मैं भी गया हूँ। पर मुझे चाय का इतना शौक़ नहीं है।"

पीयूष और नवीन हामी भरते हैं।

अनामिका- "अरे, हाइपरज़ोन (इंटरनेट कैफ़े) से बरगद के पेड़ के लिए जो रास्ता जाता है। उसी रास्ते पर पहले ही बाई ओर ही उसकी दुकान पड़ती है। मस्त बताशे बनाता है।"

अंशुल- "फिर तो कभी बताशे खाने चलना ही पड़ेगा।"

नवीन- "ख़ैर, ये तो ठीक है। पर उससे पहले कल पिकनिक चलना है।" अंशुल को देखते हुए नवीन ने एक कुटिल मुस्कान के साथ कहा।

सबने एक दूसरे से विदा ली।

***

शाम हो गई थी, पीयूष के चाय पीने का टाइम हो रहा था। वह प्रायः सुशांत को लेकर नवाबगंज चला जाता था। उसने सुशांत को बुलाने के लिए कमरा नंबर 115 का दरवाज़ा खटखटाया। उसे समझ नहीं आता था कि ये सुशांत अपना कमरा प्रायः बंद करके क्यों पड़ा रहता था जब कि वह तो अपना कमरा खुला रखता था ताकि हवा का सर्कुलेशन बना रहे। पीयूष ने देखा था कि अक्सर जब भी सुशांत दरवाज़ा खोल रहा होता था तो अपना फ़ोन काट रहा होता था। पीयूष समझ नहीं पाता था कि वह किससे बात करता रहता था। कभी-कभार उसने पूछने कि कोशिश भी की पर सुशांत गोलमटोल करके बात टाल देता था न तो यह बताया कि दरवाज़ा क्यों बंद रखता था और न ही यह कि बात किससे करता था?

दरवाज़ा खटखटाने के 15-20 सेकेंड के बाद ही सुशांत ने हमेशा की तरह फ़ोन जेब में रखते हुए दरवाज़ा खोला। चाय के लिए जाना उनके दिनचर्या में इस क़दर शामिल था कि दरवाज़ा खोलते ही उसने बोला- "चाय के लिए रेडी, चलो चलते हैं।"

"हाँ, चलो चलते हैं।"

दोनों ने चलना शुरू ही किया ही था कि दूर से अंशुल की आवाज़ आई

और उसने अपने बालकनी से ख़ुद के चलने के लिए इशारा किया। सुशांत थोड़ा आश्चर्य में पड़ते हुए बोला- "अंशुल और चाय!"

"हाँ, वही तो मैं भी सोचा। ये तो यहाँ मेस में भी चाय नहीं पीता और आज बाज़ार जाने के लिए कह रहा।"

"ख़ैर, कोई नहीं आने दो। अच्छा ही है। साथ हो जाएगा। लड़कियों के बारे में भी कुछ बताएगा। आज इसे अनामिका से बात करते हुए देखा मैंने।"

अभी वह बात कर ही रहे थे कि अंशुल आ गया।

"यार, थोड़ा बोर हो रहा था। सोचा तुम लोग चाय के लिए जा रहे होगे। मैं भी चल लेता हूँ।" अंशुल ने कहा।

"हाँ-हाँ, क्यों नहीं।" सुशांत ऐसे बोला मानो उसके आने से उसे सबसे ज़्यादा ख़ुशी हुई।

तीनों नवाबगंज के लिए निकल पड़े। नवाबगंज जाने के लिए जो सबसे छोटा रास्ता था उसके लिए गर्ल्स हॉस्टल के सामने से गुज़रना पड़ता था। आगे चलकर एक मिट्टी वाला रास्ता था जो गर्ल्स हॉस्टल वाली सड़क को नवाबगंज से जोड़ता था। तीनों अभी गर्ल्स हॉस्टल के सामने से क़रीब 200 मीटर आगे पहुँचे ही थे कि एक लड़की को एक लड़का अपनी बाइक से उतार रहा था।

"मुझे ये नहीं समझ आता जब यहाँ तक छोड़ने आ गए हैं तो हॉस्टल के सामने ही उतार दो। ये 200 मीटर आगे या पीछे उतारने का क्या मतलब?" अंशुल बोला।

"अभी बहुत मतलब निकाल रहे हो। तुम्हारा भी भविष्य यही है।" सुशांत हँसते हुए बोला।

"अरे, ये तो अपनी सीनियर बैच की सबसे ख़ूबसूरत रूबिया अंसारी मैम हैं और लड़का अपना फ़ाइनल ईयर का सीनियर मिहिर चंद्रा है। मैं तो इसे बहुत बड़ा चंपू समझता था। ये तो छुपा रुस्तम निकला। कहाँ राजा भोज कहाँ गंगू तेली!" पीयूष विस्मय से बोला।

"भाई, यही तो ज्ञान लेना है तुम्हें। प्यार में ख़ाली चेहरा-मोहरा ही नहीं देखती लड़कियाँ। उन्हें तो बस तुम अच्छे लगने चाहिए। ये अच्छाई कुछ भी हो सकती हैं। अब ये तुम्हारा टैलेंट है कि अपनी कौन-सी ख़ूबी से तुम उन्हें इम्प्रेस कर सकते हो। उदाहरण तुम्हारे सामने हैं। तुम एक बार भा गए उनको

तो बस समझो आधी जंग जीत ली तुमने।" सुशांत ने एक लवगुरु वाली छवि के अनुरूप बोला।

अंशुल और पीयूष ने हामी भरी। तीनों बरगद वाली चाय की दुकान के पास पहुँचते कि उससे पहले ही अंशुल ने बायीं तरफ़ एक गोलगप्पे वाले दुकान की ओर इशारा किया और गोलगप्पे खाने के लिए कहने लगा। ये वही गोलगप्पे वाला था जिसके बारे में अनामिका ने उसको बताया था वैसे तो अंशुल को गोलगप्पों का कोई शौक़ नहीं था पर अनामिका ने जिस चीज़ को अच्छा कहा था उसको चखना तो मानो उसके लिए ब्रह्मा का वाक्य था। पीयूष और सुशांत गोलगप्पे खाने से मना करने लगे। पर अंशुल ने दबाव डाला कि गोलगप्पे अच्छा बनाता है वो। ये सब बातें हो रही थीं कि उसी वक़्त सुशांत ने हिमानी को अपनी एक सहेली के साथ वहाँ गोलगप्पे खाता हुआ देख लिया। फिर क्या था, उसने भी अंशुल की बात का समर्थन कर दिया। अब पीयूष की हालत ऐसी हो गई थी कि मरता क्या न करता सो उसको भी उनके साथ दुकान में जाना पड़ा। वहाँ पहुँचते ही सुशांत हिमानी से बातें करने लगा।

"और गोलगप्पे खाए जा रहे हैं।" सुशांत बोला।

"हाँ, तुम लोग भी खाओ। मस्त तीखा है।" हिमानी ने गोलगप्पा गटकते हुए बोला।

"अरे, मैं और पीयूष तो अक्सर यहाँ खाते हैं। बहुत अच्छा बनता है यहाँ। तुमने पहले पूछा होता तो मैं इसी गोलगप्पे वाले कि दुकान का सुझाव देता। है कि नहीं पीयूष?"

उसकी बात सुनकर पीयूष ने सुशांत को एक बार ऊपर से नीचे देखा और सोचने लगा क्या सफ़ेद झूठ बोला सुशांत ने। आज पहली बार तो वह उसके साथ इस दुकान पर आया था। एक बार फिर मरता क्या न करता। पीयूष को हाँ में अपना सिर हिलाना पड़ा। सुशांत हिमानी से बात करने में लगा रहा। अंशुल और पीयूष आपस में बात करते रहे और बताशे खाते रहे जब मन और पेट तृप्त हो चुका तो जो आख़िरी बात उन दोनों के बीच अंशुल ने सुनी वो शायद प्रैक्टिकल के रजिस्टर और गोविंद के दुकान की बात हो रही थी।

गोविंद की दुकान एक तरह से एचबीटीआई में पढ़ने वाले लड़कें-लड़कियों के लिए स्टेशनरी की यूनीवर्सल दुकान-सी थी। कौन से प्रैक्टिकल लैब में कौन-

सी रजिस्टर लगेगी, किसमें बॉन्ड पेपर लगेगा, किसमें हलके पेपर लगेंगे, किसमें एक तरफ़ सादे पन्ने लगेंगे, किसमें काला कवर, किसमें हरा कवर, असाइनमेंट में कौन से पन्ने लगेंगे आदि चीज़ों का वह सर्वज्ञाता था। ऐसा लगता था कॉलेज के प्रोफ़ेसर किसी और को बताएँ न बताएँ, गोविंद को ज़रूर बता जाते थे कि उनके विषय में कौन-सी क़लम, कॉपी, रजिस्टर आदि लगेगा। उसे ये तक मालूम रहता था कि कहाँ पर पेंसिल के कौन से प्रकार जैसे एचबी, 2एच, 4बी आदि लगेंगे। इस मायने में वह सचमुच का गोविंद ही था। जैसे गोविंद अपने भक्तों के मन की बात समझ जाते हैं वैसे ही ये गोविंद स्टूडेंट की रिक्वॉयरमेंट को समझ जाता था। उसकी दुकान पान की गुमटी जैसी छोटी थी। उस छोटी-सी गुमटी में वह एक कुर्सी डाले रहता था। वह काफ़ी मोटा था, बमुश्किल घूम पाता था। पर स्टूडेंट्स के ज़रूरत की सारी चीज़ें उस छोटी-सी दुकान से मुहैया करा देता था। इतना सामान उस छोटी-सी दुकान में समुंदर की तरह गोविंद ने कहाँ-कहाँ समा रखा था ये तो वही जानें, पर कोई भी स्टूडेंट उसकी दुकान से कभी ख़ाली हाथ नहीं लौटा। ये बात अलग थी कि वो प्रॉफ़िट भी ख़ूब दबा के लगाता था।

गोलगप्पे की दुकान से हटते ही सुशांत बोला- "यार, लौटते समय गोविंद की दुकान से होते हुए चलेंगे। केमिस्ट्री की फ़ाइल ख़रीदनी है।"

पीयूष को जैसे कुछ याद आया और उसने कहा- "कल ही तो तुमने शाम को ख़रीदी थी जब हम चाय पीने आए थे।"

सुशांत झेंपते हुए बोला- "अरे यार, वो हिमानी के लिए लेना था। उसको लेट हो रहा था तो मैंने बोला कि मैं कल कॉलेज लिए आऊँगा। तुम तो जानते ही हो गर्ल्स हॉस्टल में 6.30 तक एंट्री कर लेनी होती है।"

पीयूष बिना एक पल गँवाए बोला- "भाई, हम क्यों जानेंगे कि एंट्री कब बंद हो जाती है वहाँ।" इतना कहकर वह हँसने लगा। सुशांत को कोई जवाब नहीं सूझा। इस तरह हँसी-ठिठोली करते तीनों हॉस्टल लौट गए।

***

अगले दिन पिकनिक के लिए सब कानपुर प्राणी उद्यान यानी कि चिड़ियाघर के अंदर आ चुके थे। कई तरह के पशु-पक्षी दिख रहे थे। कुछ जानवर तो काफ़ी एक्टिव थे, कुछ सुस्त थे। कुछ सो भी रहे थे। पर जानवरों की संख्या कम लग

रही थी। लड़कों का समूह आगे चल रहा था। लड़कियों का समूह उनसे पीछे चल रहा था। सुशांत लड़कियों के साथ था। नवीन ने ध्यान दिया कि जाने कब अंशुल पीछे छूटकर लड़कियों के साथ हो लिया था।

"देख रहे हो इसे कहते हैं, मौक़े का फ़ायदा उठाना। भाई साब कब उधर पहुँच गए। पता ही नहीं चला।" नवीन पीयूष से बोला।

"अबे हाँ यार, दुबे तो तेज़ निकला। कब गया उधर?" पीयूष बोला।

"सवाल ये नहीं है कि कब गया उधर। सवाल ये है कि तुम कब जाओगे? कहो तो मैं ही बुला दूँ नेहा को!"

"नहीं भाई। उसे बुलाने की ज़रूरत नहीं हैं।"

पीयूष ने नेहा को देखा वह लड़कियों की दूसरी पंक्ति में चल रही थी। हर पंक्ति में क़रीब तीन-चार लड़कियाँ थी। नेहा ने पिंक कलर की टी शर्ट और जीन्स पहनी हुई थी। पीयूष ने थोड़ा ध्यान और दिया तो देखा उसके चेहरे पर आज चश्मा नहीं था। उसने सोचा शायद उसने लेंस लगवा लिए थे। वह एकटक नेहा को देखता रहा। नेहा को देखना हर दिन सुखद होता था। एक तो उसके कपड़ों का चुनाव कमाल का होता था उस पर से उसकी चाल में एक अलग ही अदा हुआ करती थी। वह उसे मंत्रमुग्ध-सा देखता रहा।

"अरे भाई, उसे बाद में भी देख सकते हो। चिड़ियाघर आए हो कुछ यहाँ भी देख लो।" नवीन ने उसका ध्यान भंग करते हुए कहा।

"हाँ-हाँ यार, मैं तो बस यूँ ही..."

"चलो फिर हम तुम्हें चिड़ियाघर घुमाते हैं अच्छे से। वो देखो शेर का बाड़ा। काफ़ी दूर बनाया है। पर शेर दिख नहीं रहा अभी।"

"अरे, रुकते हैं थोड़ी देर। अंदर होगा माँद में। आ रहा होगा।"

बग़ल में कुछ क्लासमेट्स भी आकर रुके हुए थे। शायद उन सबकी तमन्ना शेर देखने की थी। कुछ लड़के शेर की तरफ़ आवाज़ देके चिल्लाने और छोटे कंकड़ फेंकने लगे कि शायद चिढ़कर या नींद से जागकर शेर जाली की तरफ़ आए। पीयूष ने उनको ऐसा करने से मना किया। उसे लगा अगर शेर को आना होगा तो ख़ुद ही आएगा, उसे इस तरह परेशान करना ठीक नहीं।

"बताओ, आएगा न? ऐसे चिल्लाना ठीक है क्या नवीन? इतने पढ़े-लिखे होकर भी हम लोग सड़क छाप हरकतें करते हैं। सही नहीं है।"

"अबे एक बात बता तुझे सही में कन्सर्न है या यूँ ही राजा हरिश्चंद्र बन रहा है तू!"

"अबे साले, तू भी? भाई, मज़ाक़ की बात नहीं। सोच अगर तू अंदर बंद हो वहाँ और जानवर देखने आएँ तुम्हें तो कैसा लगेगा? ऊपर से चीख़ें-चिल्लाएँ तो?"

"मान गया भाई, तू इतनी ख़तरनाक कल्पना क्यों कराता है!" थोड़ा रुककर वह फिर विस्मय सहित बोला- "अरे देख, तेरी बात सच हो गई। आ गया शेर।"

लड़कियाँ भी वहाँ आ चुकी थीं। सब शेर को देखने लगे।

घूमते-फिरते चिड़ियाघर में ही तीन बज चुके थे। सब को इतना मज़ा आया था कि सबने इस मस्ती भरे वक़्त को शाम तक खींचने का प्रस्ताव रखा। निर्धारित हुआ कि सब लोग जेके टेंपल चलें। फिर से लड़कियाँ एक ऑटो में सुशांत के साथ निकल पड़ी थीं और सारे लड़के भी दो-तीन ऑटो से जेके टेंपल पहुँच रहे थे। जेके टेंपल कानपुर के दर्शनीय जगहों में से एक है। सफ़ेद पत्थर से बने इस मंदिर की छटा शाम को देखते ही बनती है। मंदिर के पीछे वाले भाग में एक बड़ा-सा जलाशय-सा बना हुआ है जिसमें फौव्वारे लगे हुए हैं। बिजली से प्रकाशित रंग-बिरंगी रोशनी जब फौव्वारे की धाराओं को बेधती है तो ऐसा लगता है मानो हवा में असंख्य इंद्रधनुष तैर रहे हो। वहाँ पहुँचकर सबने दर्शन किए। प्रेम के प्रतीक श्रीकृष्ण भगवान की बड़ी-सी मूर्ति वहाँ विराजमान है। जेके मंदिर का प्रांगण बहुत बड़ा है। नवीन ने देखा कि चार-पाँच लोगों का दो समूह घास पर आमने-सामने बैठा था। थोड़ी देर में उसे समझ आया कि वहाँ रिश्ते की बात पक्की करने के लिए लोग आए थे। एक समूह लड़के वालों का था और दूसरा लड़की वालों का। थोड़ी देर में उन लोगों ने लड़के-लड़की को एक दूसरे से बातचीत करने के लिए अकेला छोड़ दिया था। परिवार वाले आपस में बात करने लगे थे।

"देख, तेरे भी ऐसे दिन जल्द आने वाले हैं। पर मैं सोचता हूँ तुझे इन सबकी ज़रूरत ही क्या है? तू तो लड़की को पहले से ही जानता-समझता है। बस 15-20 मिनट लंबी बात नहीं किया है तो क्या! वो भी हो जाएगी।" नवीन ने हँसते हुए पीयूष से बोला।

"अबे हट! वैसे ये जगह तो सही है। लोगों की ज़िंदगियों का फ़ैसला हो

जाता है यहाँ।" पीयूष उसकी बातों को टालते हुए बोला।

"यार, पर एक बात नहीं समझ आती कि जिसके साथ हमें अपनी पूरी ज़िंदगी गुज़ारनी है। उसे हम 15 मिनट में कैसे जान लेंगे?"

"भाई, देखो जब तुम्हें ऐसा इंसान मिल जाएगा जिसके साथ तुम्हें ज़िंदगी भर का साथ गुज़ारना सही लगेगा तो तुम उसे पाँच मिनट में ही पहचान लोगे। 15 मिनट का वक़्त तो फिर भी बहुत ज़्यादा है।"

"अरे यार! मैं बस तुम्हारी इन्हीं फ़िल्मी बातों से परेशान हूँ। कभी तो यथार्थ के धरातल पर उतरकर बात किया करो।"

"अरे साले! ऐसा नहीं हैं। तुम्हें अभी इश्क़ हुआ नहीं है न। ऐसा कोई जब तुम्हें मिलेगा तो एक मिनट में समझ जाओगे कि वो कितना सही या ग़लत है तुम्हारे लिए। तब इतना ज्ञान की बातें नहीं करोगे।" इतना कहकर पीयूष हँसने लगा था।

सब तीन-चार के ग्रुप में मंदिर के अलग-अलग हिस्सों में घूम रहे थे। अंशुल अनामिका के साथ हो लिया था। सुशांत हिमानी के आस-पास मंडरा रहा था। नवीन ने पीयूष को भी उकसाया कि उसके साथ तो वह हमेशा ही घूमा करता था। अभी मौक़ा है नेहा के पास जाए। काफ़ी हिम्मत करने के बाद पीयूष भी नेहा के पास चला गया था। नेहा के साथ एक-दो लड़कियाँ और भी घूम रही थीं। जाने क्या सोचकर नेहा भी लड़कियों के साथ घूमते-फिरते उनके ग्रुप से निकलकर पीयूष के साथ हो ली।

अंशुल नवाबगंज घूम के आया था। वह अनामिका के बताए बताशे वाली दुकान पर भी गया था। उसी बात का संदर्भ लेकर वह उससे बातें करने लगा।

"यार, परसों शाम मैं तुम्हारे बताए दुकान पर नवाबगंज गया था। सच में वह मस्त बताशे बनाता है। तुम सही ही कह रही थी।" अंशुल बोला।

"अच्छा बनाता है न। बताओ अकेले-अकेले खा आए।" अनामिका बोली।

अंशुल तो इस उत्तर के लिए तैयार ही नहीं था। उसके मन में एक कसक-सी उठी कि काश पहले पता होता तो अनामिका को साथ ही ले जाता। ऐसे मौक़े बनते ही कहाँ थे?

"अरे यार, सॉरी! चलो अगली बार पक्का।" अफ़सोस के स्वर में वह बोला।

"अरे मैं तो मज़ाक़ कर रही थी। डोंट फ़ील सॉरी। ख़ैर कोई नहीं कभी चल लेंगे बताशे खाने। उसकी बात छेड़कर तुमने मेरे मुँह में पानी ला दिया।"

"हाँ-हाँ। क्यों नहीं। अरे पर मैं तुम्हें बुलाऊँगा कैसे? अपना नंबर तो दे दो।" अंशुल ने सही मौक़ा देखकर यह बात कह दी थी। साथ ही साथ उसके मन में बैकग्राउंड में चल रहा था कि अगर अनामिका ने इस बात से मना कर दिया तो वह अदना-सा मुँह लेकर रह जाएगा। अभी उसके मस्तिष्क का द्वंद्व चल ही रहा था कि सामने से आवाज़ आई- 'नाइन, फ़ाइव, सेवन, थ्री...' अनामिका अपना मोबाइल नंबर बोल रही थी।

अंशुल तो मानो जैसे सातवें आसमान पर था। उसे लगा जैसे बहुत से नंबरों के उच्चारण हवा में तैर रहे थे। जाने उसने क्या सुना, क्या नहीं। उसका अंदाज़ा लगा पाना उसके लिए मुश्किल था। बस अनामिका जो बोलती गई उसे वह अपने मोबाइल में लिखता गया। उसके हिसाब से प्यार के रास्ते का सबसे अहम पड़ाव उसने पार कर लिया था। उसकी ख़ुशी उसके चेहरे पर झलक रही थी। अब अनामिका के सामने न रहने पर भी वह उससे बात कर सकता था।

पीयूष ने काफ़ी बातें सोच रखी थी कि नेहा सामने होगी तो वह क्या बात करेगा। आज ऐसा अवसर आ गया था। उसने देखा था कि नेहा की स्कूटी का नंबर UP 78 RT 6694 था। उसके नंबर को लेकर अपनी गणित लगाकर बातें करने के लिए वह कुछ सवाल बना आया था। अभी जब कि नेहा उसके साथ हो ली थी। उसने कहना शुरू किया- "आज का दिन अच्छा रहा। हम लोगों को क्लासेस से बाहर निकलकर ऐसे घूम-फिर लेना चाहिए।"

नेहा बोली- "हाँ, बात तो सही है। कभी-कभी रिफ्रेश हो जाना भी ज़रूरी है।"

"हाँ, वैसे कानपुर में घर कहाँ है तुम्हारा?"

"मैं परेड में रहती हूँ। वैसे मैं यहाँ अपने मामा के यहाँ रहती हूँ। प्रॉपर तो मैं लखनऊ की हूँ।"

"हाँ-हाँ... मैंने देखा है तुम्हें स्कूटी से आते-जाते हुए।" कुछ न सूझते हुए उसने यही बोल दिया था। ऐसा कहकर उसे लगा जैसे ये कोई कहने वाली बात नहीं थी। नेहा को भी एक एहसास हुआ कि शायद पीयूष बात करने में नर्वस हो रहा था। बातचीत में थोड़ा पॉज़-सा हुआ। उसको तोड़ते हुए नेहा बोली- "वैसे

तुम प्रॉपर कहाँ से बिलॉन्ग करते हो?"

"गाज़ीपुर, बनारस के पास का ज़िला।" उसने कहा। सीधा-सीधा गाज़ीपुर भी कहा जा सकता था। पर उसे लगा कि बचपन से लखनऊ जैसे शहर में रहने वाली लड़की पता नहीं गाज़ीपुर जानती भी होगी कि नहीं। उसने बनारस को ज़िक्र में जोड़ दिया। दूसरा उसके मन में ये भी था कि वह भी ऐसे-वैसे जगह से नहीं था बल्कि धर्मनगरी के बग़ल का रहने वाला था। जैसा कि अपेक्षित था अब बातें बनारस पर आकर रुक गई थीं। हालाँकि जब बातचीत और बढ़ी तो उसने गर्व के साथ वीर अब्दुल हमीद का ज़िक्र किया कि वो गाज़ीपुर के ही थे। उसने राही मासूम रज़ा के बारे में भी बताया। नेहा को अब्दुल हमीद के बारे में तो पता था पर रज़ा साहब के बारे में ज़्यादा नहीं पता था। पीयूष ने बताया कि महाभारत सीरियल के डायलॉग राही जी ने ही लिखे थे। इतना सब बताते-बताते उसे गर्व का अनुभव हो रहा था।

"लगता है तुम्हें हिंदी साहित्य से काफ़ी लगाव है।"

"हाँ, थोड़ा बहुत पढ़ता रहता हूँ।" एक हल्के-सी उमंग के साथ पीयूष ने कहा।

उसके बाद विषय बदलते हुए उसने कहा- "तुम्हारी स्कूटी का नंबर बारह-तेरह है न?"

एक बार को नेहा को कुछ समझ ही नहीं आया कि पीयूष क्या कहना चाह रहा था। उसने अचकचाते हुए कहा- "नहीं तो। पर क्यों? वो तो सिक्स सिक्स नाइन फ़ोर है।"

"वही तो मैं कह रहा था सिक्स प्लस सिक्स यानी बारह और नाइन प्लस फ़ोर यानी तेरह!" इतना कहकर वह हँसने लगा। उसे लगा जैसे उसने बहुत सही जोक मारा था।

उसकी बात सुनकर नेहा को भी हँसना पड़ा। पर मन-ही-मन उसके दिमाग़ में 'हे भगवान' जैसी घंटी बज रही थी। थोड़ी देर दो-चार और बातें उनके बीच हुईं। शाम हो चुकी थी। सबको ख़ूब आनंद आया। इस वादे के साथ कि आगे भी ऐसी पिकनिक प्लान की जाएगी, सबने एक-दूसरे से विदा ली।

फ़ोन नंबर, सेमेस्टर और प्यार का इम्तहान

अंशुल ने अनामिका से फ़ोन पर बातचीत कॉलेज की एक्टिविटी से संबंधित चीज़ों के बारे में मैसेज भेजकर शुरू की। जैसे छत पर चढ़ने के लिए हमें एक सीढ़ी की ज़रूरत होती है और सीढ़ी के एक-एक पायदान हमें छत के पास ले जाते हैं। वैसे ही मैसेज भेजना और उसका जवाब आ जाना इस सीढ़ी का ऐसा ही कुछ पहला पायदान था। अब अगला पायदान अंशुल के लिए अनामिका से फ़ोन पर बातचीत शुरू करने का था और वह अब इसी चीज़ की तैयारी में लग गया था।

आज दिन में अंशुल के साथ नवीन और पीयूष ने नोटिस बोर्ड देखा था कि दिसंबर माह की पहली तारीख़ से सेमेस्टर इम्तिहान होने वाले थे। अभी नवंबर के 15 दिन हुए थे। नवीन अपने कमरे की मेज़ पर बैठा हुआ था। वह सेमेस्टर की तैयारी के बारे में सोच रहा था। वह हिसाब-किताब लगा रहा था कि अभी 15 दिन बाक़ी थे जिसमें से 10 दिन तो कॉलेज भी जाना होगा। बाद के 5 दिन बंक लगवाना पड़ेगा तभी प्रिपरेशन हो पाएगी। पाँच पेपर थे। तीन दिन एक पेपर के लिए मिल रहे थे। तैयारी तो हो जाएगी पर मेहनत भी काफ़ी करनी पड़ेगी। इस समय उसके हाथ में इन्फ़ॉर्मेशन टेक्नोलॉजी की मोटी किताब थी। वह बार-बार किताब को उलट-पुलटकर देख रहा था। अपने मौन से शायद वह यही बातें कर रहा था कि इतनी मोटी-मोटी किताबें कैसे ख़त्म कर पाऊँगा। सोचने में तो आसान लग रहा था। वह इसी ऊहापोह में लगा था कि अचानक उसे खिड़की के बाहर एक मकड़ी का जाला दिखा। जाले में एक छोटा-सा पंख वाला कीड़ा फँस गया था। जो थोड़ा फड़फड़ा रहा था। वह जाला थोड़ा बड़ा था। जाले के एक और हिस्से में दूसरा कीड़ा फँसा हुआ था जिसकी फड़फड़ाहट बंद थी।

शायद उसकी सामर्थ्य अब जवाब दे गई थी और वह शांत पड़ चुका था। उसके पास मकड़ी पहुँच गई थी। मकड़ी धीरे-धीरे अपने शिकार का स्वाद चख रही थी। नवीन तन्मयता से इस दृश्य को देख रहा था। उसे लगा मकड़ी कितनी प्लानिंग के तहत काम करती है। जाने कितने दिन-हफ़्ते उसने इस जाले को बनाने में लगाए होंगे। तब आज उसे उसका फल मिल रहा था। उस मकड़ी को देखकर एक बारगी उसे पीयूष का ध्यान हो आया। वह मुस्कुराने लगा था। पीयूष नियमतः पढ़ता रहता था। उसकी तैयारी पूरी होगी बिल्कुल इस मकड़ी की तरह। इसी समय वह उस पहले कीड़े को देखने लगा जो लगातार फड़फड़ा रहा था, पर निकल नहीं पा रहा था। फिर वह कीड़ा शांत-सा हो गया। नवीन को लगा शायद इसका भी काम-तमाम हो गया। पर दो-तीन सेकेंड के पॉज़ के बाद वह कीड़ा फिर फड़फड़ाया। पर निकलने में सफल नहीं हो पाया। कीड़ा फिर रुका, दो सेकेंड बाद फिर फड़फड़ाया। पर इस बार भी वह सफल नहीं हो पाया। वह कीड़े को ग़ौर से देखने लगा। पॉज़ ले लेकर तीन-चार प्रयासों के बाद वह कीड़ा एक झटका इतना ज़ोर का लगा पाया कि जाल से मुक्त हो गया। उसके हर्ष और आश्चर्य की सीमा न रही कि इतना छोटा-सा कीड़ा भी एक समुचित स्ट्रेटजी बना सकता था। वह अपनी कुर्सी पर उछल पड़ा। उसने खड़े होकर खिड़की से नीचे की तरफ़ झाँका। कीड़ा उड़ता हुआ कहीं गुम हो गया नवीन ने एक विश्वास के साथ किताब और क़लम उठाई। वह पढ़ने बैठ गया। मानो उसने मन-ही-मन ठान लिया था कि वह भी उस कीड़े-सा बन सकता था।

रात का वक़्त हो रहा था। पीयूष अपने बिस्तर पर करवटें बदल रहा था। इसी समय रात के सन्नाटे में उसे रेल की बहुत क्षीण आवाज़ सुनाई दी। उसने ध्यान लगाया कि क़रीब कल भी इसी वक़्त ये आवाज़ आई थी। उसने अंदाज़ लगाया कि यह रावतपुर स्टेशन पर आई किसी ट्रेन की आवाज़ होगी। उसकी आवाज़ एलवी न्यू तक आ सकती थी मतलब स्टेशन पर उसकी आवाज़ कितनी तेज़ होगी! उसने कल्पना की कि यह ट्रेन जब रुकती है तो हॉर्न देती है और कई लोग उसमें चढ़ते हैं।

ट्रेन फिर से जब चलना शुरू करती है तो एक बार फिर से हॉर्न देती है। मानो इस रात के सन्नाटे में चीख़-चीख़कर किसी व्यक्ति विशेष को बार-बार पुकार रही हो। पर कोई और ट्रेन में चढ़ने नहीं आया होगा। शायद उस व्यक्ति विशेष

को इस ट्रेन की चीख़ से कोई मतलब नहीं होगा या फिर उस तक आवाज़ ही नहीं पहुँच पा रही होगी। या यह भी हो सकता है आवाज़ सुनकर भी वह ट्रेन तक नहीं पहुँच पाया क्योंकि वह कहीं जाम में अटक गया होगा। सच ही है, कभी-कभी आवाज़ें उस विशिष्ट तक नहीं पहुँच पाती जिसे पुकारकर हम अपने साथ ले जाना चाहते थे। या अपनी मजबूरियों में उलझा वह विशिष्ट व्यक्ति हमारे साथ चल ही नहीं पाता। नेहा के बारे में सोचकर पीयूष को कुछ ऐसा ही एहसास हुआ। उसकी दिल की पुकार उस तक नहीं पहुँच पा रही थी। पर फिर उसे लगता कि उसने अपनी बात उस तक पहुँचाने के लिए कोशिश ही कितनी की थी? यह सोचकर उसे ख़ुद पर ही ग़ुस्सा आ रहा था। ख़ुद से ही बातें करते-करते न जाने कब उसकी आँख लग गई थी।

दूसरा सेमेस्टर यानी पहले साल का आख़िरी एग्ज़ाम चलना शुरू हो गया था। एक-दो पेपर हो चुके थे। हॉस्टल का नज़ारा देखते ही बनता था। कोई सीढ़ियों पर, कोई छत पर, कोई अपने कमरे में पढ़ाई कर रहा था। अगले पेपर में एक दिन का गैप था। हॉस्टल के सारे लड़के पढ़ रहे थे। उस समय कोई हॉस्टल में आ जाए तो उसे लगेगा कि ये कैसे लड़के थे, बस पढ़ाई, चारों तरफ़ पढ़ाई। उन्हें क्या मालूम ये तो वो बादल थे जो साल भर इधर-उधर घुमड़ते सोचते रहते थे कि वाष्प इकट्ठी कर लो। परीक्षा के दिनों में बरसना होगा। पर वाष्प इकट्ठी हो नहीं पाया करती थी और बरसने का वक़्त यानी कि परीक्षा की तारीख़ आ जाया करती थी। पर अब क्या करें तो आनन-फानन में एक दिन में जितना हो सकता था उतनी वाष्प इकट्ठी कर रहे थे। मतलब कि पढ़ाई कर रहे थे। पर इनके बीच कुछ बादल ऐसे भी थे, जो नियमित रूप से वर्ष भर वाष्प इकट्ठी करते रहते थे और मौक़ा आने पर जमकर बरस भी आते थे। पीयूष वही लड़का था। पढ़ाई में बिल्कुल नियमित। उसके दोनों दोस्त–अंशुल, नवीन और वह आजकल एक कमरे में साथ ही पढ़ाई करते रहते थे। इस पढ़ाई के लिए नवीन का कमरा चुना गया था। ज़मीन पर चादर बिछाकर नवीन दीवार से टेक लगाए पढ़ रहा था। थोड़ी दूर पर दूसरी दीवार से टेक लगाए अंशुल पढ़ रहा था। पीयूष कभी उनके साथ ज़मीन पर बैठकर पढ़ता था तो कभी टेबल पर।

पेपर के पहली रात का पढ़ाई का तीनों का क्रम यूँ होता था। पीयूष सबसे पहले क़रीब 11 बजे तक सो जाता था। अंशुल पढ़ते-ऊँघते एक बजे और फिर

नवीन चार बजे तक सो जाया करते थे। इस तरह परीक्षा के दिनों में सबसे ज़्यादा नवीन पढ़ा करता था पर नंबर प्राय: व्युत्क्रम में आया करते थे। पीयूष के सबसे ज़्यादा, फिर अंशुल और तीनों में सबसे कम नवीन के।

गैप के दिनों का कार्यक्रम यूँ होता था। अंशुल अपने रूम में बेल का शर्बत बनाता था या कुछ और भी अच्छी खाने की चीज़ें उसके रूम में रहती थी। अगर शरबत बनाया तो बाक़ी दोनों को पिलाता था। उसे खिलाने-पिलाने का बड़ा शौक़ था। सब खा लेगें। इधर-उधर टालमटोल करेंगे कि 12 बजे (दिन) से पढ़ना शुरू होगा। फिर वो टाइम टलकर एक बजे हो जाता था। पर इसी समय नवीन सबको सीरियस करता था और 1.30 तक सबकी पढ़ाई शुरू करवा देता था। पढ़ते-वढ़ते दोनों के अनसुलझे कॉन्सेप्ट पीयूष क्लियर करता रहता था।

इस तरह परीक्षा के कड़वे से दिन भी तीनों के लिए मधुर हो जाया करते थे। अब परीक्षा में तो कोई एक ही टॉप कर सकता था। पर दोस्ती के इस इम्तहान में हमेशा तीनों ही टॉप करते रहते थे। इस तरह खट्टी-मीटी घटनाओं के साथ पहला साल ख़त्म हो रहा था।

उस दिन आख़िरी पेपर ख़त्म होने के बाद अंशुल अनामिका के साथ हो लिया था और उसके साथ गर्ल्स हॉस्टल होते हुए एलवी न्यू आ रहा था। उसने अनामिका से ढेर सारी बातें कीं और पता कर लिया कि वह कल सुबह अपने घर के लिए ट्रेन से निकल जाएगी। उसने उसे कल सुबह सेंट्रल स्टेशन तक छोड़ने के लिए राज़ी कर लिया था।

अगले दिन सेंट्रल स्टेशन पर अंशुल इन्क्वॉयरी ऑफ़िस के सामने लगे पट से देख आया कि अनामिका की ट्रेन प्लेटफ़ॉर्म चार पर आएगी। वह बाहर आया। उसने अनामिका को बताया। उसके बाद स्टेशन के मेन एंट्रेंस से बायीं ओर एक बेंच पर दोनों बैठ गए। उस बेंच के आस-पास कोई और नहीं था। इसलिए अंशुल को वो जगह और भा रही थी।

"और, छुट्टियों में क्या करोगी?"

"क्या करेंगे? कुछ नहीं। नींद बड़ी प्यारी है तो पहले तो ख़ूब सोया जाएगा। सेमेस्टर के चक्कर में बहुत दिनों से पूरी नींद नहीं सोयी। और तुम्हारा क्या प्लान है?"

"मैं भी नींद ही पूरी करूँगा। उसके बाद सोचेंगे क्या करना है?"

"हाँ, पेपर कैसे रहे तुम्हारे?"

"ठीक ही रहे। ये पढ़ाई वग़ैरह की बातें छोड़ो अभी। अरे हाँ, भूख लगी होगी तुम्हें, कुछ खाते हैं।"

"पर यहाँ क्या मिलेगा?"

"अरे वो ठेले पर पूरी भाजी बिक रही है। खाओगी? मस्त लगेगा।"

"अरे ये पता नहीं हाइजीनिक होगा कि नहीं। मैं ट्रेन में ही खा लूँगी कुछ।"

"अरे भाई, ट्रेन में हाइजीनिक मिलेगा!" अंशुल ऐसा कहकर हँसने लगा।

"फिर भी..."

"अरे स्वरूप नगर में अक्सर हम लोग बड़े-बड़े रेस्टोरेंट में खाते हैं। आज यहाँ खा के देखो। यू विल एंज्वॉय।" अंशुल ने कहा। बोलने के बाद उसे समझ नहीं आया ये लास्ट वाला वाक्य उससे मस्त इंग्लिश में कैसे निकला!

"चलो, तुम कह रहे हो तो ट्राई करते हैं।"

अंशुल एक ठेले जैसी दुकान पर गया। वहाँ दोनों ने पूरी-भाजी ली। सब्ज़ी काफ़ी चटपटी बनी थी। अनामिका को बहुत मज़ा आया। उसके बाद उन लोगों ने कुल्हड़ में चाय पी। चाय का भी स्वाद अनामिका की जीभ पर रह गया था।

"वाह, ये तो बहुत टेस्टी था। मुझे तो बिल्कुल अंदाज़ा नहीं था।"

"अरे, अभी तो मेरे साथ रहते हुए तुम्हें बहुत कुछ नया पता चलेगा।" एक आत्मविश्वास की भावना में अंशुल कह गया।

"अच्छा!" विस्मय मिश्रित मुस्कान के साथ अनामिका ने कहा।

वक़्त तेज़ी से बीत रहा था। अंशुल को ऐसा लग रहा था जैसे उसके गले में कोई बात फँस रही थी जो वह कह देना चाहता था। पर निश्चित नहीं कर पा रहा था कि ये वक़्त और ये जगह उस बात के लिए सही थी या नहीं। एक तरफ़ उसे ये भी लग रहा था, अभी नहीं कहा तो पूरी छुट्टियाँ उसी आग में दहकते हुए कटेंगी। दूसरी तरफ़ ये लग रहा था कहीं यह बात कहना जल्दबाज़ी तो नहीं हो जाएगा। उसके दिमाग़ में एक द्वंद्व-सा चल रहा था।

"क्या हुआ तुम एकदम से चुप हो गए?" अनामिका बोली।

"नहीं कुछ नहीं, सोच रहा था 9.30 होने वाला है। ट्रेन आने वाली होगी। प्लेटफ़ॉर्म चलते हैं।" अंशुल बोला।

"अरे हाँ, चलो चलते हैं।" अनामिका बोली।

दोनों प्लेटफ़ॉर्म पर पहुँचे ही थे कि ट्रेन आ गई। ऐसे तो ट्रेन अक्सर लेट ही रहती थी, पर उस दिन ट्रेन बिफ़ोर टाइम आ गई थी। अंशुल ने अनामिका का सामान उसकी बोगी में चढ़ाया और उसकी सीट वग़ैरह सब सही थी, ऐसा आश्वस्त होकर नीचे उतरा। अभी ट्रेन छूटने में क़रीब 15 मिनट बाक़ी थे। इसलिए अनामिका भी प्लेटफ़ॉर्म पर उतर गई।

अंशुल के गले की फाँस जस-की-तस बनी हुई थी। अभी तक का अनामिका से बात करने के आधार पर एकत्रित सारा अनुभव, उसका आत्मविश्वास, उसकी सारी बुद्धि, इंतज़ार न कर सकने की बेचैनी, अनामिका से हुई दोस्ती को खो जाने का डर, सब कुछ एक साथ ही उसके मन में चल रहा था। वह निर्णय नहीं कर पा रहा था कि इस फाँस से निपटारा कैसे मिले, कैसे मिले वो तो वह जानता था पर क्या अभी? क्या यही वक़्त सही था। जल्द ही उसे फ़ैसला कर लेना था। उसने अनामिका से बोला तुम रुको, मैं पानी की बोतल लिए आता हूँ। बिना अनामिका के उत्तर की प्रतीक्षा किए वह कमान से तीर की तरह छूटा। शायद बोतल लाना तो एक बहाना था उसे बस कुछ क्षण चाहिए थे जब वो अपने अंतःकरण से बात कर ले। उसने वो मौक़ा ले लिया था। बोतल लेकर जब वह वापस लौट रहा था तो दुविधा दूर हो चुकी थी। उसने निश्चित कर लिया था, अभी नहीं तो कभी नहीं।

उसने बोतल अनामिका को दिया। अनामिका बोली- "तुम तुरंत ही चले गए। बोतल, मैंने हॉस्टल से भरकर रख ली थी।"

"कोई बात नहीं। लंबा सफ़र है। आगे काम आएगा। अब तुम चढ़ जाओ। वक़्त होने वाला है।" अंशुल बोला।

अनामिका ट्रेन के गेट पर चढ़ गई। बाक़ी सारे लोग अपने सीट पर बैठ चुके थे। अब केवल जो लोग-सी ऑफ़ करने आए थे, वही कहीं किसी खिड़की या किसी बोगी के गेट पर खड़े थे।

"तुम्हें बच्चे खिलाना पसंद है?" अंशुल ने पूछा।

"क्या! मतलब, क्या कहना चाहते हो?" अनामिका कुछ समझ नहीं पाई कि अचानक से अंशुल ये क्या बात करने लगा था?

"अरे बताओ?"

"सबको छोटे बच्चे अच्छे लगते हैं। मुझे भी लगते हैं। ये क्या बात हुई, कुछ

समझ नहीं आई!"

"अरे तो मैं बस यही कहना चाहता था कि तुम्हारी गोद में मेरे बच्चे खेलें। कैसा रहेगा? अच्छा लगेगा न? मतलब आई लव यू!" सारा कुछ अंशुल ने एक ही साँस में कह दिया। उसे लगा कहीं ट्रेन हिल गई तो मेरा वाक्य भी आधा-अधूरा-सा रहकर हिल जाएगा। उसकी बात जैसे ख़त्म हुई ठीक उसी समय ट्रेन चलने को हो गई थी। अनामिका अवाक-सी रह गई। उसे कुछ समझ नहीं आया कि क्या बोले। उसकी त्योरियाँ चढ़ गई थीं। उसका वो रूप देख अंशुल डर-सा गया। ट्रेन स्पीड पकड़ने वाली थी।

"जवाब नहीं दिया।" अंशुल चलते हुए डर के साथ पूछा।

"जवाब चाहिए? ये है मेरा जवाब!" ग़ुस्से में कहते हुए अनामिका अंदर सीट की ओर मुड़ गई।

ट्रेन तेज़ हो गई थी। अंशुल लगभग दौड़ने को हो गया था। वो अनामिका को पुकारने लगा था।

"मेरी बात तो सुनो!" वह दौड़ने लगा था। अनामिका ने उसकी बात वापस दुबारा नहीं सुनी। वह दौड़ता हुआ प्लेटफ़ॉर्म के आख़िरी सिरे तक पहुँच गया था। ट्रेन प्लेटफ़ॉर्म छोड़ चुकी थी।

***

अंशुल बिल्कुल हताश-सा कमरे में पड़ा था। कई सारी बातें उसके मन में चल रही थीं। उसे लग रहा था शायद उससे ग़लती हो गई। उसे प्रपोज़ नहीं करना चाहिए था। नवीन और पीयूष दोपहर के समय मेस में गए, पर वहाँ अंशुल नहीं दिखा। उन दोनों ने आपस में बात की कि अनामिका की ट्रेन तो सुबह की ही थी। अब तक तो आ गया होगा। फिर खाने क्यों नहीं आया? नवीन ने फ़ोन किया तो अंशुल ने कॉल रिसीव नहीं की। दोनों उसके रूम में पहुँचे। अंशुल ने सुबह वाले कपड़े अभी तक नहीं बदले थे। यूँ ही निढाल-सा पड़ा रहा था। आँखों में आँसू भरे से थे बस बाहर नहीं निकले थे। इन दोनों के पहुँचते ही वह रो पड़ा।

पीयूष- "क्या हुआ?"

अंशुल कुछ नहीं बोल पा रहा था। हाथों के इशारों से इतना ही बताया कि सब कुछ ख़त्म हो गया। उसकी आवाज़ नहीं निकल पा रही थी। नवीन ने कभी उसे इतना उदास नहीं देखा था। जो लड़का हमेशा आशा से भरी बातें करता था,

जो हमेशा उम्मीद से भरा रहता था। उसका यह हाल देख दोनों सहम गए थे। समझ नहीं आ रहा था क्या किया जाए! तभी पीयूष ने उसे उठाकर गले से लगा लिया। अंशुल उसके कंधे पर सिर रखकर फफककर रो पड़ा।

नवीन- "सब सही हो जाएगा दोस्त। ऐसे नहीं रोते। आख़िर हुआ क्या?"

अंशुल ने थोड़ा रुककर रोते-गाते जो हुआ था वो बता दिया। बीच-बीच में नवीन उसे उसके कमंडल से पानी निकालकर पिलाता रहा। उसे लगा शायद ये प्रपोज़ल का सही वक़्त नहीं था। उसे बार-बार अपनी यही ग़लती लग रही थी। नवीन ने उसे ढाढ़स बधाया कि नहीं, उसने कोई ग़लती नहीं की थी। किसी से प्यार है तो बताना ही चाहिए। चलो, अगर प्रपोज़ल स्वीकार नहीं था तो मना कर दो। इसमें ग़ुस्सा जैसी कोई बात उन दोनों को नहीं लग रही थी।

पीयूष- "उससे मैसेज और फ़ोन पर कोई बात हुई?"

अंशुल- "ट्रेन जाने के आधे घंटे बाद मैसेज आया था कि मैं हॉस्टल पहुँच गया या नहीं। मैंने हाँ में जवाब दिया। इसके बाद मैंने कई सारे मैसेज किए, पर उसने कोई जवाब नहीं दिया। मैंने कम-से-कम 25 बार फ़ोन किया होगा, पर उसने उठाया नहीं। अब तो नंबर भी नहीं लग रहा। शायद ब्लॉक कर दिया।"

नवीन- "अच्छा! इसका ये मतलब हुआ कि तुम्हारी चिंता तो उसे थी। इसलिए तुम्हारे पहुँचने के बारे में उसने पूछा। बाक़ी वो तुम्हारे प्रपोज़ल से नाराज़ हो गई। शायद उसे स्वीकार नहीं था। कोई नहीं, अभी ग़ुस्से में होगी। दो-चार दिन में ग़ुस्सा शांत हो जाएगा तो सब ठीक हो जाएगा।"

अंशुल- "पर मुझे उसने ब्लॉक कर दिया।"

पीयूष- "अरे, अभी के लिए कर दिया। लड़कियों का ऐसा ही रहता, जब प्यार करेंगी तो सब कुछ लुटा देंगी और जब ग़ुस्सा तो वो भी चरम। सब ठीक हो जाएगा। चिंता न कर।"

जैसे-तैसे दोनों ने अंशुल को समझाया-बुझाया। थोड़ी देर बाद वे उसे मेस में ले गए। वहाँ उसने थोड़ा बहुत खाया। इसके बाद तीनों अंशुल के ही रूम पर आ गए। एक-दो घंटा वहाँ बिता के नवीन और पीयूष अपने-अपने कमरे में चले गए।

शाम को सबने अपना-अपना सामान वॉर्डन के कथनानुसार एक स्टोर रूम जैसे हॉल में रख दिया। सब लड़के उसी बड़े हाल में अपना सामान रख रहे रहे

थे। पहला वर्ष बीत गया था। सेकेंड ईयर के लिए आने पर नये हॉस्टल में सब यहीं से अपना सामान शिफ़्ट करेंगे। तब तक इसी हॉल में सबका सामान सुरक्षित पड़ा रहेगा। ऐसा वॉर्डन ने नोटिस बोर्ड पर सूचित किया था।

अंशुल, पीयूष और नवीन अपने अगले गंतव्य यानी कि घर जाने के लिए निकल पड़े। तीनों एक दूसरे से गले मिले। चिड़ियाघर तक तीनों पैदल आए। इस बीच नवीन और पीयूष, अंशुल को समझाते भी रहे कि टेंशन नहीं लेना। सब ठीक होगा। जल्द ही सेकेंड ईयर में मुलाक़ात होगी। वहीं से झकरकटी बस स्टैंड और सेंट्रल के लिए ऑटो मिलता था। पीयूष को झकरकटी से बस पकड़नी थी। अंशुल और नवीन की रात 8 और 9 बजे ट्रेनें थीं। थोड़ी देर में एक ऑटो में बैठकर तीनों अपने गंतव्य को निकल गए थे।

ये साल दूसरा था

सेकेंड ईयर का हॉस्टल डबल्यूसीएच-2 नाम से जाना जाता था। इसको वेस्ट कैंपस भी कहा जाता था। वेस्ट कैंपस के गेट से अंदर घुसते ही बायीं तरफ़ पहला हॉस्टल पड़ता था। जिसका नाम डबल्यूसीएच-1 था। यह था फ़ाइनल ईयर का हॉस्टल। जिसका सफ़र अंशुल, पीयूष और नवीन के लिए अभी दूर था यानी कि तीन साल। गेट से काफ़ी दूर पहले सीधे आधा क़िलोमीटर फिर बायें एक किलोमीटर और फिर लगभग आधा किलोमीटर दायें यानी कि कुल लगभग दो किलोमीटर पर दूसरे साल का हॉस्टल था। इस हॉस्टल में एक रूम में तीन लोगों के रहने का इंतज़ाम था। इसलिए सारे लड़के अपने-अपने तालमेल के हिसाब से तीन-तीन का ग्रुप बना रहे थे। नवीन का ग्रुप पहले ही अंशुल और पीयूष के साथ बना हुआ था। उन तीनों को इसी बात की सबसे ज़्यादा ख़ुशी थी कि इस साल तीनों एक ही कमरे में साथ रहेंगे। जब चाहा तब बतकही हो जाया करेगी। कहीं जाना नहीं पड़ेगा।

डबल्यूसीएच-2 हॉस्टल के वॉर्डन ऑफ़िस के सामने लड़कों की भीड़ लगी हुई थी। रूम अलॉटमेंट का काम प्रगति पर था। शाम के क़रीब तीन बज रहे थे। अंशुल, पीयूष, नवीन भी वहीं खड़े बातें कर रहे थे। छुट्टियाँ बिताकर तीनों आज ही वहाँ पहुँचे थे। रूम अलॉटमेंट पर्ची मेथड से हो रहा था। पर्ची मेथड मतलब वॉर्डन के सामने एक काँच की बोतल में कई सारी पर्चियाँ रखी थीं, तीन लोग के समूह में से कोई एक आगे आता था और पर्ची उठाता था। पर्चियों पर हॉस्टल के कमरों के नंबर लिखे हुए थे। निकाली गई पर्ची पर जो कमरा नंबर लिखा रहता था वही कमरा उस समूह को दे दिया जाता था। नवीन के समूह की बारी आई तो नवीन और पीयूष ने अंशुल को पर्ची निकालने के लिए आगे

कर दिया था क्योंकि उन्हें लगता था कि उन तीनों में सबसे कम ख़राब क़िस्मत अंशुल की है। बाक़ी वो दोनों तो उस ग्रुप के सबसे बड़े पनौती थे, ऐसा उनका विश्वास था। अंशुल ने पर्ची निकाली। पर्ची पर नंबर 302 आया था। यह कमरा टॉप फ़्लोर पर था। अंशुल ने वॉर्डन से चाभी ली और तीनों अपना नया रूम देखने के लिए सीढ़ियों से तीसरे फ़्लोर पर जाने लगे।

"लो भाई, मिल गई सज़ा, मृत्युदंड!" नवीन ने 302 नंबर पर चुटकी लेते हुए कहा।

"तुम दोनों के साथ रहूँगा तो यही होना है मेरा।" अंशुल ने चिढ़ाया।

"कोई नहीं, अगर आईपीसी की यही मर्ज़ी तो यही सही। साथ जीएँगे, साथ मरेंगे।" पीयूष बोला।

"बस हो गया, बन लिए हीरो!" नवीन हँसा।

पीयूष थोड़ा गंभीरता के साथ बोला था, पर बात हँसी में बदल दी गई थी। तीनों 302 नंबर कमरे के सामने पहुँच चुके थे। यह दो पल्लों वाला एक छोटा हरे रंग का दरवाज़ा था जिस पर एक स्टील जैसे सफ़ेद रंग का छोटा ताला बड़ी दृढ़ता के साथ झूल रहा था। जो इस वक़्त दो महीने की छुट्टियों में मिट्टी और जंग से सज्जित होकर सुनहरे रंग की छवि को प्राप्त हो रहा था। अंशुल ने ताला खोला। कमरे में रहने का हिसाब ऐसा था कि घुसते ही आमने-सामने दो तख़्ते पड़े थे और फिर दरवाज़े के बिल्कुल सीध में, कमरे में थोड़ा अंदर जाकर बायीं तरफ़ तीसरा तख़्ता था। डिज़ाइन यूँ था कि जैसे उस एक छोटे कमरे में तीन और छोटे कमरे थे। तीनों भागों के लिए अलग-अलग खिड़की और अलमारी भी बनी हुई थी। इतने कम जगह में तीन अलग भागों की व्यवस्था जिस भी सिविल अभियंता ने डिज़ाइन की थी वह बधाई का पात्र था। दीवारों और पंखों पर मकड़ी के जालों की झालरें झूल रही थीं। अलमारी में कुछ पुराने अख़बार के टुकड़े, किताबों के फटे-पुराने पन्ने बिखरे हुए थे। तख़्त में इतनी जगह थी कि एक लड़का आसानी से उस पर सो सकता था। फ़र्श पर मिट्टी की महीन परतें लग गई थीं। दो महीने से कमरा बंद होने की वजह से उसमें एक अजीब तीक्ष्ण गंध-सी भर गई थी। तीनों ने निर्णय किया कि कमरे को खुला छोड़कर एलवी न्यू चलते हैं जहाँ से फ़र्स्ट ईयर में रखा अपना सामान वापस लाना था। उतने में कमरे की गंध निकल जाएगी और फिर सफ़ाई करके सामान रख लिया जाएगा।

इस फ़्लोर पर तीन ऐसे कमरे थे। इन तीन कमरों में रहने वाले लोगों के लिए फ़्लोर पर एक किनारे पर दो बाथरूम और टॉयलेट बने हुए थे। पीयूष 302 नंबर से निकलकर टॉयलेट का हाल-चाल देखने गया। बाथरूम साइज़ में बड़े थे। पानी तो दोनों बाथरूम में आ रहा था। पर एक बाथरूम में नल बंद होने के बावजूद उसमें से हल्की-सी फुहार रुक-रुककर निकल जाती थी जिसके कारण नल के नीचे थोड़ा पानी इकट्ठा हो रखा था जहाँ बरैया अपनी प्यास बुझाने के लिए भिनभिना रही थीं। पीयूष को उनसे बहुत डर लगता था। उसने दरवाज़ा खोलते ही फिर ज़ोर से बंद कर दिया। पर दरवाज़ा पूरी तरह से बंद नहीं हुआ था। थोड़ा-सा खुला ही रहा। पीयूष ने एक-दो बार कोशिश की फिर समझ गया कि दरवाज़े की हालत ऐसी है कि इतना मार्जिन आवश्यक था। जो कभी भी भरा नहीं जा सकता था। टॉयलेट की हालत भी कमोबेश जीर्ण-शीर्ण ही थी। एक में टॉयलेट के ताखे पर कबूतर का एक घोसला था। जिसमें नन्हा कबूतर अपनी माँ के साथ बैठा हुआ था। पीयूष ने उन्हें देखा और वापस अपने रूम की तरफ़ आने लगा था। आते वक़्त उसे अपने क्लास का लड़का पुरोहित मिला। पुरोहित का रोल नंबर पीयूष के पास ही पड़ता था। इसलिए बहुत बार वो दोनों प्रैक्टिकल में एक ग्रुप में साथ रहे थे। पुरोहित बड़ा शांत स्वभाव का लड़का था। फ़र्स्ट ईयर में वह नवाबगंज में किराये के कमरे में रहता था। उसे हॉस्टल नहीं मिल पाया था।

"अरे तुम यहाँ?" पीयूष बोला।

"हाँ यार ये 303 नंबर मिला है मुझे।" पुरोहित बोला।

"चलो सही है, और यही बाथरूम की हालत देख रहा था।"

"हाँ, मैंने भी देखा था। ठीकठाक ही है, अभी थोड़े गंदे हैं। हम लोग रहने लगेंगे तो साफ़-सफ़ाई होगी। सही हो जाएगा।"

"और साथ में कौन-कौन है, तुम्हारे रूम में?"

"अपना रनविजय है और एक सीएस का लड़का नीलेश है।"

"अरे वाह, बढ़िया है। चलो फिर, अपना सामान वग़ैरह सेट करो। फिर मिलते हैं।"

***

फ़र्स्ट ईयर से सामान लाने के बाद तीनों ने मिलकर कमरे की सफ़ाई की। बाल्टी डालकर पानी से फ़र्श को साफ़ किया। पंखे, आलमारियों में लगे जाले

को साफ़ किया। एकत्रित कूड़े को नवीन बाहर लाकर एक कॉमन डस्टबिन में डाल रहा था तो देखा कि 301 नंबर कमरे की सफ़ाई सुशांत और आईटी का लड़का सुबोध कर रहे थे। सुशांत से बातचीत करने पर उसे पता चला कि उसका और सुबोध का किसी के साथ ग्रुप नहीं बन पाया था और अलॉटमेंट में यही कमरा बचा रह गया था। इसलिए वॉर्डन ने उन दोनों को यह रूम अलॉट कर दिया था। नवीन वापस अपने कमरे में जाकर इकट्ठी हुई धूल को एक प्लास्टिक की थैली में भरने लगा था।

"अरे पता है, तुम्हारे जिगरी दोस्त को भी इधर ही कमरा मिला है।" नवीन ने व्यंग के भाव से पीयूष से कहा।

"मेरा जिगरी दोस्त! कौन?" पीयूष ने पूछा।

"एक ही तो पक्का दोस्त है तुम्हारा!" नवीन ने उसी अंदाज़ से जवाब दिया।

"अबे सही से बताओ। ये क्या जिगरी...पक्का...लगा रखा है।" पीयूष खीझते हुए बोला।

"अरे ग़ुस्सा क्यों होते हो मेरी जान, सुशांत को अपने जस्ट बग़ल वाला कमरा मिला है। यहाँ भी बेचारे को कोई साथ नहीं मिला था। जैसे-तैसे आईटी का एक बंदा उसे साथ मिला।" नवीन ने कहा।

अंशुल और नवीन इस बात पर हँसने लगे।

"काश कि सुशांत को पीयूष का साथ मिल गया होता!" अंशुल बोला।

एक बार फिर दोनों हँसे बिना नहीं रह सके।

सफ़ाई होने के बाद यह विचार होने लगा कि कौन-सा तख़्त कौन लेगा? तो आमने-सामने के दोनों तख़्त में से एक को अंशुल ने चुन लिया और दूसरे को नवीन ने। उन दोनों को ही पता था कि पीयूष को थोड़ा एकाकी जगह पसंद है क्योंकि कभी-कभी उसे कुछ एकांत जगह चाहिए होती थी। कभी तो एक डायरी पर वह जाने क्या लिखा करता था? कभी कुछ बैठकर सोचा करता था। कभी कुछ गाया करता था और कभी कुछ आनंद की चीज़ देखने के लिए भी अकेला रहता था। ख़ैर आनंद वाली चीज़ के वक़्त अंशुल और नवीन उसे अकेले नहीं छोड़ते थे। सो बिना कुछ वाद-विवाद के अंदर का तख़्ता उन दोनों ने पीयूष के लिए निश्चित कर दिया। इस तरह तीनों लोगों की जगह नियत हो गई थी और

प्रत्येक अपना-अपना सामान और बिस्तर लगाने में मशग़ूल हो गए थे।

***

सेकेंड ईयर का हॉस्टल बहुत अंदर था वहाँ से पहले मेन गेट तक पैदल आना पड़ता था। फिर वहाँ से विक्रम मिलती थी। नवीन अपने बिस्तर में करवटें बदलता हुआ यही सोच रहा था कि बहुत चलना पड़ेगा। उसने एक बार घड़ी देखी साढ़े आठ बज रहे थे। उसने देखा अंशुल और पीयूष दोनों नहा के आ चुके थे और उसका उठने का ही मन नहीं कर रहा था। काश कि आज कॉलेज न जाना होता, कितना अच्छा होता। वह यही सोच रहा था कि पीयूष ने उसकी चादर खींच दी।

"उठो बे! जाओ जल्दी तैयार हो। वरना, लेट हो जाएँगे।" पीयूष बोला।

क़रीब आधे घंटे बाद तीनों तैयार होकर हॉस्टल से बाहर निकले ही थे कि एक विक्रम वाला चला आ रहा था। विक्रम वाला ख़ाली था। उसने हाथ से कॉलेज की ओर जाने का इशारा किया ही था कि लड़कों की भीड़ ने उस पर मधुमक्खी की तरह हमला बोल दिया। ये तीनों भी दौड़ पड़े। जैसे-तैसे सीट मिल गई। उस विक्रम में कस्सी-कस्सा करके 10 सीटों पर 12 लड़कों ने आधिपत्य जमाया था क्योंकि सबको पता था कि यदि ये छूटा तो कॉलेज तक जाने के लिए कम-से-कम दो किलोमीटर पैदल चलना पड़ेगा। एक किलोमीटर इधर मेन गेट तक और उधर चिड़ियाघर के सामने से कॉलेज तक एक किलोमीटर। प्रायः विक्रम वाले चिड़ियाघर के गेट पर स्टूडेंट को उतार देते थे जहाँ से वो आगे बायीं ओर मुड़ के नवाबगंज होते हुए बड़ा चौराहा जाते थे। शायद इस विक्रम वाले को किसी ने सेकेंड ईयर वाले हॉस्टल के बारे में बता दिया था कि वहाँ बहुत-सी सवारियाँ एचबीटीआई जाने के लिए मिल जाएँगी। पंद्रह एक मिनट में उसने सबको कॉलेज पहुँचा दिया। नवीन ने ड्राइवर से अगले दिन चार-पाँच विक्रम वालों को लेकर आने के लिए बोला।

वैसे कहने को तो फ़र्स्ट ईयर से सेकेंड ईयर तक जाने में एक साल का ही समय लगता है और शारीरिक रूप से भी छात्रों में कोई ख़ास बदलाव नहीं आता। पर चेहरे पर हावभाव और रंगत बदल जाती है। शुरू के कुछ हफ़्तों तक इस बात का भान होता रहता है कि अब वे सीनियर हैं। जब कोई फ़र्स्ट ईयर का लड़का गुड मॉर्निंग कहता है तो सीना गर्व से फूल उठता है। सेकेंड ईयर में

ऐसा लगता है जैसे जिस जंगल में वे सियार समझे जाते थे, उसी जंगल में अब वे शेर हो गए हो।

आज सेकेंड ईयर के लड़के उसी हावभाव में कॉलेज जा रहे थे। नवीन भी रास्ते में आते-आते एक दो फ़र्स्ट ईयर वालों से इंट्रो ले चुका था। अभी थोड़ी देर पहले उसे हॉस्टल में लग रहा था कि आज छुट्टी होती तो अच्छा होता। पर कॉलेज आकर उसे अच्छा लग रहा था। कुछेक सुंदर बालाओं को देखकर भी मन में एक ख़ुशी का गोला हिचकोले भी ले रहा था। सभी अपने निर्धारित कक्ष में पहुँच गए थे।

पहला पीरियड शुरू होने में अभी वक़्त था। अनामिका आ चुकी थी। अंशुल ने उसकी ओर देखा, वह और लड़कियों से घिरी थी इसलिए अंशुल उसके पास नहीं गया। एक बार को उनकी नज़रें मिली पर अनामिका ने मुँह दूसरी ओर फेर लिया मानो अंशुल को जानती ही न थी।

पहला पीरियड शुरू हो गया। पर अभी तक नेहा नहीं आई थी। पीयूष बार-बार गेट की ओर देख रहा था। पर वहाँ अभी तक कोई आहट नहीं हुई थी। इस कमरे में सीटों की व्यवस्था सिनेमाघर में लगी सीटों के माफ़िक थी। सबसे पहली सीट सबसे नीचे, उससे पीछे की क़तार उससे ऊँची, उसके पीछे की क़तार उससे ऊँची, इस तरह सबसे आख़िरी लाइन सबसे ऊँची ताकि कोई भी छात्र प्रोफ़ेसर की चील निगाहों से न बच सके। ब्लैकबोर्ड के पास से खड़े होकर प्रोफ़ेसर सबको देख सकता था।

"हे, यू मिस्टर! क्या हो रहा है? आपका ध्यान क्लास में नहीं है।" प्रोफ़ेसर ने चॉक से सटीक निशाना लगाते हुए पीयूष को मारा और बोला।

"नहीं, कुछ नहीं सर!" पीयूष उत्तर में बोला।

"ऐसा है, नहीं पढ़ना है तो आप बाहर जा सकते हैं। अपना नाम लिखकर चले जाइए। अटेंडेंस मैं दे दूँगा।"

"नहीं सर। सॉरी सर!"

"चलो फ़र्स्ट टाइम है। बैठ जाइए।"

प्रोफ़ेसर ने पढ़ाना शुरू कर दिया। क्लास शांत थी। सब पढ़ाई में लग गए।

"यार ये सीटिंग अरेंजमेंट तो ग़ज़ब ही है, सामने ही देखते रहो। इधर-उधर देख भी नहीं सकते।" पीयूष बोला।

"हाँ, ये तो कड़क टीचर लग रहा है। ज़्यादा बातचीत न करो। नोट्स बनाओ। जो पढ़ा रहा, ध्यान लगाओ।" अंशुल बोला।

"सुधर जाओ साले, वैसे भी इस क्लास में देखने में क्या रखा है? बाहर नयी कलियाँ आई हैं, उन्हें देखो।" नवीन बोला।

जाने यह क्या नियम है कि प्रायः कॉलेज में लड़कों को अपनी क्लास की लड़कियों को छोड़कर सीनियर बैच और जूनियर बैच की लड़कियाँ ही ज़्यादा प्यारी लगती हैं। भले ही अपनी क्लास में सुंदर बालाएँ हों। उस पर भी जूनियर बैच की लड़कियाँ ज़्यादा आकर्षक लगती हैं क्योंकि उन तक पहुँचना सीनियर बैच की तुलना में सरल लगता है। उसी तरह लड़कियों को प्रायः अपना सीनियर बैच ज़्यादा आकर्षित करता है क्योंकि उन्हें लगता है वो ज़्यादा मेच्योर होते हैं बनिस्बत अपने बैच के लड़कों के और वे उनका ज़्यादा अच्छे से ख़याल रख सकते हैं। इसी अनजाने नियम के वशीभूत नवीन ने उपर्युक्त बात कही थी।

क्लास चल रही थी कि एक मीठी आवाज़ कक्ष के दरवाज़े से क्लास में प्रसारित हुई। यही वह आवाज़ थी जिसे सुनने के लिए पीयूष के कान तरस रहे थे।

"मे आई कम इन सर?" नेहा ने दरवाज़े पर खड़े-खड़े बोला।

"यू आर लेट डियर। मेरी क्लास में पढ़ना है तो वक़्त पर आओ। वरना कोई ज़रूरत नहीं। अपना नाम लिखकर चले जाइए। अटेंडेंस मैं दे दूँगा।" ग़ुस्से में प्रोफ़ेसर ने कहा।

"सॉरी सर!"

"चलिए आज फ़र्स्ट टाइम है। आगे से ध्यान रहे।"

एक बार फिर पूरी क्लास सहम गई थी। कक्षा में पूरी नीरवता छा गई थी। क्लासेस चलती रहीं। लंच टाइम आ गया था। अनामिका और लड़कियों के साथ गर्ल्स हॉस्टल चली गई। अंशुल को उससे बात करने का नौक़ा ही नहीं मिल पाया। तीनों को भूख भी लग रही थी। पीयूष ने नेहा को देखा, दोनों ने मुस्कानों की अदलाबदली की। फिर नेहा, सविता के साथ मुख्य भवन की ओर चली गई। नवीन, अंशुल और पीयूष कुछ पेटपूजन करने के लिए कॉलेज के मुख्य गेट के पास गए। पीयूष ने वहाँ एक बूढ़े बाबा को फ़्रूट चाट बेचते हुए देखा था। उन तीनों ने सोचा कुछ हेल्दी खाना हो जाएगा और बूढ़े बाबा की भी बिक्री हो

जाएगी। पाँच रुपये के फ्रूट चाट में बूढ़े बाबा ने पाँच फलों के कई छोटे टुकड़े डाले थे और ऊपर से मसाला जैसा कुछ टेस्टी नमक छिड़का था। तीनों ने बाबा से कुल छह प्लेट फ्रूट चाट खाए और आराम करने के लिए वहीं रजिस्ट्रार के सामने वाले चबूतरे पर जा बैठे। पीयूष ने नेहा, सविता और शशिकांत को ह्यूमैनिटीज़ विभाग (जो कि रजिस्ट्रार ऑफ़िस के बग़ल में है) के सामने वाले चबूतरे पर साथ लंच खाते देखा। तीनों ही फ़ैमिली के साथ लोकल कानपुर में रहने वाले थे इसलिए घर का बना लंच लाते थे और साथ खाते थे।

"बस यही कमीना है मेरी राह का काँटा।" पीयूष ने शशिकांत को लक्ष्य करते हुए अंशुल से कहा।

"अरे तू ऐसा क्यों सोचता है, वो तो सविता को सेट कर रहा है। आज ही सुमंजीत ने बताया था मुझे।" नवीन बोला।

"जो भी हो सविता के चक्कर में इसे भी फँसा रखा है।" पीयूष बोला।

"हाँ, जैसे वो ख़ाली होती तो तुम उसे मोतीझील घुमा लाते।" नवीन बोला।

अंशुल और नवीन हँसने लगे।

"और तुम्हारा क्या सीन है भाई।" नवीन ने अंशुल से पूछा।

"सीन तुम देख ही रहे हो। अभी तो वैसे ही सब रुका हुआ है। आज देखता हूँ कुछ बात बने तो।" अंशुल बोला।

"कर ले भाई ट्राई, वैसे तो मैं कहूँगा तुम लोग कहाँ इन सब चक्करों में पड़े हो। चलते हैं फ़र्स्ट ईयर। कुछ काम बन जाएगा।" नवीन हँसते हुए बोला।

दोनों ने नवीन की पीठ पर एक-एक मुक्का लगाया और क्लास में चलने के लिए बोला।

"यार लेकिन ये सुबह वाला प्रोफ़ेसर ग़ज़ब ही है। उसका तकिया कलाम ही है जैसे कि- अपना नाम लिखकर चले जाइए। अटेंडेंस मैं दे दूँगा।" पीयूष चलते-चलते बोला।

"मैं तो सोच रहा हूँ कि बोल दूँ कि सर मेरा नाम लिख लीजिए और अटेंडेंस देते रहिएगा। मैं पूरे सेमेस्टर नहीं आऊँगा।" नवीन हँसते हुए बोला।

तीनों हँसने लगे। कक्षाएँ पूर्ववत चलने लगी थीं। तीन पीरियड के बाद आज के दिन की छुट्टी हो गई थी। अंशुल एक पल भी बिना गँवाए क्लास से बाहर निकल गया था और बाहर की मेन गैलरी में आगे जा के एक जगह खड़ा हो गया

था। थोड़ी देर में अनामिका दो लड़कियों के साथ उसके पास से गुज़री। अंशुल ने अनामिका को आवाज़ देकर पुकारा। अब अनामिका को रुकना पड़ा, न रुकती तो बाक़ी लड़कियों को जवाब देना पड़ता। उसने अपनी बाक़ी सहेलियों को जाने के लिए बोला।

"सुनो न, तुम अभी तक नाराज़ हो।" अंशुल बोला।

"ये क्या मज़ाक़ है, जब मैं तुमसे कोई वास्ता नहीं रखना चाहती तो क्यों मेरे पीछे पड़े हो।" अनामिका बोली।

ये बात अंशुल के सीने में काँटे-सी चुभी।

"पर... आई एम सॉरी, शायद मेरा तरीक़ा ग़लत था उस दिन, प्लीज़ ऐसा मत करो!"

"देखो, तुम यहाँ तमाशा-सा न बना देना, अभी हम कॉलेज कैंपस में हैं। मैं तुमसे बात नहीं करना चाहती। बस।"

"ऐसा मत कहो अनामिका, मेरा जीना मुश्किल हो जाएगा।"

"ये क्या बचकानी फ़िल्मी डायलॉग मार रहे हो। ग्रो अप। बाक़ी तुम्हारा मेरा वैसे भी कुछ नहीं हो सकता। आई हेव अ बॉयफ्रेंड। समझे!"

अंशुल जड़वत रह गया। उसे कुछ सूझा ही नहीं कि क्या बोले! उसके चेहरे के भाव देख के पता नहीं अनामिका को दया आ गई या क्या हुआ पता नहीं, उसने कहा-देखो अंशुल, तुम एक अच्छे लड़के हो। पढ़ाई में ध्यान दो। इन सब चीज़ों में बस बर्बादी ही होती है। टेक केयर, यार।

ऐसा कहकर वो चली गई। अंशुल अभी भी वहीं खड़ा था। पिछले पाँच मिनट से क़रीब 15 क़दम दूर पीछे पीयूष और नवीन खड़े इंतज़ार कर रहे थे। जब उन्होंने देखा कि इनकी बात हो चुकी थी तो दोनों उसके पास आए। अंशुल का चेहरा देखते ही समझ आता था कि वह बहुत दुखी है।

"कोई नहीं यार, बात तो हुई ना। तू इतना परेशान क्यों होता है। चल चलते हैं।" पीयूष बोला।

"अरे, वैसे क्या बोली वो। अभी भी नाराज़ है या सॉर्टआउट हो गया।" नवीन ने पूछा।

"क्या बताऊँ यार, अब मेरा कुछ भी नहीं हो सकता दोस्त। उसका बॉयफ्रेंड है।" अंशुल रुआँसा हो गया।

ऐसा लगा उसकी बात सुनकर तीनों ही दुखी हो गए मानो सबके सपने टूट गए थे। तीनों भारी मन और बोझिल क़दमों से चिड़ियाघर तक पैदल पहुँचे। इस दौरान तीनों की बातचीत में बिल्कुल सन्नाटा छाया रहा, ऐसा लगा जैसे कोई मर गया था। तीनों ने विक्रम पकड़ी और हॉस्टल के लिए रवाना हो गए।

"अरे ऐसे क्या मुँह लटका के बैठे हो। जो होता है, अच्छे के लिए होता है।" नवीन ने चुप्पी तोड़ने और माहौल हल्का करने के लिए बोला।

"हाँ, और क्या आगे बढ़ो। ये सब तो चलता रहेगा।" पीयूष ने भी साथ दिया।

"देखो, तुम्हारा फ़ैसला तो आ गया। इनका (पीयूष की ओर इशारा करके) फ़ैसला तो इस जनम में आएगा नहीं। तो यह जनम हम लोग एंज्वॉय करेंगे। क्या बोलते हो?" नवीन ने सबको हँसाने की कोशिश की।

इस तरह थोड़ी बहुत बातें करते वो लोग वेस्ट कैंपस पहुँच गए।

कैंपस के मेन गेट पर एक चाय की एक टपरी थी। कॉलेज से आने के बाद जो पहली जगह थी जहाँ भीड़ लगती थी, वह थी यही मिश्राजी की चाय की दुकान। मिश्रा ऑमलेट, बटर-ब्रेड, हाफ़फ्राई, फ़ुलफ्राई, उबले अंडे, मैगी आदि चीज़ों के अलावा चाय भी बनाता था। इन सब आइटम में सबसे ख़ास उसकी चाय थी जो बड़े से कुल्हड़ में परोसी जाती थी। कुल्हड़ की सोंधी महक और अदरक से रची बसी महक लिए यह चाय, चाय पीने वालों के लिए अमृत-सी थी। पीयूष, अंशुल और नवीन भी वहीं उतर गए। वहाँ पुरोहित और सुशांत पहले से ही चाय और ऑमलेट खा रहे थे। इन तीनों ने भी नाश्ता लिया। वैसे तो अंशुल जल्दी चाय नहीं पीता था पर पुरोहित के ज़ोर देने पर अंशुल ने भी एक कुल्हड़ उठा ली। चाय ख़त्म होने के बाद अंशुल ने इस चाय की तारीफ़ की। यह पहली बार था जब उन लोगों ने अंशुल के मुँह से चाय की तारीफ़ सुनी थी। हल्का-फुल्का खा चुकने के बाद पाँचों लड़के हॉस्टल की ओर चल पड़े।

"भाई, मस्त चाय बनाता है। मैं तो दीवाना हो गया हूँ।" पुरोहित बोला।

"अरे, ऐसी ही चाय नवाबगंज में बरगद के नीचे वाला भी बनाता था। मैं तो फ़र्स्ट ईयर में रेगुलर उसकी चाय पीता था।" पीयूष बोला।

"उसकी चाय मस्त होती थी। पर वो ग्लास में देता था और ये मिश्रा कुल्हड़ में। कुल्हड़ में चाय की बात थोड़ी अलग हो जाती है।" सुशांत बोला।

"बरगद वाले की चाय तो बहुत अच्छी हुआ करती थी। मैं तो बरगद के पीछे वाली गली में ही रूम लेके रहता था। सुबह-शाम चाय के लिए हमारा वही अड्डा था।" पुरोहित बोला।

"जैसे इसकी चाय मस्त है, वैसे रामू दा की मैगी ज़बरदस्त है।" सुशांत बोला।

"हाँ, ये रामू दा क्या बला है भला, एलवी न्यू में थे तो कुछ लड़के उसके बहुत गुण गाते थे कि आज फलाँ सर ने रामू दा पर ट्रीट दी।" नवीन बोला।

"अरे, वो बनाता ही मस्त है, चलो किसी दिन वहीं खिलाता हूँ तुमको। मैंने कल खाई थी। टेस्टी थी।" ऐसा कहते-कहते सुशांत के मुँह में पानी आ गया।

रास्ता लंबा हो और कई लोग साथ चलने वाले हो तो यूँ लगता है मानो जितना वक़्त एक के जाने में लगता, वह वक़्त जितने लोग हैं उतने में बँट जाता है। साथ चलते रहने पर सफ़र का वक़्त कब बीत जाता है, पता ही नहीं चलता। ऐसा ही एहसास उन पाँचों को भी हुआ।

फ़र्स्ट ईयर में सारे ब्रांच का सिलेबस एक ही होता है। उतरोत्तर वर्षों में सब के अपने-अपने ब्रांच के हिसाब से स्पेसिफ़िक विषय हो जाते हैं। दो-तीन दिनों में ही कॉलेज के सारे प्रोफ़ेसर ने अपने विषय के लिए महत्त्वपूर्ण किताबों के नाम बता दिए थे। ज़्यादातर विदेशी लेखकों की किताबें थी। जैसे हर मंदिर में एक देवता या देवी की बड़ी-सी मूर्ति होती है, उनके साथ छोटे-छोटे और देवता या देवी होते हैं। पर सबसे ज़्यादा पूछ बड़े देवता की होती है। वैसे ही हर ब्रांच में एक ऐसी किताब होती है जो सिरमौर होती है। बाक़ी किताबें उसकी सहायक के तौर पर रहती है। केमिकल इंजीनियरिंग में वही रुतबा 'यूनिट ऑपरेशन' नाम की किताब को था। जिसके लेखक मकैब, स्मिथ और हरियट नामक तीन महानुभाव थे। जिसे केमिकल इंजीनियरिंग का मुख्य धर्मग्रंथ भी कहा जाए तो ग़लत न होगा। इसी किताब के बारे में पीयूष अंशुल को बता रहा था कि यह बहुत महँगी किताब है। उसने आज कॉलेज में कंप्यूटर लैब में गूगल करके देखा था। कहीं से किसी सीनियर से मिल जाए तो बढ़िया रहे। फिर उन्हें याद आया कि प्रोफ़ेसर ने कहा था कि यह किताब बी टेक के बाद भी केमिकल इंजीनियर के पास हमेशा रहनी चाहिए। ऐसी अवस्था में कोई यह किताब भला क्यों देगा। वो लोग इसी के बारे में बातें कर रहे थे कि पुरोहित उनके कमरे में घूमते-फिरते आ गया था।

"यार, पुरोहित प्रोफ़ेसर ने किताबें तो बता दी। पर सारी किताबें ख़रीदने लगे तो काम हो जाएगा। उतने में तो हमारे एक सेमेस्टर की फ़ीस निपट जाती है।" पीयूष बोला।

"अरे तो टेंशन काहे ले रहा भाई, कॉन्सेप्ट जा।" पुरोहित बोला।

"ये क्या है ?" अंशुल बोला।

"अरे लाइब्रेरी है, सारी किताबें मिल जाती हैं।" पुरोहित ने कहा।

"अरे भाई, लाइब्रेरी तो हम कॉलेज में भी जा सकते हैं, लेकिन बार-बार इशू कराओ, एक बार में शायद 15 दिन के लिए इशू होती हैं।" नवीन ने प्रत्युत्तर में बोला।

"अरे नहीं-नहीं, परंपरागत लाइब्रेरी नहीं है वो, वहाँ किराये पर बुक मिलती है, एक किताब का एक दिन का 25 पैसे बस, 50 रुपये में सेमेस्टर पार हो जाएगा। कुछ पाँच सौ एडवांस-सा जमा कराता है। तुम्हारे नाम का अकाउंट खोल देगा। एक फ़ोटो लेकर जाना। वहाँ सब समझ आ जाएगा। मुझे एक सीनियर ने बताया था जब हम नवाबगंज में रहते थे। मेरा तो अकाउंट है। मैं बुक्स भी ले आया।" पुरोहित बोला।

"वाह, तू ही टॉप करेगा इस सेमेस्टर। सब रेडी। आदमी काम के हो तुम।" हँसते हुए पीयूष बोला।

"अरे भाई काहे मज़े ले रहा।" पुरोहित बोला।

"यार लेकिन यह तो पुरोहित ने बढ़िया बात बताई। कल संडे है, कल चलते हैं।" नवीन ने कहा।

अंशुल और पीयूष ने हामी भरी।

अगले दिन दोपहर के ठीक बाद थोड़ा आराम करने के बाद तीनों रावतपुर गए वहाँ से क़रीब एक किलोमीटर अंदर गलीनुमा रास्ते से जाकर वो 'कॉन्सेप्ट लाइब्रेरी' पहुँचे। कहने को तो इसका नाम लाइब्रेरी था, पर स्वरूप इसका दुकान-सा था। एक दुकान जिसमें शायद कई हज़ार किताबें थी। दुकान के ऊपरवाले फ़्लोर पर एक कोठरी और थी जिसे किताबों का गोदाम कहना सही होगा। जब कोई बुक दुकान में नहीं मिलती थी तो उसे ऊपर की कोठरी में खोजा जाता था। वहाँ प्राय: किताब मिल ही जाती थी। 'कॉन्सेप्ट लाइब्रेरी' के पीछे जो कॉन्सेप्ट था वह बहुत ही ग़ज़ब था। 'कॉन्सेप्ट लाइब्रेरी' के मालिक के पास एक

बहुत मोटा और लंबा-सा रजिस्टर था। उस रजिस्टर को उसने फ़र्स्ट, सेकेंड, थर्ड और फ़ाइनल ईयर चार भागों में बाँट रखा था। जिसे बुक लेर्न रहती थी, 'कॉन्सेप्ट' का मालिक उसका नाम ईयर के हिसाब से उस रजिस्टर में लिख देता था। इस तरह से एक अकाउंट-सा खुल जाता था, साथ में अकाउंट होल्डर की पासपोर्ट फ़ोटो भी लगा देता था। एक हज़ार या पाँच सौ रुपये एडवांस लेकर अकाउंट में लिख देता था। ताकि अगर कभी कोई बुक नहीं लौटाए तो वह फ़ोटो और ईयर के आधार पर अकाउंट होल्डर को ढूँढ सकता था, इसके अलावा अगर कोई ग़लती से बुक देना भूल गया तो एडवांस तो उसके पास था ही जिससे उसे कम-से-कम नुक़सान होगा। वह प्रति किताब प्रति दिन का 25 पैसे किराया लेता था। जिससे एक लड़के का 250-300 रुपये में बड़े आराम से सेमेस्टर निकल जाता था। सारी किताबें एक ही जगह पर मिल भी जाती थी। ईयर या सेमेस्टर ख़त्म होने पर लोग बुक को लौटा देते थे और अगले सेमेस्टर का कोई छात्र वही सेम बुक किराये पर ले जाता था। इस तरह यह चक्र चलता रहता था। बुक की इस अदला-बदली में अगर किसी लड़के को अपने किसी सुंदर सीनियर मैम की किताब मिल जाती तो वह सेमेस्टर भर इसी सुरूर में रहता था और अपने साथियों को बता-बताकर इतराता रहता था।

इस तरह के कॉन्सेप्ट से दुकानदार का भी लाभ होता था और स्टूडेंट के लिए तो यह बहुत ही भला विकल्प था। इस प्रकार 'कॉन्सेप्ट लाइब्रेरी' अपने नाम को सही अर्थों में शोभित कर रही थी।

तीनों ने इस सेमेस्टर की सभी किताबें कॉन्सेप्ट लाइब्रेरी की प्रक्रिया के अनुसार ले ली थी। वहाँ ठीक ठाक वक़्त गुज़र गया था। शाम होने लगी थी। किताबें ले चुकने के बाद वापस तीनों हॉस्टल के लिए निकल गए थे। वापस आकर तीनों मिश्रा की दुकान पर चाय के लिए रुक गए थे। वहाँ सुशांत पहले से ही चाय पी रहा था। उसने किताबों का गट्ठर देखकर पूछा कि वे लोग कहाँ से किताबें लेकर आ रहे थे? पीयूष ने कॉन्सेप्ट लाइब्रेरी के बारे में विस्तार से बताया। सुशांत ने बोला कि वह भी वहाँ से किताबें लाएगा। ऐसा लग रहा था सुशांत भी कहीं से आया था क्योंकि वह काफ़ी तैयार-सा लग रहा था। इसलिए नवीन ने भी उससे पूछा कि वह कहाँ से घूम आया था? पर सुशांत ने कोई संतोषजनक उत्तर न देकर गोलमोल-सा जवाब दे दिया।

चाय पी चुकने के बाद तीनों डब्लूसीएच-2 के लिए निकल गए थे। अभी उन लोगों ने 500 मीटर की दूरी ही तय की थी कि उधर से आते हुए पुरोहित उनसे मिला।

"अरे वाह! किताबें ले ली तुम लोगों ने!" पुरोहित बोला।

"हाँ यार, मस्त कॉन्सेप्ट है उसका भी। सही रहा।" अंशुल बोला।

"चलो सही है, मैं तो चाय पीने जा रहा, किसी को चलना है तो बताओ।" पुरोहित बोला।

सबने अभी-अभी चाय पी थी। इसलिए मना कर दिए। पर पीयूष ने बोला कि वो जाएगा। उसने अपनी किताबें अंशुल को दे दी और बोला कि वे लोग जाए। वह पुरोहित के साथ बाद में चाय पीकर आएगा। पीयूष वापस मुड़कर पुरोहित के साथ मिश्रा की दुकान पर चल दिया।

"यार ये सुशांत कहीं से तो आया था, साला सही बताया नहीं। दाल में कुछ तो काला है।" पीयूष बोला।

"अच्छा, मुझे तो लगा तुम लोगों के साथ ही आया था।" पुरोहित बोला।

"नहीं, भाई। ये तो यहीं मिश्रा की दुकान पर बैठा मिल गया था।"

"अच्छा, तुम्हारी बात वैसे कुछ हद तक सच हो सकती है। वो हिमानी तो आजकल हर्षित के साथ चली गई। इसका पत्ता कट गया। पर आजकल ये शुभी शुक्ला के चक्कर में लगा हुआ है।"

"ओह तो यह बात है। उसी से कहीं से मिल के आ रहा होगा। ऐसा हो ही नहीं सकता कि ये किसी लड़की के पीछे न दौड़ रहा हो। भले कभी कोई मिले न मिले। पर दौड़ना इसका धर्म-सा है।" कहकर पीयूष हँसने लगा। उसके साथ पुरोहित भी हँसने लगा था।

"अपना सही है भाई। कोई ऐसा चक्कर ही नहीं।" पुरोहित बोला। पीयूष इसका कोई प्रत्युत्तर नहीं दिया। मिश्रा की दुकान आ गई थी। दोनों ने एक-एक चाय बोली।

"यार, सुना तो तुम्हारे बारे में भी है।" पुरोहित कुटिल मुस्कान लिए बोला।

"देखा है क्या? ख़ाली सुना ही होगा।" पीयूष ज़ोर से हँसते हुए बोला।

"यार ऐसी बातें बहुत तेज़ फैलती हैं। जिसका कुछ नहीं होता उसके बारे में सब जान जाते हैं और जिसका सब चल रहा होता है प्रायः उसकी भनक भी

नहीं लगती।" पुरोहित बोला।

पीयूष कुछ सोच में पड़ गया कि पुरोहित ने बात तो पते की की है। फिर उसने सहमति में सिर हिला दिया।

"अगर सही में कुछ करना है तो कोई ठोस क़दम उठा लो भाई। यूँ ही बेकार में वक़्त ज़ाया करना ठीक बात नहीं है। हम भी इसलिए हॉस्टल आए कि तुम्हारे जैसे अव्वल लड़के के साथ रहेंगे तो सेमेस्टर के नंबरों में कुछ तो बढ़ोत्तरी होगी और तुम बर्बाद होने की राह पर अग्रसर हो।" मुस्काते हुए पुरोहित ने कहा।

"यार सोचता तो हूँ कि प्रपोज़ कर दूँ। पर लगता है, अगर सब सही न रहा तो जो थोड़ी बहुत बात होती है वह भी ख़त्म हो जाएगी।"

"देखो यार, क्लास में तो सब जानते ही हैं कि तुम मन-ही-मन उसे चाहते हो। मोहित ने यह बात फैला दी थी। तो वह भी जानती ही होगी। आगे बढ़ो, उसकी स्वीकृति के बारे में जानो। जो भी होगा, तुम्हारे नहीं कहने से तो बदलेगा नहीं।"

पुरोहित की बात में दम था। उस पल पुरोहित, पीयूष को अपना सच्चा मित्र जान पड़ा। उसने उसकी बात का ऐतबार किया। एक तो पुरोहित ने उसके दिल की बात को इतनी बारीकी से समझा और दूसरे दोनों को चाय का एक जैसा नशा-सा था। शायद इन्हीं कारणों से दोनों की दोस्ती पल्लवित होनी शुरू हो चुकी थी। हॉस्टल लौटते समय जाने कब दोनों के बीच मशविरा हो चुका था कि हर रोज़ सुबह हॉस्टल से गेट तक मिश्रा की दुकान तक टहलने आएँगे और चाय पीकर वापस जाया करेंगे। इस तरह थोड़ा मॉर्निंग वॉक भी हो जाया करेगी। अगले दिन से प्रातः 6 बजे हर रोज़ दोनों का यह क्रम बदस्तूर जारी हो गया।

रामू दा, मोटरबाइक और आनंदेश्वर मंदिर

शनिवार का दिन था। आज के दिन पीयूष ने पुरोहित के सुझाव के अनुरूप अपने मन की बात सविता द्वारा नेहा को बता देने का निर्णय किया। ख़ुद नेहा से कहने में उसकी हालत ख़राब हो रही थी और उस पर से अभी अंशुल का अनुभव सामने था। सो यही रास्ता उसे सेफ़ लगा कि यदि बात बन गई तो बहुत अच्छा और नहीं भी बनी तो भी अभी तक का जितना भी रिश्ता नेहा से था वह अपनी जगह कायम रहेगा। कम-से-कम अंशुल जैसी हालत नहीं होगी। सविता को उसने इसलिए चुना कि सविता और नेहा प्रायः साथ रहते थे और साथ ही कॉलेज से स्कूटी स्टैंड तक जाते थे। अगर क्लास में नहीं कह पाई तो क्लास के बाहर कह लेगी।

लंच के बाद केमिकल टेक्नोलॉजी (केमिकल इंजीनियरिंग में एक विषय) की लैब थी। यह एक बड़ी लैब थी। यह वर्कशाप के अंदर बनी हुई थी। लैब में सबका अपना-अपना ग्रुप बना था। नेहा और सविता का ग्रुप अलग था। इसलिए दोनों अलग-अलग इंस्ट्रूमेंट के पास खड़े थे। अंशुल और अनामिका का ग्रुप एक ही था, पर ऐसा लगता था जैसे दोनों अलग-अलग ग्रुप में थे क्योंकि उन दोनों में न के बराबर ही बात हो रही थी। सविता का ग्रुप लैब के बाहर की ओर खड़ा था जबकि नेहा का अंदर की ओर। इसलिए जब लैब ख़त्म होने को हुई तो सविता के ग्रुप के लोग पहले बाहर निकले। सविता वर्कशॉप के मेन गेट पर आकर नेहा का इंतज़ार कर रही थी ताकि वे साथ स्कूटी स्टैंड जाएँ। ठीक उसी समय मौक़ा देखकर पीयूष जल्दी से सविता के पास गया।

"हाय! कैसी हो?" पीयूष बोला।

"मैं बढ़िया, तुम बताओ?" सविता ने जवाब दिया।

चूँकि वक़्त बहुत कम था, तीन-चार मिनट में नेहा लैब से आ ही रही होगी ऐसा सोचकर पीयूष सीधे प्वॉइंट पर आ गया।

"मैं बढ़िया हूँ। यार एक काम है तुमसे।"

"हाँ-हाँ, बताओ!"

"हाँ, लेकिन यह बात केवल मेरे और तुम्हारे बीच रहेगी, किसी और को मत बताना प्लीज़!"

"अरे हाँ, तुम बताओ तो, नहीं बताऊँगी।"

"क्या है न...कि मैं... मैं... नेहा को बहुत पसंद करता हूँ... मतलब वैसे... समझ रही हो न?" थोड़ा लड़खड़ाते हुए पीयूष बोला।

"हाँ, अच्छा ये बात है।" वह मुस्कुराने लगी।

"तो यार तुम उससे पूछना न, मेरे बारे में उसकी ऐसी कोई फ़ीलिंग है क्या?"

"हम्म! अच्छा!" शायद सविता कुछ और भी कहना चाहती थी, पर पीयूष को लगा बस उसने तीर कमान से छोड़ दिया था और अब उसे वहाँ से निकल जाना चाहिए था। उसने ऐसा ही किया। वह वर्कशॉप की इमारत से निकलकर हॉस्टल के रास्ते की ओर बढ़ गया। थोड़ी देर में नेहा आ गई थी। रास्ते में शायद सविता ने नेहा से पीयूष की बात कही थी। उधर पीयूष एक अजीब इंतज़ार की बेचैनी में चला जा रहा था। बार-बार उसे ख़याल आता था कि जाने नेहा क्या जवाब देगी! आगे उसे अंशुल और नवीन मिल गए थे।

"सविता से क्या गप्प लड़ा रहा था बे अकेले?" नवीन बोला।

"तू भी शशिकांत के रास्ते पर ही चलना चाह रहा क्या? पहले छोटी सीढ़ी फिर बड़ी सीढ़ी यानी कि नेहा?" ऐसा कहकर अंशुल हँसा।

पीयूष ने किसी तरह टालमटोल करके बात टाल दी थी।

***

उस दिन हॉस्टल में शाम के नाश्ते में मैगी थी। ये तीनों मेस में घुसने ही वाले थे कि उन्हें सुशांत मिल गया। उसने उन्हें वहाँ की मैगी न खाने के लिए कहा और रामू दा की दुकान पर चलने के लिए कहा। उसके लिए उसने तर्क भी दिया कि एक बार वहाँ की नूडल्स खा ली तो फिर मेस की मैगी फ़ीकी ही लगेगी। तीनों ने अपनी थकान की बात बताई कि अभी गेट से पैदल ही आए।

सुशांत ने उनसे मेस में थोड़ी-सी मैगी खाने के लिए कहा ताकि थोड़ा पेट में कुछ हो जाए और वे रामू दा की दुकान तक चल पाएँ। बाक़ी उसने तर्क दिया कि कल रविवार है, छुट्टी रहेगी। इसलिए बाहर घूम आया जाए और रामू दा से परिचय भी हो जाए। थोड़ी नानुकुर के बाद तीनों मान गए। मेस में हल्का-सा नाश्ता करके वे चारों रामू दा की दुकान पर पहुँच गए थे।

रामू दा की दुकान वेस्ट कैंपस के मेन गेट के सामने से गुज़रने वाली सड़क के उस पार थी। एक कमरा-सा था जिसके सामने एक टाट की छत-सी बँधी हुई थी, यही रामू दा की दुकान का स्वरूप था। रामू दा की उम्र कोई पचास बरस के पार हो रही होगी। रामू दा अपने किशोर होने के दिनों से वहाँ दुकान चला रहे थे। इसलिए उन्हें जाने कितने ही सीनियर बैच के लड़कों के बारे में पता था। वहाँ बतकही के लिए लड़कों की बैठकें-सी चला करती थीं। पुराने सीनियर बैच के लड़कों के बहुत से क़िस्से उनकी ज़ुबान पर थे जिसे वह थोड़ा मसाला लगाकर अभी के कॉलेज के लड़कों को सुनाते थे। जो मज़ा हमें अपने पूर्वजों के बारे में सुनकर आता है, वैसे ही कुछ आनंद की अनुभूति रामू दा अब के लड़कों को अपने नये-नये क़िस्से सुनाकर करा देते थे। लड़कों की टोली में हो रही बातों से ही वह उनकी मन:स्थिति को जान जाते थे और उस स्थिति के अनुसार जो क़िस्सा कहानी फिट बैठ पड़ता था उसे रेलमपेल झोंक देते थे। उस आनंद के साथ मैगी और चाय की चुस्की की बात ही अलग थी। एक छोटे पैकेट मैगी में रामू दा बड़े प्यार से दो प्लेट नूडल्स तैयार कर देते थे। कुछ तो हाथों में था उनके, जो मसालेदार मैगी लड़कों की ज़ुबान पर इस क़दर चढ़ी हुई थी। यह कहना ग़लत न होगा कि मैगी के उस मसाले के साथ-साथ उनकी बातों का मसाला भी अपना काम करता था।

रामू दा की बात 'ओ साब जी' या 'अरे सर जी' से शुरू होती थी मसलन-ओ साब जी ! अस्सी में (सन् 1980) ऐसा हुआ था कि पूरा वेस्ट कैंपस हिल गया था– ऐसी ही कई सारी गप्प थोड़ी सच्चाई, थोड़ी काल्पनिकता के रस में डूबी हुई उनके मुँह से लगातार निकलती रहती थी। थोड़ा-बहुत आनंद तो लड़कों को ख़ुद को सर या साब के संबोधन की वजह से भी हो जाता था। मैगी के अलावा रामू दा ने अपनी कुछ नयी डिश भी ईजाद की हुई थी जैसे कि बम। यह कुछ और नहीं बल्कि ब्रेड को तोड़मरोड़ के उसमें मसाला और मक्खन

लगाकर भुना हुआ एक आइटम था। जिसे लड़के हर्षातिरेक के साथ माँगते थे- 'रामू दा एक बम देना।' इसी तरह रामूदा बोर्नविटा वाला दूध भी बेचते थे जो कि अपेक्षाकृत पतला हुआ करता था। मैगी के अलावा यह दो-तीन चीज़ें और थीं जो लड़कों के बीच में अपनी प्रसिद्धि बना रही थीं। हालाँकि इन सब चीज़ों के दाम बाज़ार से थोड़े महँगे कहे जा सकते थे, पर जो बतकही का रस रामू दा प्रदान करते थे उसका कोई मूल्य नहीं दिया सकता था। वह अनमोल था।

उन चारों ने एक-एक प्लेट मैगी और एक-एक गिलास दूध के साथ अपना नाश्ता पूरा किया और रामू दा की बतकही से सराबोर होकर हॉस्टल लौट गए।

अंशुल के पिताजी अपने क़स्बे के जाने माने पंडित और ज्योतिषाचार्य थे। उनके घर पूजा-पाठ की बहुत महिमा थी शायद यही कारण था कि अंशुल भी बहुत धार्मिक प्रवृत्ति का था। उसे अपने घर की क्षीण-सी याद थी कि इच्छित वर के लिए पिताश्री लड़कियों को भगवान शिव का ध्यान कर, 16 सोमवार के व्रत के लिए बोला करते थे। वैसे तो अंशुल की अनामिका से बातचीत न के बराबर थी पर अंशुल का यक़ीन अभी भी पूरी तरह टूटा नहीं था। इस बात के लिए वह अपने पिता से कोई ज्योतिष का उपाय तो पूछ नहीं सकता था और न ही यह पूछ सकता था कि यह सोलह सोमवार के व्रत का उपाय लड़कों के लिए भी लागू था या नहीं। पर उसके मासूम मन ने उसे वही सोलह सोमवार के व्रत के अनुष्ठान को मंज़ूरी दे दी। उसे लगा जब भगवान लड़की की मनोकामना पूरी कर सकते थे तो वही प्रयास अगर कोई लड़का करे तो उसकी भी इच्छा भगवान अवश्य ही पूरी करेंगे। यहाँ अंशुल ने शायद अपना अभियांत्रिकी का दिमाग़ लगा दिया था।

कल ही सोमवार था। उसे कल से यह अनुष्ठान करना सुलभ प्रतीत हो रहा था। शिव भगवान को मन में रखकर व्रत शुरू करने से पहले वह किसी शिव मंदिर जाना चाहता था। कानपुर में शिव जी के कई मंदिरों की जानकारी उसने अपने मैकेनिकल के सीनियर भैया को फ़ोन करके ले ली थी। उनके अनुसार बड़े चौराहे के पास स्थित श्री आनंदेश्वर भगवान मंदिर की बड़ी प्रसिद्धि थी। इसलिए अंशुल ने आनंदेश्वर जाने का प्लान बनाया। उसने पीयूष और नवीन को अपने प्लान के बारे में बताया। उसने उन दोनों से कहा कि कल यानी सोमवार को मैं व्रत रहूँगा और आगे आने वाले हर सोमवार को व्रत रखूँगा। कल कॉलेज रहेगा और शाम को आनंदेश्वर जाकर आने में मुश्किल होगी क्योंकि अपने पास

बाइक नहीं है। इसलिए मैं आज ही वहाँ जाऊँगा। तुम लोग भी चलो घूम आओ। यहाँ पड़े-पड़े भी क्या करोगे ? भगवान के दर्शन कर आओ। पीयूष और नवीन को उसका प्लान तो सही लगा लेकिन पहले-पहल उन्हें उसकी इस भीष्म प्रतिज्ञा सदृश बात के बारे में कुछ ख़ास समझ नहीं आया। लेकिन नवीन को थोड़ा बहुत एहसास हो चुका था। इतने दिनों से नवीन को लग रहा था कि अंशुल अनामिका की बातों से बाहर निकल आया था। वह मन-ही-मनख़ुश भी था कि वह अब अपनी पढ़ाई पर पूरा ध्यान दे पाएगा। पर आज की बात से उसका माथा ठनका। बिना पूछे ही वह समझ गया था, हो न हो इसमें अनामिका से संबंधित ही कुछ प्रेरणा होगी। यही बात उसने पीयूष को बताई। पीयूष ने भी सहमति जताई। ख़ैर उन दोनों ने इस बारे में ज़्यादा बात नहीं की और शाम को क़रीब चार बजे हॉस्टल से आनंदेश्वर मंदिर जाने के लिए सोचा।

जैसा कि पहले ही निश्चय हो चुका था, तीनों डब्लूसीएच-2 से निकलकर क़रीब एक किलोमीटर पैदल चलकर वेस्ट कैंपस के मुख्य गेट पर खड़े थे। शाम आना अभी शुरू हो रही थी, पूरी तरह से आई नहीं थी। अभी सड़क पर उतनी चहल-पहल शुरू नहीं हुई थी जितनी कि पूर्णतः शाम की बेला पर उस सड़क पर होती थी। उन्हें रावतपुर से आने वाली विक्रम का इंतज़ार था जो चिड़ियाघर, कंपनी बाग़ होते हुए परेड चौराहा जाता। उन्हें खड़े हुए पाँच मिनट बीत चुका था पर अभी तक कोई विक्रम नहीं दिखा था। प्रायः जिस रास्ते पर हमें जाना होता है उस ओर को जाने वाले वाहन बहुत कम दिखते हैं और विपरीत दिशा में जाने वाले वाहन बहुतायत में दिखते हैं। ऐसा ही कुछ उन तीनों के साथ हो रहा था।

"भाई, 10 मिनट होने को है और अभी एक भी विक्रम इधर को नहीं। अपनी क़िस्मत ही ऐसी है। अपन को तो शुरू से पता है। चलो वापस चलते हैं।" नवीन बोला।

"हाँ बे, उस ओर की सड़क पर तबसे पाँच विक्रम जा चुकी। इधर एक भी नहीं। ऐसा लग रहा सबको परेड नहीं जाकर रावतपुर ही जाना है।" पीयूष बोला।

"आएगी-आएगी... चिंता मत करो। अभी ज़्यादा शाम भी तो नहीं हुई है।" अंशुल बोला।

उसके कहने के एक-दो मिनट बाद ही एक विक्रम वाला आया। उन लोगों

ने उसे रुकवाया। पहले तो विक्रम वाला तैयार नहीं था क्योंकि वह आज गुरुदेव टॉकीज (रावतपुर) से यहाँ तक आ गया था पर अभी उसे एक भी सवारी नहीं मिली थी। इसलिए आगे नहीं जाएगा। पर इन तीनों ने उसे विश्वास दिलाया कि आगे रास्ते में सवारी मिल जाएगी। पहले उन्हें बिठा तो ले। इस दौरान नवीन और पीयूष के चहरे पर एक कुटिल मुस्कान रेंग गई क्योंकि उन्हें अपनी बदक़िस्मती पर पूरा भरोसा था। इसके बाद तीनों विक्रम में बैठ गए।

"भाई, वैसे तो हममें से हर कोई पनौती ही है। पर हम सब में सबसे कम ख़राब क़िस्मत अंशुल की ही है।" ऐसा कहते हुए नवीन हँसने लगा।

अंशुल ने इशारे से उसे चुप रहने को बोला कि ज़्यादा हँसी-मज़ाक़ न करें। एक तो मुश्किल से ऑटो वाले ने बिठाया था। कहीं ऑटो वाले का मूड बदल न जाए। विक्रम वाला अभी 500 मीटर ही चला था कि उसका ऑटो खड़-खड़ करके बंद हो गया। उसने कोशिश की पर ऑटो स्टार्ट ही नहीं हो रहा था।

"क्या हुआ भैया?" पीयूष बोला।

"इस रास्ते पर हर दिन ही चलता हूँ, पर इस तरह ऑटो कभी बंद नहीं होती। लग रहा धक्का लगाना होगा।" ड्राइवर बोला।

"आज हम जो बैठे हैं।" धीमी आवाज़ में नवीन हँसते हुए बोला।

पीयूष ने उसे होंठों पर हाथ रखकर मना किया। तीनों लोग नीचे उतरकर धक्का लगाना शुरू किए। ड्राइवर अपने सीट पर बैठकर क्लच गियर छोड़ना खींचना शुरू किया और ये तीनों लोग ऑटो के पीछे धक्का लगाते चल रहे थे।

"तीनों लोगों की कंबाइंड क़िस्मत जो न करा दे, वो थोड़ा ही है!" पीयूष बोला।

"वो तो है ही, ऊपर से अंशुल ने उसे आगे सवारियों के मिलने की भी आशा दिलाई है। उसका क्या होगा।" नवीन के ऐसा कहने पर तीनों की ही हँसी छूट गई। ख़ैर चार-पाँच मिनट की कोशिश के बाद विक्रम स्टार्ट हो गई। तीनों लोग फिर से विक्रम में सवार हो गए। विक्रम सरपट चलती जा रही थी। दो-तीन मोड़ गुज़र गए थे, पर अभी तक कोई चौथी सवारी विक्रम वाले को नहीं मिली थी। हर मोड़ पर पहुँचकर ड्राइवर विक्रम की स्पीड थोड़ी कम करता कि शायद कोई सवारी मिल जाए। पर अभी तक ऐसा नहीं हो सका था। एक तो उसे कोई सवारी नहीं मिल रही थी ऊपर से ये तीनों बीच-बीच में हँस देते थे। जिसके कारण

उसे झुंझलाहट-सी हो जाती थी। जब सड़क मुड़ने को हो गई और चिड़ियाघर आने वाला हुआ तो ऑटो वाले को कुछ उम्मीद जगी। पर परिणाम वही ढाक के तीन पात। चिड़ियाघर भी गुज़र गया वहाँ से भी कोई नहीं चढ़ा। ऑटो वाले का सही में आज ऐसे पनौतियों से पाला पड़ा था। पर मरता क्या न करता। वो ऑटो चलाए जा रहा था। जब ऑटो कंपनी बाग़ पहुँच गया और वहाँ भी कोई नहीं चढ़ा तो उसने झल्लाकर ऑटो बंद कर दिया और उन तीनों को उतरने के लिए बोल दिया।

नवीन ने मज़े लेते हुए पूछा- "क्या हुआ भइया, आगे नहीं जाओगे? बात तो आनंदेश्वर की हुई थी।"

ऑटोवाला (थोड़े खीझ में)- "ऐसा है भाई साब, तेल हो गया है ख़त्म और अब आज ऑटो चलाने का मन भी नहीं हो रहा। दूसरा देख लो।"

तीनों ज़ोर से हँसे और वहाँ से दूसरा विक्रम पकड़ लिए। जो नवाबगंज से सवारियों से भरी हुई आ रही थी। दो सवारियों की ही जगह ख़ाली थी। दो लोगों की जगह में तीन लोग कैसे बैठ जाते हैं इसका सजीव उदाहरण तो कानपुर के विक्रम वाले ही दे सकते हैं। जैसे-तैसे ये तीन लोग उसमें एडजस्ट हुए। अब सवारी के ख़ाली होने की चिंता नहीं थी। अतएव वह विक्रम वाला इन्हें ठीक-ठाक तरह से बड़ा चौराहा पहुँचा दिया। वहाँ उतरकर एक दुकान वाले से परमट (आनंदेश्वर) का पता पूछकर तीनों पैदल मंदिर की ओर बढ़ चले। ग्रीन पार्क के रास्ते होते हुए तीनों क़रीब 10 मिनट में आनंदेश्वर मंदिर के गेट पर पहुँच गए थे।

लोगों ने बताया कि यह एक अति प्राचीन मंदिर है। मंदिर के अंदर घुसने से पहले एक बड़ा-सा गेट था, जिसके ऊपर शिव-पार्वती की मूर्ति आसीन थी तथा गेट के बीचोबीच ऊपर एक बड़ा-सा घंटा लटक रहा था। इस गेट से मुख्य मंदिर अभी भी 500 मीटर अंदर था। तीनों लोग गेट के पास के बेरीकैड से आगे बढ़े। इस पतले से रास्ते में फूल-माला, पूजा सामग्री और दूध-मिठाई की बहुत-सी दुकानें थीं। इसी रास्ते में एक जगह छोटी-छोटी गिलासों में एक आदमी पानी भरने वाली कलछी से पानी भर रहा था ताकि आने-जाने वाले प्यासे लोग को पानी पिला सके। यह मुफ़्त सेवा थी। इन लोगों ने भी थोड़ा-थोड़ा पानी पीया। मंदिर गंगा नदी के किनारे स्थित था जहाँ के घाट का नाम परमट था। नदी में लोग नौकाओं से विहार कर रहे थे। एक दुकान से पूजा का सामान लेकर तीनों

लोग मंदिर में प्रविष्ट हुए। मंदिर में काफ़ी भीड़ थी जो लोग भी शिवलिंग के पास पहुँच जाते वो अपने आप को सौभाग्यशाली मानते। भीड़ इतनी थी कि लोग आगे वाले के पूरा हटने के पहले ही उसके ऊपर से अपना हाथ आगे लाकर पुष्प इत्यादि चढ़ाने लगते थे। मंदिर 'ॐ नमः शिवाय', 'हर हर महादेव', 'बम भोले' के स्वरों से गुंजायमान था। शिवलिंग पर बड़ी श्रद्धा से चढ़ावा वग़ैरह चढ़ाने के बाद भी लोग कुछ देर तक हाथों से उसे हलके-हलके दबाते रहते मानो भगवान के चरण दबा रहे हो।

मंदिर में मुख्य शिवलिंग के अतिरिक्त भी कई सारे देवी-देवताओं की छोटी-छोटी मूर्तियाँ थी। मुख्य शिवलिंग का पूजन करने के बाद और लोगों की ही तरह इन तीनों ने भी दूसरे देवी-देवताओं का पूजन किया। अंशुल ने मन-ही-मन अपने व्रत के बारे में भगवान को सूचित किया। यहाँ आकर जाने क्या हुआ पोयूष भी एक अनोखी श्रद्धा से भर गया था। उसने भी अपने मन की बात भगवान से कही, पर वह बात उसके मन में दूसरा रूप ले चुकी थी। ऐसा क्यों हुआ वह समझ नहीं पाया था। उसने अपनी मन्नत में नेहा को न माँगकर अपनी बात कुछ यूँ रखी कि जो मेरे लिए अच्छा हो, ईश्वर वही कर देना। नवीन की ऐसी कोई मन्नत थी ही नहीं। उसने बस श्रद्धा से पूजा अर्चना कर ली थी। मुख्य मंदिर के बाहर अनेक दूसरे मंदिर भी थे, जहाँ अंशुल के पीछे-पीछे पीयूष और नवीन भी मस्तक नवाते रहे। कोई आधा घंटा में उन लोगों ने सारे दर्शन कर लिए। हल्का-हल्का अँधेरा हो चुका था।

नवीन को गंगा में चलती नौकाओं ने ज़्यादा आकर्षित किया था। उसने इन दोनों से वहाँ जाने के लिए बोला। अंशुल ने पहले तो थोड़ा प्रतिरोध किया कि हॉस्टल पहुँचने में काफ़ी देर हो जाएगी क्योंकि अँधेरा तो अभी ही हो गया था। पर पीयूष तटस्थ-सा बना रहा। उसे नदी किनारे बहने वाली हवा का मोह था शायद। अतः अंशुल को भी नदी की घाट की ओर जाना पड़ा।

घाट के पहले काफ़ी दूर तक रेत पसरी हुई थी। रेत अपेक्षाकृत थोड़ा मटमैला था। कहीं-कहीं कुछ फूल वग़ैरह के अपशिष्ट भी पड़े हुए थे। रेत में चलते हुए पैर धँस से जाते थे। पीयूष का मन हो रहा था कि वह दौड़ लगाए और जल्दी नदी के एकदम किनारे पहुँच जाए पर रेत की वजह से दौड़ना तो दूर वो लोग अपनी सामान्य चाल से भी नहीं चल पा रहे थे।

"देख रहे हो वह नदी का किनारा। जहाँ मंद-मंद हवा-सी चल रही। लोगों के कपड़े कैसे मस्त लहरा रहे!" पीयूष बोला।

"और नौकाएँ भी उसी हवा के ज़ोर में वापस आ रही हैं।" नवीन ने जोड़ा।

"मुझे तो लग रहा है, अँधेरा काफ़ी हो चुका है। अब शायद नौका-चालन बंद हो रहा है। शायद आख़िरी नाव छूटने वाली है।" अंशुल बोला।

"हम लोग चाहते हैं कि जल्दी वहाँ पहुँच जाए पर रेत के कारण ऐसा लग रहा जैसे पैरों में बेड़ियाँ पड़ी है।" पीयूष ने कहा।

"हाँ यार, ख़ैर जल्दी चलो।"अंशुल बोला।

"ऐसे ही हम जीवन में करना कुछ चाहते हैं, पाना कुछ चाहते हैं। पर रास्ते में ज़िम्मेदारियों का ऐसा बोझ हम पर आन पड़ता है कि उन बोझों से ख़ुद को हल्का-हल्का करते हमारा काफ़ी वक़्त निकल जाता है और हम अपने लक्ष्य की ओर नियत समय में बढ़ने में असमर्थ से होते जाते हैं।" पीयूष बोलता जा रहा था। वे घाट के बिल्कुल पास पहुँच गए थे। पर तब तक आख़िरी नाव जा चुकी थी, नवीन ने इशारा करके पूछा। पर नाविक ने मना कर दिया था और कल आने के लिए हाथ हिलाया।

"देखा... यही मैं कह रहा था कि इतना वक़्त निकल जाता है कि लक्ष्य हमारे आँखों के सामने से धीरे-धीरे ओझल हो जाता है और हम रीते रह जाते हैं। पर इससे उदास नहीं होना चाहिए क्योंकि यही चीज़ तो फिर से कोशिश करने की प्रेरणा देती है कि वही सेम नाव भले न मिले पर कोई नाव जो हमारे लिए सही होगी। जो हमें नदी की सैर कराने में सक्षम होगी। वह आज नहीं, कल नहीं तो परसों तक हमें ज़रूर मिल जाएगी। बस कोशिश नहीं छोड़नी चाहिए।" पीयूष ने दार्शनिक अंदाज़ में अपनी लंबी बात पूरी की।

"कुछ समझ आया?" अंशुल ने नवीन से पूछा।

"हम्म!" नवीन ने यूँ ही बोला।

"क्या हम्म? लग रहा कुछ समझ नहीं आया।" अंशुल ने फिर टोका।

"अरे यही कि सफलता पाने के लिए कोशिश जारी रखनी चाहिए।" नवीन थोड़ी झुंझलाहट से बोला।

"वाह, मेरे शेर! क्या बात है!" पीयूष मुस्कान के साथ बोला।

शाम ख़त्म हो गई थी। रात का प्रादुर्भाव हो चुका था। तीनों वापस हॉस्टल

के लिए लौट चले।

अगला दिन सोमवार का था। अपने प्रण के हिसाब से अंशुल का आज व्रत था। सो उसे केवल तैयार होना था। नाश्ते की कोई जल्दी नहीं थी। नवीन भी हर रोज़ की तरह लेट-लतीफ़ ही था। जैसे-तैसे टाइम पर तैयार हुआ। पीयूत्र के लिए आज का दिन बड़ा था। सविता का क्या जवाब होगा, यही ख़याल उसके दिमाग़ में उथल-पुथल मचाए हुए था। पहला पीरियड चल रहा था। बीच-बीच में पीयूष सविता और नेहा की ओर देख लेता था, पर नेहा पहले की ही तरह दिख रही थी और सविता भी भाव शून्य-सी। जैसे सविता और नेहा के बीच शनिवार को कोई बात ही नहीं हुई थी। पीयूष को लग रहा था जैसे वक़्त बहुत धीरे-धीरे गुज़र रहा था। पहला पीरियड, दूसरा पीरियड और अब तो तीसरा पीरियड भी गुज़र गया। बीच में 5-10 मिनट का ब्रेक भी हो चुका था। पीयूष एक-दो बार सविता के पास जाकर हाय-हैलो भी कर आया था। पर सविता ने कुछ बताया ही नहीं। वह सोचने लगा कहीं सविता नेहा से पूछना भूल तो नहीं गई। पर ऐसे कैसे हो सकता था, लड़कियाँ तो बहुत कम भूलती हैं। पेपर में तो कितना कुछ लिख आती है। वह उधेड़बुन में लगा रहा। लंच टाइम हो गया। पहले की ही तरह तीनों फल वाले बाबा के पास जाकर फल खा आए।

दूसरा हाफ़ शुरू हो गया था। पीयूष की बेचैनी जस-की-तस बनी हुई थी। जब आख़िरी क्लास ख़त्म हो गई और सब लोग क्लास से बाहर निकलने लगे। तब पीयूष ने अंशुल और नवीन को बोला कि प्रोफ़ेसर से कुछ पूछना है, तुम लोग चलो मैं आता हूँ। अंशुल और नवीन निकल गए। लगभग सभी जा चुके थे, नेहा भी चली गई थी। पर सविता अभी नहीं निकली थी। ऐसा लग रहा था जैसे बैग में किताबें रखने का नाटक करते हुए वक़्त गुज़ार रही थी, ताकि सब क्लास से निकल जाए। दो-तीन मिनट तक क्लास का दृश्य ऐसा ही था। प्रोफ़ेसर भी बाहर निकल गया था। सविता अपने बेंच पर थी और पीयूष उसके सामने जा खड़ा था। क्लास में कोई नहीं था।

"यार, वो बात हुई?" पीयूष ने धड़कते दिल से पूछा।

"हाँ, अरे कुछ नहीं है।" सविता बड़ी बे तकल्लुफ़ी से बोली।

"कुछ नहीं है, मतलब कुछ भी नहीं।" पीयूष का स्वर भारी हो रहा था।

"अरे नेहा बोली, उसे इन सब चक्करों में नहीं पड़ना और वैसे भी तुम्हारे

लिए तो उसने कभी भी वैसा नहीं सोचा।"

"हाँ... चलो थैंक्स यार!" भरभराते गले के साथ पीयूष बोला।

"अरे, इन सब के लिए बहुत वक़्त मिलेगा। तुम तो पढ़ाई में और स्वभाव से भी अच्छे लड़के हो। ख़ुद को वैसा ही बनाए रखो। चलो, मैं चलती हूँ। लेट हो रहा।"

दोनों ने विदा ली। पीयूष का सपना सिरे से चूर-चूर हो गया था। वह क्लास से बाहर निकला। थोड़ी दूर के बाद बड़ा-सा गलियारा जो सिविल विभाग के सामने सड़क पर खुलता था। वहीं अंशुल और पीयूष उसका इंतज़ार कर रहे थे। उसके चेहरे की उदासी उनसे छुप नहीं पाई।

"क्या हुआ बे, इतनी रोनी सूरत क्यों बनाई है?" नवीन बोला।

"कुछ नहीं, ऐसे ही, गर्मी की वजह से लग रहा होगा।" पीयूष बोला।

"मुझे तो ऐसा नहीं लग रहा, कुछ बात तो है।" अंशुल बोला।

पीयूष ने अपने ऊपर कंट्रोल किया और जैसे-तैसे अपनी भावनाओं को छुपा लिया। उसने उन्हें इस बात के बारे में कुछ नहीं बताया। ऐसा ही उसने सोचा भी था कि सब सही रहेगा तो बताऊँगा वरना फिर क्या फ़ायदा? पर दुख या संताप कहीं-न-कहीं प्रकट होना ही चाहता है, पर इसे प्रकट करने का वह वक़्त पीयूष को सही नहीं लगा। उस वक़्त के लिए उसने इस बात को अपने मन में ही कहीं दबा लिया।

उस घटना को बीते हुए क़रीब एक हफ़्ता निकल गया था। पीयूष दो-तीन रात, अँधेरे में अपने इस दुख को आँसुओं के रूप में तकिए पर बहाता रहा। समय गुज़रने के साथ ही अब तीसरे सेमेस्टर के आने की आहट हो रही थी। अंशुल और अनामिका की बातचीत बंद-सी ही थी। कॉलेज में ही स्टडी से संबंधित जितनी बात हो पाती थी वही होती थी। हॉस्टल आकर बिल्कुल ही बात नहीं होती थी। पीयूष की तो वैसे भी कोई ज़्यादा बातचीत नेहा से नहीं होती थी, पर वह अब भी नेहा से बात करने की कोशिश में लगा रहता था। कभी एक-दो बात हो गई तो हो गई वरना तो बस उसका चेहरा ही चोरी-छिपे देखता रहता था। चूँकि अब तीनों एक ही कमरे में रहते थे तो कुछ-न-कुछ बतकही चलती ही रहती थी।

कमरे का माहौल नवीन की वज़ह से अक्सर ज़िंदादिल रहा करता था। वह

हमेशा अपनी कहानियाँ जिन्हें वह सच्ची घटनाओं का नाम दिया करता था, उन दोनों को सुनाया करता था। नवीन के घटनाओं की जगहें पार्क, बस, ट्रेन आदि हुआ करती थी। उसकी ऐसी हर कहानी में एक लड़की हुआ करती थी जो अपने कॉलेज (एचबीटीआई) की सभी लड़कियों से सुंदर हुआ करती थी। यह लड़की हर घटना में नवीन के सौंदर्य के ऊपर मर-मिटा करती थी। जब वह बड़े शान से अपने हैंडसम होने के बारे में इन दोनों को बताया करता था तो अंशुल और पीयूष की हँसी रोके नहीं रुकती थी। हर कहानी में नवीन की बात बढ़ने वाली हुआ करती थी कि तभी कुछ हो जाया करता था। बात बढ़ने से नवीन का मतलब चुंबन से हुआ करता था। मसलन लड़की के पहचान का कोई आ जाता था या फिर उसके भाई, पिता आदि कोई आ जाता था। जिससे इनका चुंबन होते-होते रह जाता था और हर बार अंशुल और पीयूष बिना हँसे नहीं रह पाते थे।

पीयूष कई बार तो कहता भी था कि क्यों झूठी कहानियाँ सुनाया करता है? पर हर बार नवीन उसका प्रतिवाद करता था कि ये झूठी नहीं सच्ची घटनाएँ हैं। अंशुल भी यही दोहराता था कि तुम दो घंटे में अपनी कहानी में इतना आगे बढ़ जाते हो यह कैसे संभव है? ये दोनों उसे इस बात को लेके चिढ़ाते रहते थे कि वे दोनों भी बहुत बार पार्क, बस, ट्रेन आदि में गए पर उनके साथ तो कभी ऐसा नहीं हुआ। पर नवीन हर बार उसका प्रतिवाद करता रहता था। नवीन के अनुसार अब तक कम-से-कम 8-10 बार ऐसे मौक़े आके चले गए थे।

उसकी बातों में जो भी सच्चाई रहती थी, पर कमरे में मनोरंजन चलता रहता था। बाक़ी के बचे वक़्त में पढ़ाई भी हो जाती थी। इस सब के बीच ऐसा लगता था कि अंशुल और पीयूष के इश्क़ का भूत बीमार हो गया था जो अपना उपचार कराने कहीं दूर निकल गया था और वे दोनों हॉस्टल के माहौल में रच बस गए थे।

बस हॉस्टल से कॉलेज पहुँचने में दो-तीन किलोमीटर पैदल चलने वाली एक मुश्किल तीनों के जीवन में रह गई थी। शुरू में ऐसे लड़कों की संख्या काफ़ी ज़्यादा थी जो पैदल जाते थे। ये तीनों भी उसी श्रेणी में आते थे। कुछ लड़के जो अच्छे-धनी घरों से ताल्लुक़ रखते थे। उनके घरवालों ने उन्हें नयी मोटरबाइक दिला दी थी। अब जो उन लड़कों के दोस्त थे, वे उनके साथ डबल-ट्रिपल होकर कॉलेज जाने लगे थे। पर इन तीनों में से किसी के पास भी

अभी तक बाइक नहीं थी। इसलिए अभी भी वही पैदल लंबी दूरी उन तीनों को तय करनी पड़ती। कॉलेज में अंशुल के गाँव के पास का ही एक लड़का था प्रदीप। उसके पापा ने उसे बाइक दिला दी थी। अंशुल का वो ठीक-ठाक दोस्त भी था। उन दोनों ने सेम जगह से इंटर की पढ़ाई की थी और साथ ही काकादेव, कानपुर में तैयारी भी की थी। प्रदीप की ब्रांच पेंट टेक्नोलॉजी थी। अंशुल उसके साथ जा सकता था, पर अभी नवीन और पीयूष का कॉलेज जाने का कोई बाइक जैसा जुगाड़ नहीं था। इसलिए अंशुल ने भी उनके साथ पैदल जाने को ही चुना। कभी-कभी सोमवार को व्रत वाले दिन वह प्रदीप के साथ चला जाता था। उसके अलावा अन्य दिनों में कभी-कभार क़िस्मत अच्छी रहती तो कोई सीनियर या कोई साथ वाला जिसके पास बाइक होती (अगर उसका साथी न जा रहा हो तो) उससे लिफ़्ट ले लेते थे। इस तरह किसी-किसी सोमवार के दिन ऐसा भी होता था जब लिफ़्ट नहीं मिलती तो पीयूष और नवीन को कॉलेज पहुँचने में लेट हो जाता था और उनका पहला पीरियड छूट जाता था। पर अंशुल पहुँच जाया करता था। नवीन और पीयूष का रोल नंबर पीछे आता था अत: उनकी प्रॉक्सी अंशुल लगा देता था। एक दिन पीयूष कॉलेज से आने के बाद अपने घर बात कर रहा था जो कि उसका नित्य का नियम था। आजकल मेस में क्या खाना मिल रहा? सुबह से शाम तक कौन-कौन-सी उल्लेखनीय घटनाएँ घटी? वह अपनी मम्मी को बताता था। उस दिन उसी क्रम में उसके मुँह से निकला कि आज ऑटो नहीं मिल पाई तो पैदल जाना पड़ा। इसलिए कॉलेज को लेट हो गया। बस फिर क्या था! मम्मी ने हॉस्टल से कॉलेज जाने तक का पूरा हिसाब लेना शुरू कर दिया। मसलन, हॉस्टल का गेट कितनी दूर था, ऑटो कहाँ से मिलता और कहाँ तक ले जाता था। कुल कितनी दूर पैदल जाना पड़ता था। बाक़ी लड़के इस चीज़ का क्या इंतज़ाम किए हुए थे? आदि। पीयूष को अपनी पूरी राम कहानी बतानी पड़ी कि वो और नवीन कैसे जाया करते थे?

अब आख़िर माँ का दिल तो होता ही है कोमल। हम और आप चाहे जितने बड़े हो जाए हमारी माताएँ हमें दूध पीता बच्चा ही समझती हैं। पीयूष की मम्मी ने इस चीज़ का कोई-न-कोई हल निकालने की सोच ली। शाम को जब पीयूष के पापा दुकान से घर आए तो पीयूष के कॉलेज जाने की सारी बातें मम्मी ने पापा को बताईं। हमारे माता-पिता घर की छत की तरह होते हैं वो भले ही सूर्य के ताप

से ख़ुद को झुलसा ले, पर अपने बच्चों को अपनी छाया में रखकर शीतलता ही प्रदान करने की कोशिश करते रहते हैं। ऐसा ही कुछ उस टाइम भी हुआ। पीयूष के घर पर एक स्प्लेंडर बाइक थी जो कि पूरे घर के लिए वरदान स्वरूप थी क्योंकि सब्ज़ी लाने से लेकर, छोटी-मोटी यात्रा आदि के लिए उसी को काम में लाया जाता था। उसके पापा मध्यमवर्गीय परिवार के मुखिया थे, पीयूष के लिए एक नयी बाइक ख़रीद देना तो संभव नहीं था इसलिए उन्होंने निश्चय किया कि पीयूष के पास यही घर वाली बाइक पहुँचा दी जाए। अगले दिन मम्मी ने पीयूष को फ़ोन किया और पापा की निश्चित की हुई बात बताई।

एक पल को तो पीयूष स्तब्ध रह गया। उसके जैसे मध्यम वर्ग के परिवार के लिए बाइक कितना बड़ा एसेट था! यह वह बख़ूबी जानता था। कितने सालों में पापा ने पैसे जोड़-जोड़कर बाइक ख़रीदी थी और उन्होंने एक ही पल में उसे कानपुर पहुँचाने का निर्णय ले लिया क्योंकि बेटे को कॉलेज पैदल जाना पड़ता था। पीयूष का गला रूँध गया। उसे समझ नहीं आ रहा था कि वह क्या बोले।

उसके मुँह से बस इतना निकल पाया- "पर मम्मी घर पर बिना बाइक के बिना कैसे काम चलेगा ? मेरा काम तो चल जाता है। वो तो बस कल ऑटो नहीं मिल पाई थी। रोज़ मिल जाती है। आप पापा को मना कर देना।"

मम्मी- "तू उसकी चिंता मत कर। वैसे भी यहाँ मोटरसाइकिल का कुछ ज़्यादा काम नहीं है।"

दिनभर तो खड़ी ही रहती है। वहाँ जाएगी तो कम-से-कम चलेगी। यहाँ खड़ी रही तो जंग ही लग रही उसमें, आदि-आदि।

पीयूष ने बाइक न लाने के लिए बहुत-सी बातें कही, पर माँ ने जो निश्चय कर लिया था तो कर लिया था। ऐसी ही होती हैं माताएँ, कहाँ तो बाइक की सारी ज़रूरत घर पर थी, कहाँ अब उन्होंने इतने सारे तर्क दे दिए कि इसे कानपुर ले जाना ही सही था। वह माँ के भोले तर्कों का ज़्यादा देर प्रतिकार नहीं कर पाया। उसे पता था घर पर मम्मी-पापा ने फ़ैसला ले लिया है। अब उसमें कुछ नहीं हो सकता था। मम्मी ने ये भी बताया कि पापा और मोहल्ले के अशोक भैया बाइक चलाते हुए उसे कानपुर लेकर चले जाएँगे। अगले बृहस्पतिवार को सुबह भोर में ही निकल जाएँगे और शाम तक कानपुर पहुँच जाएँगे।

बृहस्पतिवार का दिन पीयूष की मम्मी के हिसाब से शुभ दिन हुआ करता

था। अशोक भैया उससे तीन-चार साल ही बड़े होंगे, उनकी लोहे की चीज़ों जैसे कड़ाही वग़ैरह की दुकान थी। पीयूष के पापा को वह अपना मामा स्वरूप मानते थे। पापा का कहा हुआ काम बड़ी शिद्दत से पूरा कर दिया करते थे। चूँकि दूरी बहुत थी, कम-से-कम 11-12 घंटे तो बाइक को चलना ही पड़ेगा। इसलिए इस काम के लिए अशोक भइया का साथ सही था।

पीयूष ने पापा से बात की कि इतनी दूर चलाके लाने में दिक़्क़त होगी। ट्रेन से भिजवा दीजिए। पर पापा को लगता था कि पता नहीं ट्रेन में बाइक हैंडल कैसे होगी? फिर ये भी कि पीयूष को सेंट्रल जाना पड़ेगा, उसका टाइम ख़राब होगा और वे उससे मिल भी लेंगे। पीयूष को थोड़ा सेफ़्टी के लिए भी डर हो रहा था। पापा ने उसे समझा दिया कि अशोक भइया रहेगा, वो लोग आराम से आएँगे। इसलिए पीयूष चिंता न करे।

पीयूष ने अंशुल और नवीन से पापा की बात बताई। पहले तो उन्हें लगा पैरेंट्स को इतना परेशान करना सही नहीं हैं। फिर पीयूष ने सारी बातें सविस्तार बता दी। ख़ैर अब निश्चित हो चुका था कि बाइक थर्सडे को आ रही थी। तीनों में एक ख़ुशी का भाव भी आ गया था।

"आज मंगलवार है यानी कि एक दिन बाद ही अंकल आ जाएँगे।" नवीन बोला।

"हाँ, अब तो पीयूष भी बाइक वाला हो जाएगा।" अंशुल ने चुटकी ली।

"अरे क्या यार!" पीयूष ने यूँ ही बोला।

"यार फिर एक काम करना पड़ेगा आज और कल की ही शाम है अपने पास। कमरा वग़ैरह साफ़ करना होगा। सब लोग अपनी बुक्स वग़ैरह सजा लो। लगना चाहिए कि हम लोग क़ायदे से रहते हैं।" नवीन बोला।

सबने हामी भरी। तीनों अपनी मेज़ें पोछने लगे। कई सारी किताबें इतने दिनों में काफ़ी धूल खा चुकी थी। उसको साफ़ किया गया। आलमारी में कपड़े-किताबें सब क़रीने से लगाई जाने लगीं। चादरें बदल दी गईं। पंखे पोछ दिए गए। सारा सामान अपनी जगह ठिकाने पर रख दिया। इतनी तेज़ी में काम शुरू हुआ कि दो-तीन घंटे में ही कमरे की सूरत बदल गई थी। घर से कोई आने वाला हो तो यही होता है। सब सफ़ाई मशीन बन जाते हैं। इतनी जल्दी तो कोई मशीन भी सफ़ाई नहीं कर सकती थी जितनी जल्दी इन तीनों ने किया था। रात को मज़ाक़

में अंशुल ने बोला कि हर तीन-चार महीने में तीनों के घर से कोई-न-कोई आता रहे तो मस्त सफ़ाई हो जाया करेगी। उसकी बात पर सब हँस दिए।

जब तक बाइक नहीं थी, पीयूष को उसकी कोई लालसा भी नहीं थी। अब जबकि पता चल गया था कि एक दिन बाद बाइक आ जाएगी तो पीयूष को भी उसका इंतज़ार शुरू हो गया। उसे लगता था जल्दी से आज और कल की रात बीते।

बृहस्पतिवार को कॉलेज का पूरा दिन बाइक और पाप के ध्यान में ही गुज़र रहा था। हर दो-तीन घंटे पर पापा से बात हो जाया करती थी कि कहाँ पहुँचे, अभी कितनी दूर बाक़ी है, इत्यादि।

शाम के सात बज रहे थे। पीयूष, अंशुल और नवीन सभी कमरे में बैठे बातें कर रहे थे। तभी पीयूष के फ़ोन की घंटी बजी। पीयूष ने फ़ोन उठाया।

"हैलो! कहाँ, गेट पर? हाँ वहीं रुकिए मैं आता हूँ।" पीयूष फ़ोन पर जवाब दे रहा था।

"क्या हुआ, अंकल आ गए क्या?" नवीन पूछा।

"हाँ, नीचे हैं। गेट पर हैं।" पीयूष ने कहा।

"चलो, चलो। चलते हैं।" अंशुल बोला।

तीनों सीढ़ियों से नीचे आ गए। पीयूष ने देखा पापा ने गार्ड से बात करके एंट्री भी कर ली थी। वॉर्डन रूम के सामने वाले पेड़ के पास लाल रंग की दुपहिया खड़ी थी। अशोक भैया बाइक पर ही टेक लगाकर बैठे से थे। पापा उसी की ओर आ रहे थे। पीयूष ने उनके पैर छूए। अशोक भैया को नमस्ते के साथ अभिवादन किया। सेम क्रिया-कलाप उन दोनों ने भी दोहराया। उसके बाद पीयूष, पापा और अशोक भैया को मेस में कुछ चाय-पानी कराकर को अपने कमरे में ले गए। उनकी बातचीत शुरू हो गई। उसके पापा ने उस फ़्लोर पर रहने वाले सभी लड़कों का हालचाल लिया। नवीन ने पहले ही सभी को बता दिया था कि आज अंकल आएँगे। इसलिए कोई तेज़ आवाज़ में लैपटॉप वग़ैरह पर गाने-वाने मत बजाना। उस फ़्लोर पर उस रात इतनी शांति रही मानो अगले दिन सेमेस्टर का पेपर था। पुरोहित, सुशांत भी उनके कमरे में आ गए थे। सब अंकल से उनकी पूरी यात्रा के बारे में चाव से सुन रहे थे कि कैसे अशोक भैया ने 12 घंटे में से आठ घंटे बाइक चलाई। सुबह चार बजे ही निकल गए थे। कहीं

ग्यारह से दो बजे तक सो लिया था क्योंकि धूप थी। आराम करते, चाय-पानी पीते वो लोग आ गए थे। बातचीत करते-करते डिनर का वक़्त हो गया था। सब मेस में खाना खाने गए।

अशोक भैया को हॉस्टल का माहौल अच्छा लगा। वे और पीयूष के पापा हॉस्टल के खाने-पीने और रहने-पढ़ने की व्यवस्था से पूरी तरह संतुष्ट हो रहे थे। पापा ने पीयूष को बाइक की दो चाभियाँ दी। एक चाभी प्रयोग के लिए और दूसरी सुरक्षित ब्रीफ़केस में रखने के लिए बोल दिया। उन्होंने उसे बाइक के मेंटेनेंस, सर्विसिंग वग़ैरह के बारे में बताया। फिर पापा ने बताया कि वे सुबह ही टाटमिल (कानपुर में एक जगह) चले जाएँगे। दिन भर अपने बिज़नस का काम करेंगे और शाम को बस से घर चले जाएँगे। पीयूष ने घर के हालात वग़ैरह के बारे में पूछा। पापा ने यूँ बतलाया कि घर पर सब आराम से हैं। वो घर के बारे में ज़्यादा न सोचा करे और अभी पढ़ाई पर पूरा ध्यान दे। उनकी कई सारी बातें हुई। सुबह पिताजी और अशोक भैया नाश्ता करके चले गए।

पीयूष ने बाइक उठाई और पीछे नवीन को बैठाया। उधर अंशुल ने प्रदीप से बात कर ली थी कि अब से वह रोज़ उसके साथ चला करेगा क्योंकि उसके दोस्त पीयूष और नवीन अब बाइक से जाएँगे। पीयूष और नवीन के लिए आज का दिन कुछ नया ही था। ऐसा लग रहा था दोनों सड़क यात्रा पर न होकर हवाई यात्रा पर थे। थोड़ी ही देर में वे साइकिल स्टैंड पर पहुँच रहे थे। जब साइकिल स्टैंड एकदम पास आ गया और अंदर जाने के लिए पीयूष ने बाइक बायें घुमाई ठीक उसी समय सामने से नेहा अपनी स्कूटी लेकर आती दिखी। दोनों का आज का साइकिल स्टैंड में प्रवेश का वक़्त एकदम सेम था। जब आदमी प्रेम में होता है तो हर ऐसे संयोग मात्र में वह कोई निहित गूढ़ अर्थ ढूँढता है। पीयूष भी सोच रहा था कुछ तो बात थी, जो ऐसा हुआ था। पहला दिन बाइक का और वो भी ऐसी एंट्री। जाने क्या सोचकर वह ख़ुश हो रहा था? दोनों ने आस-पास ही अपनी-अपनी दुपहिया वाहन खड़ा की।

"अरे वाह! बाइक! बधाइयाँ!" नेहा बोली।

"अरे हाँ, वो पैदल आना पड़ता था, इसलिए घर वालों ने भेज दी।" पीयूष बोला।

"गुड! गुड!" नेहा ने उत्तर दिया।

पीयूष को लगा, नेहा भी साथ चलेगी। वह सोचने लगा कि उससे क्लास तक पहुँचते-पहुँचते क्या बात करेगा? पीयूष की दिक़्क़त यही थी कि नेहा के सामने आते ही वह विचारशून्य-सा हो जाता था। अब बिना बात किए केवल किसी लड़की को देखते रहना, यह भी तो सही नहीं था। इस मामले में उसे अंशुल की फ़र्स्ट ईयर की तैयारी याद आती थी, वो हमेशा कुछ-न-कुछ लिख के रखा करता था। जिससे अनामिका से लगातार बात करता रहता था और विषयों की कमी नहीं पड़ती थी और एक बार लड़की आपके साथ कम्फ़र्ट लेवल में आ गई फिर तो आपको विषय ढूँढना ही नहीं। यह सुशांत का विचार था जो उसे याद आया। पर यहाँ तो दोनों ही चीज़ें नहीं थीं। ख़ैर इस वक़्त पीयूष को इसकी ज़रूरत भी नहीं पड़ी क्योंकि जब उसने नेहा से कहा-चलो, क्लास चलते हैं।

नेहा ने जवाब दिया- "अरे नहीं, वो सविता आती होगी।"

"ओह, पर लेट हो रहा है। आ जाएगी वो।" पीयूष ने एक बार फिर कोशिश की।

"अरे नहीं, कोई बात नहीं। वो जब कभी जल्दी आ जाती है तो मेरा इंतज़ार करती है। मैं चल दूँगी तो उसे बुरा लग जाएगा।" नेहा बोली।

पीयूष के पास कोई चारा नहीं था। वह नवीन के साथ चल दिया। नवीन ने उसको फिर इन सब चीज़ों से निकलने के लिए समझाया। तुम्हें पसंद करती होती तो तुम्हें इतना सब नहीं कहना पड़ता। प्यार में पड़ा हुआ मन भी कुम्हार की कच्ची माटी के समान ही होता है, उसको कोई विचार-विशेष का प्रयास देकर उस ओर आसानी से मोड़ा जा सकता है। पीयूष को भी नवीन की बातों में सच्चाई-सी महसूस हुई। साथ ही साथ उसे सविता के ऊपर ग़ुस्सा भी आया कि वह अकेले नहीं आ सकती थी।

***

क्लास जाने पर पता चला कि बस 20 दिन बाद सेमेस्टर शुरू होने थे। पीयूष को इस बात से इस बार भी कोई विशेष अनुभूति नहीं हुई। उसके लिए यह सब सामान्य था। वह हर रोज़ ही दो-एक घंटा पढ़ाई कर लेता था। जिससे परीक्षा के वक़्त शांत-सौम्य बना रहता था। उसने अंशुल और नवीन को भी समझाया कि इतना ज़्यादा कुछ कोर्स है नहीं, यदि थोड़ा-थोड़ा ही पढ़ लोगे तो आख़िरी वक़्त में मारे-मारे नहीं फिरोगे। नींद भी पूरी कर के इम्तहान देने जाओगे, जिससे पेपर

भी अच्छा होगा। पर आदतें इतनी जल्दी कहाँ बदलने वाली थीं। किसी किसी दिन अंशुल और नवीन पढ़ते थे, पर किसी किसी दिन फिर वही ढील ढाल। अतः परिणाम वही ढाक के तीन पात ही रहा। पर फिर भी इस बार नवीन और अंशुल को बहुत सहूलियत रही क्योंकि पीयूष के सारे नोट्स उसी कमरे में थे और कभी किसी कॉन्सेप्ट को समझाने के लिए पीयूष तो साथ था ही।

पुरोहित और पीयूष की दोस्ती भी ज़ोर पकड़ रही थी। दोनों अभी भी हर रोज़ सुबह चाय पीने जाया करते थे। कभी-कभी तो वॉक के दौरान ही कोई कठिन कॉन्सेप्ट डिस्कस हो जाता था और हॉस्टल जाकर जब पुरोहित उस सवाल का हल निकाल लेता था तो ख़ुशी-ख़ुशी पीयूष के कमरे में बताने के लिए दौड़ा आता था। तीन दिन कॉलेज चलने के बाद बंक का ऐलान हो गया था। इस बार बच्चा सिंह से भी किसी को डर नहीं था क्योंकि क्लास वालों की नज़रों में बच्चा सिंह बड़ा हो गया था अब वह ऐसी बच्चों वाली हरकतें नहीं करता था। इस वर्ष तो उसने एक भी बंक नहीं तोड़ा था यह भी एक कीर्तिमान-सा ही था।

सेमेस्टर के पेपर शुरू हो गए थे। हर पेपर होने के बाद अंशुल और नवीन की आदत होती थी कि वे पेपर मिला लेते थे। वे पीयूष को भी ऐसा बोलते थे। पर पीयूष ने अपने कुछ नियम बना रखे थे जो वह परीक्षा के वक़्त अनुशासन से अनुसरण करता था। वह कभी भी पेपर दे के आने के बाद पेपर नहीं मिलाता था वरन अगर कहीं कोई डिस्कस भी कर रहा होता था तो वहाँ से दूर भाग जाता था। नवीन पेपर होने के बाद जब किसी सवाल के बारे में पूछता था कि उसने कैसे सॉल्व किया तो वह नहीं बताता था। वह कहता था कि पेपर होने के पहले कोई भी चीज़ कितनी ही बार डिस्कस करो, पर पेपर के बाद नहीं। उसके अनुसार अब तो कॉपी में जो लिखना था वो लिख दिया, सही होगा तो नंबर मिलेगा वरना नहीं। अब सही हल जान के भी क्या फ़ायदा। जाकर उत्तर बदल तो नहीं आएँगे और अगर अब पता चलेगा कि छोटी-सी ग़लती की वजह से कोई हल ग़लत हो गया तो मन में बहुत पछतावा होगा और टेंशन भी। इससे अगले पेपर का ख़राब होना संभव था। इसलिए बेहतर है कि अगले पेपर की पढ़ाई करी जाए। दूसरा वह पेपर शुरू होने के आधे घंटे पहले कभी भी कुछ नहीं पढ़ता था। जबकि दूसरे लड़के आख़िरी वक़्त तक क्लास में एंट्री से पहले तक नोट्स, कॉपी, रजिस्टर पकड़े पढ़ते रहते थे। पीयूष मस्त होकर कॉलेज प्रांगण में घूमा करता था और

जब एंट्री की घंटी बजती थी वह क्लास में पेपर लिखने के लिए चला जाता था। इसके पीछे भी उसका तर्क था कि उस समय अगर कोई नयी चीज़ पढ़ने बैठे और वह समझ नहीं आई तो टेंशन हो सकती थी जिससे पढ़ी हुई चीज़ों पर से भी आत्मविश्वास डिग सकता था। इसलिए कोई किताब, कॉपी वह पेपर के जस्ट आधे घंटे पहले नहीं खोलता था। आधा घंटा वह ख़ुद को शांत रखने, गाने सुनने में लगाता था। जिससे प्रसन्नचित्त होकर पेपर दिया जा सके। उसकी इस दूसरी बात से पुरोहित भी साम्य रखता था। जब सारे पेपर हो जाने थे तब पीयूष अपने सारे पेपर्स मिलाता था। आख़िरी पेपर हो चुका था।

सेमेस्टर ख़त्म हो गया था। जाड़ा शुरू हो गया था। सेमेस्टर ब्रेक के नाम पर 15 दिन की छुट्टी हुई थी। घर जाने से पहले एक दिन तीनों पीयूष के बाइक से आनंदेश्वर घूमने गए। दिन छोटा हो रहा था इसलिए शाम ने काफ़ी पहले ही वो लोग आनंदेश्वर चले गए थे। अब ऑटो की ज़रूरत थी नहीं, इसलिए आराम से जाना आना हुआ तथा उस दिन नवीन की नौका विहार की इच्छा भी पूरी हो गई क्योंकि अभी नौकाएँ चल रही थीं, पिछली बार की तरह काफ़ी शाम नहीं हुई थी।

"देखा आज तुम्हारा लक्ष्य पूरा हुआ। इसलिए लगे रहोगे तो मंज़िल ज़रूर मिलेगी।" पीयूष ने पिछली बार की बात ध्यान करके बोली।

उसकी बात सुनकर तीनों हँस पड़े।

ओडिसी और बंजरभूमि में प्यार का पुष्प खिलाना

चौथा सेमेस्टर शुरू हो गया था। कॉलेज के गलियारों में ओडिसी शुरू होने की चर्चाएँ शुरू हो गई थीं। यह एचबीटीआई का वार्षिक सांस्कृतिक कार्यक्रम था। जो चार दिन चलता था। फ़र्स्ट ईयर से लेकर फ़ाइनल ईयर तक के सभी छात्रों को इसका विशेष इंतज़ार रहा करता था। रचनात्मकता प्रदर्शित करने का यह अद्वितीय कार्यक्रम हुआ करता था। दिन में छोटी-छोटी खेल प्रतियोगिताएँ होती रहती थीं। पर असली प्रोग्राम तो शाम के वक़्त ही शुरू हुआ करते थे। संध्या समय से प्रथम रात्रि को नृत्य-गायन होता था। दूसरी संध्या से रात 9-10 बजे तक कई सारे नाटक वग़ैरह हुआ करते थे। तीसरे दिन साँझ से देर रात तक बाहर से आए कवियों से सज्जित कवि सम्मेलन हुआ करता था। प्रायः आख़िरी दिन कुछ पुरस्कार वितरण और बाहर से आए रॉक बैंड का प्रदर्शन हुआ करता था जिसमें सारे लड़के-लड़कियाँ मस्ती से डांस किया करते थे।

सीनियर्स का एक ग्रुप एक दिन क्लास में आया और उन्होंने ओडिसी से संबंधित अलग-अलग समितियों (स्वागत समिति (वेलकम कमिटी), साज-सज्जा समिति (डेकोरेशन कमिटी), सांस्कृतिक समिति (कल्चरल कमिटी) आदि) के बारे में बताया जिन पर इस प्रोग्राम को सफलतापूर्वक आयोजित करने का ज़िम्मा था। इसके अलावा जिसे भी नृत्य, गायन, नाटक आदि विधाओं में व्यक्तिगत या समूह प्रदर्शन करने की इच्छा हो उसे भी अपना या अपने समूह का नाम देने के लिए कहा गया। ये बताया गया कि सबको जिस भी तरह हो सके अपना योगदान करना चाहिए क्योंकि यह अपने कॉलेज के नाम का सवाल था। कहा गया कि ज़रूरी नहीं कि प्रत्यक्ष रूप से ही योगदान हो, यह अप्रत्यक्ष

रूप से भी हो सकता था।

"किसी फ़िल्म के हिट होने के लिए जितना योगदान परदे पर दिखने वालों का होता है, उतना ही या कहीं उससे ज़्यादा योगदान परदे के पीछे काम करने वालों का होता है।" कुछ ऐसे डायलॉग भी बोले गए।

उन्हीं सीनियर्स में से एक आयुष सर ने बोला कि वो सम्राट अशोक पर आधारित बड़ा नाटक करना चाहते थे उसके लिए बहुत से कैरेक्टर की ज़रूरत थी। जो कोई भी इंटरेस्टेड हो कॉलेज के बाद ऑडिटोरियम के पीछे आ जाए। वहीं सिंगिंग, डांसिंग के भी ऑडिशन होंगे।

शाम को अंशुल, नवीन और पीयूष ऑडी के पीछे गए। वहाँ तो बहुत भीड़-सी थी कोई गाना गा रहा था, कोई डांस के स्टेप्स कर रहा था। थोड़ी ही दूर पर आयुष सर के पास क़रीब 15 लड़के-लड़कियाँ इकट्ठे थे। अंशुल ने उधर देखा तो पाया कि अनामिका भी वहाँ थी।

"यार देखो, हम लोगों को डांस, गाना इतना अच्छा तो आता नहीं कि स्टेज पर परफ़ॉर्म करें।" अंशुल बोला।

"सीधे बोल न भाई, सब समझ रहा हूँ।" नवीन भी अनामिका की ओर इशारा करते हुए बोला।

"अरे नहीं बे वो बात नहीं। स्टेज फ़ीयर दूर होगा और उस बड़े नाटक में कुछ ख़ास करना भी नहीं होगा।" अंशुल बोला।

"हाँ तो... मतलब... क्या कहना चाहते हो। भाग लें।" पीयूष बोला।

"हाँ, चलो देखते हैं। कुछ रोल मिलेगा ही।" अंशुल बोला।

आयुष सर बता रहे थे कि यह नाटक तीन-चार दृश्य का रहेगा। कलिंग युद्ध, अशोक का हृदय परिवर्तन, बौद्ध धर्म का ग्रहण आदि मुख्य घटनाएँ अभिनीत की जाएँगी। कल से हर सुबह अगले 15 दिन तक रिहर्सल वग़ैरह होंगे। इसलिए जिसे भी भाग लेना है वह कल से हर सुबह आठ बजे यहीं आता रहे। इन तीनों ने भी अपना नाम लिखा दिया।

अगले दो-तीन दिन तो नाटक में परफ़ॉर्म करने के लिए तीनों लोग बाइक पर ट्रिपलिंग करके साथ आए। पर पीयूष और नवीन का उतना मन नहीं होता था क्योंकि इस चक्कर में उनका नाश्ता छूट जाता था। दिन भर भूख-सी लगी रहती थी तथा पीयूष का पुरोहित के साथ सुबह चाय पीने जाने का कार्यक्रम बाधित

होता था। इसलिए एक दिन उन दोनों ने अपनी इच्छा के बारे में अंशुल को बता दिया। शायद अंशुल का भी वहाँ मन नहीं लगता पर वहाँ अनामिका थी इसलिए उसको तो आना अच्छा ही लगता था। वह अपनी कोशिश को फिर से जारी करना चाहता था। जब पीयूष और नवीन ने आना बंद कर दिया तो अंशुल को ऑटो के सहारे पैदल आना पड़ा। उस एक दिन में अंशुल की हालत ख़राब हो गई। साथ लोग होते थे तो लंबी दूरी भी पैदल चल ली जाती थी। पर अकेले तो ऐसे लगता था जैसे दूरी दुगुनी हो गई हो। आठ बजे पहुँचने के लिए 7.30 पर ही निकलना पड़ा। ख़ैर वह वक़्त पर पहुँच गया था। नाटक में कई सारे नगर दंपत्ति की ज़रूरत थी। जाने कैसा संयोग बना कि अंशुल और अनामिका को आयुष सर ने एक ऐसे ही नगर दंपत्ति के लिए कास्ट किया। अंशुल के मन में तो जैसे लड्डू फूटने लगे, पर उसने उसे चेहरे पर ज़ाहिर नहीं होने दिया। जिस तरह से सबको समझाया जा रहा था उसी तरह उन दोनों को भी उनके दृश्य के बारे में समझाया गया। उस दिन सबको अपने-अपने हिस्से के डायलॉग लिखवाए गए। अंशुल और अनामिका ने भी साथ बैठकर अपने डायलॉग लिखे। दोनों के बीच थोड़ी ही बातचीत हुई।

अंशुल अपेक्षाकृत घर से थोड़ा संपन्न था। अभी तक उसे बाइक की विशेष ज़रूरत नहीं महसूस हुई थी या फिर शुरुआत में संकोचवश कह नहीं पाया था। पर उस दिन शाम को हॉस्टल आकर अंशुल ने महसूस किया कि ओडिसी की प्रैक्टिस में जाने के लिए बाइक बहुत ज़रूरी थी। इसलिए इस संबंध में उसने अपने पापा से बात की। पापा ने कहा कि उसे पहले बताना चाहिए था। ख़ैर अभी भी क़रीब दो साल तो ऐसे ही वेस्ट कैंपस से ही जाना पड़ेगा। इसलिए वह बाइक ख़रीद ले। अगले दिन वह उसके अकाउंट में पैसे डाल देंगे।

उसने अगले दिन शाम को नवीन, पीयूष के साथ एक बाइक डीलर के पास जाकर नयी बाइक ख़रीद ली। अब तक उस फ़्लोर के सभी लड़कों का हॉस्टल जाने का कोई-न-कोई जुगाड़ हो गया था। बस सुशांत वह लड़का था जिसे कॉलेज जाने के लिए अभी तक लिफ़्ट या विक्रम पर निर्भर रहना पड़ता था। जाने सीआर के वक़्त हुई वोटिंग का असर था या कुछ और पीयूष की सुशांत के दिल में विशेष जगह थी। जब उसे अंशुल के बाइक ख़रीदने की बात पता चली तो वह पीयूष के पास आया।

"यार, देखो मुझे अभी पैदल ही जाना पड़ता है। ओडिसी ख़त्म होने के बाद अंशुल की बाइक फ़्री रहेगी। अंशुल और नवीन एक साथ चल लेंगे। तुम मुझे अपने साथ ले चलो।" सुशांत बोला।

"अरे वो तो ठीक है, पर मुझे नवीन से बात करनी पड़ेगी।" पीयूष बोला।

"अरे उसकी चिंता न करो। तुम बस हाँ करो। मैं नवीन से बात कर लूँगा। आने-जाने में जो भी तेल वग़ैरह ख़र्च होगा वो आधा-आधा बाँट लेंगे।"

"हाँ, ऐसा है तो कोई दिक़्क़त नहीं। तुम उससे बात कर लेना।"

इस तरह सुशांत ने भी अपना जुगाड़ फिट कर लिया। इस बाबत उसने नवीन से भी पूछ लिया। नवीन को भी क्या दिक़्क़त होती। अब तो उसे नयी बाइक पर जाने का मौक़ा मिल रहा था।

बाइक होने से अंशुल को बहुत सुभीता हो गया था। वह सुबह मिश्रा की दुकान पर नाश्ता करके कॉलेज चला गया। उस दिन अंशुल तो टाइम पर पहुँच गया। पर अनामिका देर से क़रीब उसके आने के 10 मिनट बाद आई। उसके चेहरे पर थोड़ी झल्लाहट-सी भी थी।

"आज देर हो गई।"

"हाँ, सुबह देर से उठी और एक फ़ोन भी आ गया था।"

"अच्छा, चलो फिर अपने डायलॉग पढ़ते और याद करते हैं।"

"हाँ, सीक्वेंस याद रखना मेन काम है।"

दोनों ने अपने डायलॉग पढ़ना शुरू दिए और अनुक्रम को निश्चित करने में लग गए कि कब किसको डायलॉग बोलने रहेंगे। अभी एक-दो डायलॉग ही पढ़े गए थे कि अनामिका का फ़ोन बज उठा। उसने एक्सक्यूज़ मी बोलकर फ़ोन पर बात करने के लिए थोड़ी दूर चली गई। थोड़ी देर में फ़ोन में आवाज़ थोड़ी तेज़-सी मालूम हुई। अंशुल का पूरा ध्यान उधर ही था। अंशुल पूरी बात तो नहीं सुन सकता था, पर लास्ट का जवाब वह सुन पाया था। "तुम बिल्कुल ही नासमझी की बात करते हो। चलो अभी मैं बिज़ी हूँ। फ़ोन रखो।" और फ़ोन काटकर वह अंशुल के पास आ गई थी।

"क्या हुआ, कुछ परेशान हो।"

"नहीं, कुछ नहीं थोड़ी तबीयत सही नहीं लग रही। ऐसा करते हैं, मैं हॉस्टल जाती हूँ। हॉस्टल में संवाद याद कर लेंगे और कल प्रैक्टिस करते हैं।"

"हाँ... नहीं... सही नहीं लग रहा तो आराम ही करो। मैं तुम्हें छोड़ देता हूँ।" अंशुल ने बाइक की तरफ़ इशारा करते हुए बोला।

"अरे, तुमने बाइक ले ली। मैंने ध्यान ही नहीं दिया था। चलो, कॉन्ग्रेट्स। नहीं छोड़ने की ज़रूरत नहीं, मैं चली जाऊँगी।"

"अरे नहीं-नहीं। तबीयत सही नहीं है। इतना तो करने दो यार।"

अनामिका राज़ी हो गई। पूरा रास्ता शांति में ही गुज़रा। अंशुल ने बस इतना पूछा कि अगर कोई बात हो तो वह उसे बता सकती है। अनामिका ने थैंक्स कहकर बात टाल दी। अंशुल उसे गर्ल्स हॉस्टल छोड़कर वापस कॉलेज आ गया।

अभी क्लास शुरू होने में 10-15 मिनट बाक़ी थे। वह सोचने लगा कुछ तो गड़बड़ ज़रूर है। अभी एक-दो मिनट ही गुज़रे थे कि नवीन और पीयूष भी आ गए।

"और, प्रैक्टिस कैसी चल रही?" पीयूष बोला।

"अबे पूछना क्या, प्रैक्टिस तो बढ़िया ही चल रही होगी।" नवीन चिढ़ाते हुए बोला।

"अरे, ठीक ही है सब, तुम लोग तो कुछ कर नहीं रहे।" अंशुल बोला।

"करेंगे न भाई, आज बाइक पर आते हुए यही डिस्कस किया है हमने।" नवीन बोला।

"क्या करोगे?" अंशुल पूछा।

"अरे मैं सोच रहा था साज-सज्जा समिति में नाम दे देता हूँ और नवीन स्वागत समिति में।" पीयूष बोला।

"हाँ और क्या! आफ़्टर-ऑल मूवी हिट होने के लिए योगदान ज़रूरी है।" नवीन हँस पड़ा।

उस दिन अंशुल ने ध्यान दिया कि अनामिका पहले हाफ़ में कॉलेज नहीं आई। अब तो उसका संदेह यक़ीन में बदल गया कि अनामिका के साथ कुछ तो गड़बड़ हो रहा था। इसलिए अगले दिन जब वह नाटक के प्रैक्टिस के लिए आई तो अंशुल ने अपनी पूरी कोशिश उसके हालात जानने में लगा दिया और अंतत: वह सफल भी रहा।

"आख़िर कुछ तो बात है, तुम बता नहीं रही। इतना तो मैं पहचानता ही हूँ

तुम्हें। बताओ न यार।"

"अरे कुछ नहीं। बस ऐसे ही।"

"ये क्या बात हुई! इस लायक़ तो समझ लो कि बता दो। कोई बात बता देने से मन हल्का हो जाता है। मैं सच कह रहा हूँ। चाहे तो बता के देख लो।"

"हाँ, वो तो ठीक है, पर इसमें तुम क्या कर सकोगे, इसका मुझे संदेह है। जो करना है मुझे ही करना है।"

"वो तो ठीक है, पर सुन तो सकता ही हूँ और कुछ कर सका तो वो भी ज़रूर करूँगा।"

"अरे बात ऐसी है कि आजकल ओडिसी के चक्कर में व्यस्त रहती हूँ। उससे (बॉयफ्रेंड) बातचीत कम हो पाती है तो..." इतना कहकर वह चुप हो गई।

"तो... तो क्या?"

"तो उसे लगता है मैं ओडिसी में न बिज़ी होकर कहीं और बिज़ी हूँ। ही इज़ डाउटिंग ऑन मी, हद है!"

"ओह, अब समझा।" अंशुल ने लंबी साँस ली। उसे लगा वह अनामिका की अभी की स्थिति के साथ-साथ उसकी छः महीने पहले की भी स्थिति समझ गया था।

"तो यार, यही सब है। आजकल आधा वक़्त तो उसे समझाने में ही जाता है। पता नहीं सारे लड़के एक जैसे ही होते हैं क्या? तुरंत ही डाउट!"

"सारे का तो पता नहीं, पर जो सच्चे विश्वास के साथ प्रेम करे उसके मन में तो संदेह नहीं आ सकता। क्योंकि जहाँ विश्वास हो वहाँ शक के लिए जगह ही नहीं बचती।" ऐसा अंशुल के मन ने उससे कहा।

"क्या हुआ, कहाँ खो गए? चलो डायलॉग दोहराते हैं।" अनामिका बोली।

उसके बाद वो दोनों अपने-अपने पार्ट का रिहर्सल करने लगे।

उस दिन शाम को कॉलेज के बाद अंशुल ने पीयूष और नवीन को अनानिका के बॉयफ्रेंड वाली बात बताई।

"यार, ये कौन लड़के होते हैं जो दसवीं, बारहवीं में ही गर्लफ्रेंड बना लेते हैं! एक हम लोग हैं, गर्लफ्रेंड-बॉयफ्रेंड तो बस मूवी या कहानी में पढ़ते रहते हैं। अपना वक़्त तो बस रहीम और कबीर के दोहे पढ़ने में ही निकल गया।"

पीयूष बोला।

"देखो भाई, यहाँ मैं एक चीज़ करेक्ट करना चाहता हूँ। ये जो बात अभी पीयूष ने कही है, वह मुझ पर लागू नहीं होती।" ऐसा कहकर नवीन हँसने लगा।

"हाँ-हाँ, क्यों नहीं! ये तो हमें पता ही है।" अंशुल बोला और अबकी बार अंशुल और पीयूष हँसने लगे।

"यार, पर आजकल उनके बीच थोड़ा ऊपर-नीचे चल रहा।" अंशुल बोला।

"तुम्हें कैसे पता?" पीयूष पूछा।

"अरे मैंने बहुत कोशिश करके उससे जान ही लिया।" अंशुल बोला।

"अच्छा, अरे तो तुम, तुम क्या सोच रहे (कुटिल मुस्कान के साथ) तुम्हारा रास्ता साफ़ हो रहा। ज़्यादा ख़ुश न होना। उनका रिश्ता है। हर रिश्ते में ऊपर-नीचे होता ही रहता है। इसलिए दुबारा इस चक्कर में मत पड़ना साले।" नवीन बोला।

बातचीत कर सब सोने चले गए, पर अंशुल की आँखों में नींद नहीं थी। वह सोचने लगा कि नवीन की बात भी ठीक थी। हर रिश्ते में हर वक़्त सब कुछ सही ही तो नहीं चलता। पर अनामिका परेशान थी, ये भी बात सच थी। अब उसकी परेशानी अगर छोटे वक़्त के लिए ही रहे, तब तो ठीक था। पर अगर ऐसा नहीं हो तो फिर कुछ करना ही पड़ेगा। जिसे वह सपने में भी आहत नहीं कर सकता था, कोई उसे इतना परेशान कर दिया कि एक हाफ़ वह कॉलेज भी नहीं आ सकी। क़िस्मत का भी कैसा खेल होता है, जिसे कोई हमेशा के लिए ख़ुश रखता है, हँसा के रखने की कोशिश करता है, तो कोई उसे रुला दे रहा है। एक बार उसे लगा कि फ़ोन करके हालचाल पूछ ले, पर रात काफ़ी हो गई थी और उस दिन ट्रेन के वाक़ये के बाद उसे दुबारा उतना अधिकार नहीं मिल पाया था जो किसी भी वक़्त वह उसे कॉल कर सकता था। इसलिए उसने फ़ोन पर से अपनी उँगुलियों को पीछे खींच लिया। अब उसकी हालत वैसी ही थी जैसे कि दूध का जला छाछ भी फूँक-फूँककर पीता हो।

अगले दिन रिहर्सल के वक़्त अनामिका बार-बार अपने डायलॉग भूल जा रही थी। अंशुल बोला कि उसने कल तो सारे संवाद याद थे फिर आज क्या हो रहा था? अनामिका ने कुछ स्पष्ट उत्तर न देकर फिर से प्रैक्टिस के लिए बोला।

उस दिन की प्रैक्टिस तो हो गई पर मज़ा नहीं आ रहा था।

"एक बात पूछूँ? इसको अन्यथा मत लेना।" अंशुल बोला।

"नहीं, बोलो क्या हुआ?"

"अरे! मुझे क्या होगा। मुझे तो ये पूछना है, तुम्हें क्या हुआ है आजकल? क्या अभी तक वो मैटर सेटल नहीं हुआ?"

"ऐसी तो कोई बात ही नहीं जो सेटल करनी हो।"

"हाँ वो तो है, पर दो-तीन दिन गुज़र गए पर अभी तक तुम हर रोज़ मुझे परेशान ही दिखती हो। अब ये मत कहना कि ये वहम है मेरा। इतना तो जानता ही हूँ तुम्हें।"

"चलो, ये बात ठीक है तुम्हारी। पर ये तो मानोगे, कुछ चीज़ों से आदमी को ख़ुद ही गुज़रना पड़ता है। चाहकर भी कोई दूसरा कुछ नहीं कर सकता।"

"ऐसी गोल-गोल बातें समझने में मुझे दिक़्क़त होती है, तुम बताओ न यार। अब क्या हो गया? क्या उसे अब भी वैसा ही लगता है? हालाँकि ये तुम्हारा बेहद निजी मामला है। शायद मुझे पूछने का हक़ भी नहीं, पर तुम्हारा यूँ परेशान रहना मुझसे देखा नहीं जाता। तुम कल कॉलेज भी सेकेंड हाफ़ आई, फ़र्स्ट हाफ़ आई नहीं।"

व्यक्ति उसे तुरंत अपना विश्वासपात्र बनाने को तैयार हो जाता है, जिसे बिना कहे ही उसका दर्द दिखाई दे जाता है और उस दर्द की थोड़ी बहुत पीड़ा वह सामने वाला व्यक्ति भी महसूस करने लगता है। ऐसा ही कुछ अनानिका को भी महसूस होने लगा था। वह अंशुल के सामने धीरे-धीरे खुलने लगी। उसने उसे बताया कि उसका बॉयफ्रेंड अपने संदेह को दूर करने के लिए उससे इसी हफ़्ते किसी दिन मिलना चाहता था। जबकि वह उसको बताई थी कि उसका ओडिसी में परफ़ॉर्मेंस रहेगा और अब उस इवेंट में बस पाँच दिन बाक़ी थे। इसलिए व्यस्तता के कारण ऐसा पॉसिबल नहीं हो सकता। तो वह और उल्टा समझ लिया। उसको लगता था कि वह कहीं और व्यस्त है और मिलना ही नहीं चाहती थी। वह उसको सुबह से शाम तक अपनी हर छोटी से छोटी बात बता देती थी फिर भी उसे न जाने क्या हो गया था। वह कुछ सुनने समझने को ही नहीं तैयार था। इसलिए उनकी लड़ाइयाँ शुरू हो गई थीं।

अंशुल को यहाँ अपने लिए एक अवसर बनता दिखा, पर उसके अंतर्मन ने

सोचा कि वह ग़लत तरीक़ा नहीं यूज़ करेगा। उनके रिश्ते में जो भी खटपट चल रही थी वह उसे तोड़ने की या उत्प्रेरक बनने की कोशिश बिल्कुल नहीं करेगा बल्कि ईमानदारी से अपने स्नेह, प्रेम और लगन का प्रदर्शन करता रहेगा। अपने रास्ते पर ईमानदारी से अपनी कोशिश करते हुए बढ़ता रहेगा। यदि ईश्वर को मंज़ूर होगा और अनामिका को उसमें सच्चाई दिखेगी तो वह उसे मिलकर ही रहेगी। बाक़ी उसने भगवान के ऊपर छोड़ दिया।

इसलिए कुछ सोचकर अंशुल ने कहा- "अरे इतनी-सी बात थी। मिलने में तुम्हारा कितना ही वक़्त जाएगा। बुला लो जिस दिन भी वह चाहे। मेरे पास बाइक है, मैं तुम्हें उससे मिलने के लिए छोड़ आऊँगा। जहाँ कहीं भी वह ठहरे। विक्रम से आने-जाने में तुम दोनों का वक़्त नहीं बर्बाद होगा। और जब तुम्हें वापस आना होगा, बता देना। मैं लेने आ जाऊँगा।"

एक पल को अनामिका अवाक-सी रह गई। जल्दी में उसने बस इतना ही कहा- "अच्छा... हम्म! बाद में बताती हूँ।"

प्रैक्टिस के बाद दोनों क्लास चले गए। उस दिन अनामिका का मन क्लास में लग नहीं रहा था। उसे लग रहा था यह अंशुल किस मिट्टी का बना था। कहीं-न-कहीं जिस लड़के की वजह से अनामिका ने अंशुल की फ़ीलिंग्स को रौद दिया था। उसी लड़के से मिलाने का सुझाव दे रहा और मिलने के लिए अगर कहीं जाना पड़ा तो वह ख़ुद उसे ले भी जाएगा। कितनी अजीब बात थी! क्या करे प्रशांत (अनामिका का बॉयफ्रेंड) को कह दे कि अगर वह चाहता है तो आ जाए मिलने अगले दिन! दिन भर अनामिका इसी ऊहापोह में लगी रही।

अंत में उस रात उसने प्रशांत को फ़ोन किया कि कल या परसों जब भी आना हो वह आ जाए। प्रशांत खेलकूद में काफ़ी अच्छा था। वह दिल्ली में किसी क्लब की तरफ़ से क्रिकेट खेलता था। प्रशांत ने बताया कि वह सुबह की शताब्दी ट्रेन लेकर कल दोपहर 12 बजे तक वहाँ पहुँच जाएगा। उसका अगले हफ़्ते मैच भी था इसलिए वह बस कल शाम और रात तक ही रह सकेगा। रात को फिर ट्रेन से दिल्ली निकल जाएगा। अनामिका ने एक बार बोला भी कि जब वक़्त नहीं तो आना ही क्यों था। फिर कभी मिल लेंगे। उसने कुछ सही उत्तर न देकर कुछ गोल माल-सा जवाब दिया कि नहीं बस अभी मिलना ज़रूरी है। उसने बताया कि वह रेलवे स्टेशन के पास ही कोई लॉज ले लेगा। तुम सीधे रेव

मोती (कानपुर का एक मॉल) ही आ जाना। मैं भी वहीं पहुच जाऊँगा जिससे आने-जाने का वक़्त बचेगा। या अगर उसे कुछ प्रॉब्लम हो तो वह उसे लेने कॉलेज हॉस्टल आ जाएगा। अनामिका ने बताया कि नहीं, कोई दिक़्क़त नहीं, वह आ जाएगी। इस तरह उनकी प्लानिंग हो गई थी। अनामिका ने फ़ोन रख दिया था।

रात के 11 बज रहे थे। अंशुल का फ़ोन बजा। उसने स्क्रीन पर देखा, 'अनु कॉलिंग' लिखा आ रहा था। एक बार तो उसे लगा कि उसने कुछ ग़लत तो नहीं पढ़ लिया! इतनी रात में कॉल, वो भी उधर से आ रही थी। उसने फ़ोन उठाया।

"हैलो अनामिका, क्या हुआ? सब ठीक!"

"हाँ-हाँ सब ठीक है। वो जैसा तुमने कहा था तो मैंने सोचा ठीक ही बात थी। इसलिए मैंने कल प्रशांत को मिलने के लिए बुला लिया..."

"प्रशांत?" बीच में ही काटते हुए अंशुल ने पूछा।

"अरे हाँ, वो मैंने तुम्हें बताया नहीं था। मेरे बॉयफ्रेंड का नाम।"

"अच्छा!" जाने अंशुल को क्यों लगा जैसे उसकी आवाज़ धीमी हो गई थी।

"हाँ, तो वो कल आ रहा है, दोपहर 12 बजे तक रेव मोती पहुँच जाएगा।"

"अच्छा!"

"तो तुम्हारी हेल्प चाहिए। कल मुझे दिन में वहाँ छोड़ दोगे?"

"हाँ ज़रूर, तुम क्लास से निकलकर स्कूटी स्टैंड आ जाना। थोड़ी देर में मैं भी वहीं आ जाऊँगा। तुम्हें पिक कर लूँगा।" अंशुल ने अपने दिल पर पत्थर रखते हुए बोला।

"ठीक है। चलो फिर, गुड नाइट!"

"गुड नाइट!"

अनामिका ने फ़ोन रख दिया। फिर उसके मन में एक अंतर्द्वंद्व-सा चलने लगा कि क्या इस तरह अंशुल से मदद लेनी चाहिए थी। मेरे लिए उसका भी वक़्त ज़ाया होगा। फिर अंदर-ही-अंदर प्रतिवाद हुआ कि उसी का तो सुझाव था। पर उसी की मदद क्यों ली मैंने। इसका कोई स्पष्ट उत्तर न पाकर वह थोड़ी बेचैन हो गई। ख़ैर जैसे-तैसे विचारों के साथ डूबते-उतराते उसे नींद आ गई थी।

पिछली रात के बातचीत के अनुसार अनामिका 11.30 पर क्लास से निकलकर स्कूटी स्टैंड जाने लगी थी। थोड़ी देर में अंशुल भी क्लास से निकल

गया था। दोनों स्कूटी स्टैंड पर मिले। अंशुल को इस बात की ख़ुशी थी कि इसी बहाने अनामिका उसकी बाइक पर बैठेगी। उसने बाइक स्टार्ट की और अनामिका को बैठने के लिए बोला। अनामिका बैठ गई। अंशुल ने बाइक के शीशे ऐसे किए थे ताकि वह अनामिका के चेहरे को देख सके। थोड़ी ही देर में बाइक कंपनी बाग़ के रास्ते पर दौड़ रही थी। क़रीब 10 मिनट में दोनों रेव मोती के गेट पर पहुँचे। वहाँ गेट पर प्रशांत पहले ही पहुँच चुका था। अनामिका ने बाइक से उतरकर अंशुल को प्रशांत से इंट्रोड्यूस कराया। प्रशांत के हाव-भाव से अंशुल को लगा कि उसका इस तरह अनामिका के साथ आना उसे नहीं भाया था। इसलिए अंशुल एक-दो औपचारिक बातें करके वापस कॉलेज चला गया था।

"तो ये था हीरो!" प्रशांत ग़ुस्से में बोला।

"मतलब?" अनामिका बोली।

"मतलब क्या! इसलिए ही तो मैं मिलना चाहता था। ख़ुद ही प्रत्यक्ष देख लिया।"

"तुम हमेशा ग़लत ही सोचते हो, वो अच्छा दोस्त है बस।"

"हाँ-हाँ क्यों नहीं। ऐसे दोस्त कहाँ मिलते हैं जो अपनी क्लास छोड़कर ऐसे किसी और का काम करते हों। कब से चल रहा है ये सब?"

"कब से क्या चल रहा है! तुम लिमिट क्रॉस कर रहे हो। चलो अंदर चल के बातें करते हैं। यहाँ तमाशा मत बनाओ।"

फिर दोनों रेव मोती के अंदर चले गए। दिन-भर एक-दूसरे से तनातनी रहते वक़्त कटता रहा। साथ लंच किया, साथ मूवी देखी, पर अनामिका को पहले वाला साथ महसूस नहीं हो पा रहा था। फिर काफ़ी सोच-विचार करके अनामिका को लगा शायद वही ओवर रिऐक्ट कर रही थी। जैसे-तैसे शाम के आख़िर तक दो-चार प्यार की बातें होनी शुरू हो गई थीं। लगा कि सारा मैटर सुलझ-सा गया था। प्रशांत ने उसे गर्ल्स हॉस्टल तक लाकर छोड़ा। फिर वापस दिल्ली जाने के लिए सेंट्रल निकल गया।

अगले दिन से अनामिका की प्रैक्टिस अच्छी होने लगी थी। उसने अंशुल को धन्यवाद दिया कि उसकी वजह से उन दोनों के बीच सुलह हो गई थी। अब अंशुल के मन में अंतर्द्वंद्व चलता रहता। पता नहीं वो सही कर रहा था या ग़लत!

उसे लगता था जिस लड़की को अपने दिल के पास लाना था उसे किसी और के क़रीब पहुँचाने में कारक बन गया था। पर जायज़ रास्ता तो यही था। वह सोचता लेकिन लोग कहते हैं कि प्यार और जंग में कुछ भी ग़लत नहीं होता, सब सही होता है। उस शाम वह अपने कमरे में बैठा सोच रहा था कि क्या करे, कुछ हल सूझ नहीं रहा था। उसने अपनी दुविधा पीयूष और नवीन को बताई।

"यार, देखो। मैंने पहले ही बोला था। तुम क्यों उलझ रहे हो, उलझने वाली कोई बात ही नहीं है। बात बिल्कुल साफ़ है। वे दोनों एक-दूसरे को पसंद करते हैं, चाहते हैं और साथ हैं। तुम क्यों कबाब में हड्डी बन रहे हो!" नवीन बोला।

"यार, अभी के लिए तो यही सही लग रहा। अगर उनके बीच सब सही चलने लगा तो तुम कुछ नहीं कर सकते।" पीयूष ने अपना मत रखा।

"लेकिन भाई, मैं उसे प्यार करता हूँ, बहुत प्यार। उसे ऐसे कैसे जाने दूँ और ऊपर से मुझे वह लड़का सही नहीं लगा।" अंशुल भावुक होते हुए बोला।

"भाई, वो लड़का सही है कि नहीं, यह तुम्हारे मतलब की बात नहीं है। वह अनामिका को सही लगता है, सारी बात यहीं ख़त्म हो जाती है। रही बात प्यार की तो किसी को बहुत से लोग प्यार कर सकते हैं, पर वो तो उसी के साथ होगा या होगी जहाँ परस्पर प्यार हो। एक तरफ़ के प्यार का कोई वजूद नहीं होता।" नवीन बोला।

"क्यों नहीं होता एक तरफ़ के प्यार का वजूद! जितना समर्पण परस्पर प्यार में होता है, उससे कहीं ज़्यादा समर्पित वह होता है जो एक तरफ़ के प्यार में होता है। बाक़ी मेरा यह मानना है, प्यार को उगाया जा सकता है। उसे वहाँ भी बसाया जा सकता है, जहाँ मुश्किल लगता हो। बस लगन होनी चाहिए। जैसे अनुपजाऊ भूमि को भी अगर लगन के खाद-पानी से सींचा जाता रहे तो वहाँ पौधा पल्लवित हो ही जाता है। कोई भी इतना पत्थर दिल नहीं होता कि उसके हृदय में स्नेह की सरिता न बहाई जा सके।" पीयूष बोला।

"तुम ऐसा कह रहे हो क्योंकि तुम भी ऐसे ही फ़ेज़ से गुज़र रहे हो। कहाँ तो तुम्हें उसे समझाना चाहिए कि इन सब से बाहर निकले। अपना टाइम क्यों बर्बाद करे! पर तुम भी इसी उम्मीद में हो कि तुम्हारा कुछ हो जाएगा। वास्तविकता के धरातल पर उतरो, कमीनो। मैं तो कहता हूँ इन सब चीज़ों से निकलो भाइयों। अभी तक ये साल कितना मस्त गुज़रा है! परसों से ओडिसी शुरू होने वाला

है। मौज-मस्ती करेंगे। सौंदर्य दर्शन करेंगे। यही सच है, प्रत्यक्ष है। बाक़ी बेकार है।" नवीन हँसते हुए बोला।

सबने यूँ ही बातचीत ख़त्म की और अपने-अपने कमरे के हिस्से में चले गए। यह कहना सही ही होगा कि अंशुल के मन को नवीन की बातों के बजाय पीयूष की बातों ने ज़्यादा प्रभावित किया था। अक्सर हमें वही बातें प्रिय लगती हैं जो किसी तरह हमें हमारे लक्ष्य की ओर ले जाने का प्रयत्न करती हैं। फिर चाहे उन बातों में सच्चाई हो या न हो। अंशुल ने पीयूष की बातों के अनुसार अनामिका के प्रति अपनी लगन को और अच्छी तरह प्रदर्शित करने के बारे में सोचने लगा। उसे लगा पहले किसी तरह अनामिका की ऐसी ज़रूरत बन जाऊँ कि हर चीज़ में उसे मेरा होना ज़रूरी लगने लगे। फिर शायद मंज़िल की ओर जाना मुमकिन होने लगे। सफ़र मुश्किल था, पर कोशिश तो की ही जा सकती थी। यही सोचकर वह अपने आगे के प्लान के बारे में सोचने लगा।

अगला दिन प्रैक्टिस का आख़िरी दिन था। सब फ़ाइनल-सा करना था। सारे कैरेक्टर ने अपना-अपना पार्ट परफ़ॉर्म करके दिखाया। अंशुल और अनामिका का भी भाग अच्छा हुआ था। आयुष सर के अनुसार, वो लोग ओडिसी में फोड़ देंगे, यानी बहुत अच्छा प्रदर्शन करेंगे।

"चलो फिर ऑल द बेस्ट! तुम्हारा तो गाना भी है और डांस भी।" अंशुल ने पूछा।

"हाँ, कल रात वाले सेशन में रहेगा। गाना तो सोलो है। डांस ग्रुप में है। बस सब अच्छा हो जाए।" अनामिका बोली।

"अरे सब अच्छा ही होगा। ऑल द बेस्ट!"

"चलो फिर, अपना नाटक भी मस्त रहेगा। प्रैक्टिस तो ख़ूब की है हमने।"

"हाँ, अच्छा एक बात बताओ। सुबह कब उठ जाती हो?" अंशुल ने अपने प्लांस में से किसी एक के तहत यह पूछा था।

"अरे यार, सुबह उठने की मत पूछो। दो-तीन बार अलार्म बंद करते-करते ही उठ पाती हूँ। रोज़ ही लेट हो जाती हूँ।"

"एक आइडिया है। कल से मैं तुम्हें सुबह उठा दिया करूँगा। इससे होगा क्या कि अगर कोई सुबह उठकर किसी से एक-दो बात कर ले तो नींद पूरी तरह खुल जाती है। ये ट्राई कर सकते हैं और मुझे तुम्हें जगाना रहेगा इसलिए

मैं भी उठ जाया करूँगा। वैसे भी मुझे सुबह सबको जगाना अच्छा लगता है।" अंशुल बोला।

हालाँकि इस में आख़िरी बात झूठी थी। ऐसी आदत पीयूष की थी। वह जब सुबह उठ जाता था, फिर किसी को सोने नहीं देता था। सबको जगा के ही मानता था।

अनामिका इस बात के लिए ख़ुशी-ख़ुशी सहमत हो गई। इस तरह अंशुल अपने उपायों में से पहले उपाय में सफल हो गया था। उसने जैसा सोचा था वैसा हो गया था, उसकी प्लानिंग ही यही थी कि इससे हर दिन सुबह सबसे पहले अनामिका के दिमाग़ में वह अपनी छवि बना पाएगा और अनामिका को भी सबसे पहले उसी से बात करने का मौक़ा मिलेगा। इस तरह धीरे-धीरे वह उसकी एक आदत बन जाएगा। अंशुल के मन में एक जीत की भावना भरने लगी थी फिर भी उसे पता था कि मंज़िल अभी बहुत दूर थी। उसे तो बस कोशिश करते जाना था।

आज क्लास में बहुत कम छात्र उपस्थित थे। ऐसा नहीं था कि वे कॉलेज नहीं आए थे, बल्कि वे सभी कॉलेज प्रांगण में इधर-उधर ओडिसी की प्रैक्टिस में मशग़ूल थे। कहीं डांस का, कहीं गाने का, कहीं किसी वाद्य-यंत्र को बजाने की प्रैक्टिस हो रही थी। पूरा कॉलेज एक तरह के उल्लास और उत्साह में डूबा हुआ था। पीयूष ने देखा कि नेहा भी क्लास में उपस्थित नहीं थी। पहली क्लास के बाद वो भी निकल गया था और कॉलेज में इधर-उधर घूम रहा था। वास्तव में वह नेहा को ढूँढ रहा था। वह ऑडी के पीछे गया जहाँ अंशुल और अनामिका नाटक की प्रैक्टिस कर रहे थे। इसके बाद कैंटीन की तरफ़ जाते हुए उसने नेहा और कई दूसरी लड़कियों को इलेक्ट्रिकल विभाग के बाहर के पेड़ के नीचे डांस प्रैक्टिस करते हुए देखा। अभी नेहा डांस का रिहर्सल नहीं कर रही थी। वह कैंटीन जाकर एक ऐसी जगह पर बैठ गया जहाँ उसे यह डांस प्रैक्टिस की टोली दिख रही थी। उसे उतनी दूर से यह नहीं समझ आ रहा था कि वे लोग किस गीत पर नृत्य कर रहे थे। बस हवा में हाथ लहराते, कभी पैरों के मूवमेंट और कभी गर्दन हिलते-डुलते नज़र आ जाते थे। कभी चार लड़कियों का समूह प्रैक्टिस कर रहा होता, कभी एक-एक लड़की अकेले प्रैक्टिस कर रही होती। रिहर्सल या रफ़ परफ़ॉर्मेंस देखने के बाद फ़ाइनल परफ़ॉर्मेंस की उत्सुकता कम

हो जाती है, इसलिए पीयूष उनके गीतों को जानना भी नहीं चाहता था। वह तो बस सजी-धजी नेहा के फ़ाइनल प्रदर्शन को ही देखना चाहता था। सामने की नेहा और उसकी कल्पना में सजी-सँवरी नेहा की सुंदर नृत्य प्रस्तुति की कल्पना में डूबा पीयूष जाने कब तीन-चार कप चाय पी चुका था, उसे पता भी नहीं चला था और क़रीब आधे घंटे से ज़्यादा का वक़्त भी गुज़र चुका था।

थोड़ी देर में सारी लड़कियाँ तितर-बितर हो गई थीं। पीयूष ने देखा, नेहा और सविता क्लास की ओर जा रही थीं। वह जल्दी-जल्दी कैंटीन से उठकर नेहा की ओर चल दिया। उनके पास पहुँचकर वह बोला- "हो गई प्रैक्टिस ?"

"हाँ।" नेहा ने जवाब दिया।

"किस-किस चीज़ में परफ़ॉर्म कर रही हो, तुम दोनों ?"

"भई, मैं तो उतनी अच्छी डांसर हूँ नहीं, इसलिए मेरा तो ग्रुप में ही परफ़ॉर्मेंस है। नेहा ज़रूर सोलो कर रही है।" सविता बोली।

पीयूष को उसका जवाब अच्छा नहीं लगा। इसलिए नहीं कि वह सही नहीं था, बल्कि इसलिए क्योंकि वह नेहा की आवाज़ में सुनना चाहता था। उसे इससे क्या मतलब कि सविता क्या कर रही थी, उसे तो बस इससे मतलब था कि नेहा क्या कर रही थी!

"अच्छा... तो तुम ग्रुप में परफ़ॉर्म नहीं कर रही ?" इस बार पीयूष ने विशेष रूप से नेहा को देखकर पूछा।"

"नहीं ऐसा नहीं हैं। ग्रुप वाला परफ़ॉर्मेंस तो है ही, साथ में सोलो डांस भी है।" नेहा बोली।

"अरे, हमारी ग्रुप की लीडर ही यही है यार।" सविता बोली।

तीनों हँसने लगे।

"और तुम, तुम क्या कर रहे हो ओडिसी में ?" नेहा ने पूछा।

"हमारे जितने महत्त्व का काम तो कोई कर ही नहीं रहा है।" पीयूष बोला।

दोनों उसे आश्चर्य मिश्रित नज़रों से देखने लगीं।

"अरे हम हैं दर्शक लोग, हम न रहें तो तुम लोगों का परफ़ॉर्मेंस कैसे सफल होगा और इसके अलावा एक महत्त्व का काम भी कर रहा हूँ। वो ये कि साज-सज्जा समिति का सदस्य हूँ। जिस स्टेज पर तुम लोग परफ़ॉर्म करोगे उसे हमारी कमिटी ही प्रदर्शन लायक़ तैयार करेगी।" पीयूष ने मुस्कुराते हुए कहा।

बातें करते वो लोग कॉलेज के मुख्य एंट्रेंस तक पहुँच गए थे।

"फिर अब आगे आज क्या करोगे तुम लोग?" पीयूष ने पूछा।

"अरे कुछ नहीं सोचा। एमटीओ (केमिकल इंजीनियरिंग में पढ़ाया जाने वाला एक विषय) की क्लास अटेंड कर लेते हैं। इम्पोर्टेंट पढ़ा रहे मटकू सर।" नेहा बोली।

मटकू सर एमटीओ पढ़ाते थे। शर्ट-पैंट पहने हुए, प्रायः होंठ लाल (जो शायद पान खाने के शौक़ की वजह से होता था), लेदर का जूता पैरों में, पेट थोड़ा निकला हुआ और चेहरे पर हमेशा एक मुस्कान, यही स्वरूप था उनका। वैसे तो उनका नाम महानंद श्रीवास्तव था पर शायद अपने स्वरूप और एमटीओ पढ़ाने की वजह से क्लास के शरारती बालकों ने उनका नाम मटकू सर रख दिया था। यह नाम लड़कियों के बीच भी इतना प्रख्यात हो चुका था इसका पता पीयूष को आज चला जब उसने नेहा के मुँह से महानंद सर का नाम 'मटकू सर' सुना।

पीयूष का मन पढ़ाई में तो लग नहीं रहा था इसलिए वह नेहा से बोला कि बाद में उसे नेहा के नोट्स की ज़रूरत होगी। अभी ओडिसी के दौरान तो उसका पढ़ने-लिखने का मन कर नहीं रहा। नेहा ने हामी में सिर हिलाया और सविता के साथ क्लास की ओर चली गई।

ओडिसी की पहली रात नृत्य और गायन के प्रदर्शन होते रहे। दूसरी रात सम्राट अशोक पर आधारित नाटक का मंचन किया गया। नाटक का प्रदर्शन बहुत बढ़िया रहा। सबने ख़ूब एंज्वॉय किया। अंशुल और अनामिका उस दिन शाम से साथ-साथ ही रहे। उन दोनों ने अपना-अपना पार्ट बहुत अच्छे से निभाया। कलिंग युद्ध के दृश्यों को बहुत अच्छे से प्रस्तुत किया गया। किस प्रकार हिंसा के परिणामों से व्यथित हो अशोक ने बौद्ध धर्म की शरण ले ली। यही इस नाटक का सार था। नाटक के सफलतापूर्वक संपन्न हो जाने के बाद दोनों ने एक-दूसरे को बधाई दी। इस मौक़े का फ़ायदा अंशुल ने अनामिका से ट्रीट माँगने के नाम पर उठा लिया था। अनामिका ने भी उसे किसी दिन बाहर खिलाने यानी कि पार्टी के लिए कह दिया था। अनामिका ख़ुश थी, उसने बिना कुछ कहे-सुने हाँ कर दी थी। इसके बाद अंशुल ने सुबह जल्दी उठाने के वादे के साथ अनामिका से विदा ली।

तीसरी रात कवि सम्मेलन था। तीसरी और चौथी रात के कार्यक्रमों के लिए

बड़ा-सा स्टेज ओपन एरिया में था। यह एरिया लॉन टेनिस के कोर्ट के सामने चुना गया था। उस दिन अंशुल और नवीन का उतना मन नहीं था। उन लोगों ने अपनी थकान का हवाला देते हुए कॉलेज जाने से मना कर दिया। इसके अलावा नवीन ने कहा कि रात में आने में देर हो जाती है। दो दिन से मेस का ठंडा खाना खाना पड़ रहा, इसलिए आज तो रेस्ट डे रहेगा। पीयूष ने समझाया कि आज इस तरह से इतने आराम में, मुफ़्त में ये सब सांस्कृतिक कार्यक्रम देखने को मिल रहा, पता नहीं कॉलेज के बाद हम लोगों को इतना वक़्त या ऐसा मौक़ा नसीब होगा कि नहीं। इसलिए ऐसे एक भी प्रदर्शन नहीं छोड़ने चाहिए। ख़ैर वह अंशुल और नवीन को कॉलेज चलने के लिए तैयार नहीं कर सका। इसलिए वह पुरोहित के पास गया। उसने सहर्ष हामी भरी क्योंकि वह जाना चाहता था। फिर क्या था, दोनों कॉलेज पहुँच गए। उस रात वे दोनों हास्य, श्रृंगार, वीर, शोक सभी प्रकार के रसों से भरी कविताओं का आस्वादन करते रहे। पीयूष की साहित्य में रूचि भी बहुत थी। इसलिए उसे अतिशय मज़ा आ रहा था। मन हो रहा था कि सम्मेलन का अंत ही न हो, रातभर कविता पढ़ी जाए। पर किसी बिंदु पर तो कार्यक्रम को समाप्त होना ही था। उस रात 12 बजे तक कवि सम्मेलन चलता रहा।

चौथी रात 'रॉक म्यूज़िक' को समर्पित थी। मंच पर कई सारे माइक और बड़े-बड़े साउंड सिस्टम लगे थे। मंच के बैकग्राउंड पर बड़ा-सा बैनर लगा हुआ था जिस पर ओडिसी लिखा हुआ था। ओडिसी शब्द के बैकग्राउंड में वीणा जैसी एक बहुत बड़ी-सी आकृति बनी हुई थी। जिस पर बहुत से लोगों की छाया थी जो नृत्य, गायन आदि के पोज़ में खड़े थे। उनके हाथ, मुँह से निकलते हुए संगीत के स्वर जैसी बनी बहुत-सी आकृतियाँ थी। किनारे-किनारे पर स्पॉन्सर्स के नाम थे। पाँचों कार्यक्रम शुरू होने के टाइम पर पहुँच गए थे। यह ओडिसी इवेंट का आख़िरी परफ़ॉर्मेंस था। बाहर से आया हुआ रॉक बैंड प्रदर्शन कर रहा था। बैंड के एक सदस्य ने 'हैलो एचबीटीआई' बोला। साउंड सिस्टम इतना ज़बर्दस्त था कि कई बार तक धीमे होते हुए आवाज़ में 'हैलो एचबीटीआई' सुनाई देता रहा। सारे लड़के-लड़कियाँ उत्साह से भर गए। सबने प्रतिउत्तर में हैलो बोला। फिर रंगारंग कार्यक्रम शुरू हो गया। मंच की बत्तियाँ भी गायकों के स्वर के उतार-चढ़ाव के साथ संबद्ध थे, ऐसा प्रतीत होता था। सिंगर एक लाइन

गाता था तो फिर अगली लाइन या गाने के स्वाभाविक अंत का शब्द श्रोताओं या दर्शकों से बुलवाता था। ज़्यादातर अंग्रेज़ी गाने ही गाए जा रहे थे। अंशुल को यह संगीत पसंद नहीं आ रहा था क्योंकि उसे समझ ही नहीं आ रहा था। गाने की लीरिक्स में क्या गाया जा रहा था! हालाँकि कमोबेश यही हालत पुरोहित, नवीन, पीयूष की भी थी। पर वहाँ गाना किसे समझना था, सबको तो बस एक सुरूर में डूबना था। डांस का सुरूर! धीरे-धीरे सब पर म्यूज़िक का उन्माद बढ़ता ही चला गया। सारे लड़के-लड़कियाँ डांस करने लगे। कुछ सीनियर तो मंच के पास जाकर नाचने लगे थे। अनुशासन बनाए रखने के लिए उन्हें पीछे भेज दिया गया। क़रीब दो घंटे तक यह सब चलता रहा। सबने थककर चूर हो जाने तक डांस किया। उसके बाद कार्यक्रम समाप्ति की घोषणा कर दी गई। ओडिसी के चार दिन-रात सफलतापूर्वक बीत गए।

गर्ल्स हॉस्टल क्या बिठूर है जो घूम आएँगे

ओडिसी के बाद से पीयूष और सुशांत कॉलेज साथ जाने लगे थे। पीयूष वक़्त पर तैयार होकर नीचे आ जाता था, पर सुशांत रोज़ ही दो-चार मिनट लेट कर देता था और यही आख़िरी के पाँच मिनट महत्त्व रखते थे। यही पाँच मिनट निश्चित करते थे कि वे दोनों टाइम पर पहुँचेंगे या लेट होंगे। हर दिन पीयूष सुशांत को बोलता था कि थोड़ा जल्दी किया करो और हर दिन सुशांत 'हाँ यार' कहता था, पर जल्दी किसी दिन नहीं हो पाती थी। हर दिन दोनों आख़िरी वक़्त में भागते-फिरते कॉलेज पहुँचते थे।

एक शाम को पुरोहित अपनी केमिकल रिएक्शन इंजीनियरिंग (केमिकल अभियांत्रिकी का एक विषय) की बुक निकालकर पढ़ने बैठा था। उसे किताब के पन्ने पलटते हुए महसूस हुआ कि पन्ने बड़े साफ़-सुथरे दिख रहे थे और किताब भी फटी-सी नहीं लग रही थी। जबकि उसकी सीआरई (केमिकल रिएक्शन इंजीनियरिंग) की किताब की हालत तो इतनी व्यवस्थित नहीं थी। इसलिए उसे संदेह हुआ कि कॉलेज में बुक किसी और से एक्सचेंज हो गई थी। उसने बुक का पहला पन्ना खोलकर देखा तो वहाँ शुभी शुक्ला का नाम लिखा था। अब उसे माजरा समझ आ गया था। एक लड़की की ही किताब इतनी साफ़-सुथरी हो सकती थी। उसने अपनी किताबें टटोली उसे अपनी सीआरई की किताब भी मिल गई। उसे समझ आ गया कि आज सीआरई लैब में ग़लती से वह उसकी बुक भी उठा लाया। लैब में वह, सुशांत और शुभी एक ही ग्रुप में थे। लैब के वक़्त सबने अपनी किताबें और रजिस्टर एक-दूसरे के आस-पास ही रखी थीं। लैब के दो घंटे गुज़रते-गुज़रते सभी की बुक्स, रजिस्टर इधर-उधर हो गई थी और पुरोहित ग़लती से अपने रजिस्टर के साथ उसकी बुक भी उठा

ले आया था। उसने सोचा शुभी को यह बता देना चाहिए वरना वह परेशान हो रही होगी। शुभी का नंबर उसके पास नहीं था। इसलिए वह सुशांत के पास गया और सारी बात बता दी। सुशांत ने उसे आश्वस्त करके वापस भेज दिया कि वह सब सही कर लेगा। इसके बाद सुशांत ने शुभी को फ़ोन कर बताया कि उसकी बुक ग़लती से पुरोहित लेकर आ गया था। वह थोड़ी देर में उसे लौटाने आएगा। एक बार को शुभी ने मना किया कि रहने दो, कल रविवार है, परसों ले लूँगी। पर सुशांत ने उसे कहा कि उसे नवाबगंज में कुछ काम था इसलिए उधर आकर बुक भी दे देगा। शुभी ने ओके बोलकर फ़ोन रख दिया।

इसके बाद सुशांत, पीयूष के पास गया।

"अबे, चाय पीने चलेगा?"

"कुछ तो काम होगा साले। ऐसे तो तू चाय पिलाने के लिए नहीं आया होगा।"

"अरे, चाय पीएँगे, वहाँ से थोड़ा गर्ल्स हॉस्टल घूम आएँगे।"

"गर्ल्स हॉस्टल क्या बिठूर है जो घूम आएँगे? नहीं भाई, मैं नहीं जाऊँगा। चाय पीने तक चलना हो तो चल सकता हूँ।" पीयूष हँसते हुए कहा।

सुशांत के साथ आते-जाते पीयूष की उससे दोस्ती बढ़ गई थी। उसे छकाने में उसे मज़ा आता था। इसलिए कभी-कभी वह सुशांत की बात मानता तो था, पर पहले उसे थोड़ा चिढ़ा लेता था। बाइक से गर्ल्स हॉस्टल तक आना जाना 10 मिनट की बात थी। वैसे भी अगले दिन रविवार था। तो आज की शाम में वहाँ तक घूम आने में कोई हर्ज़ नहीं था। पर पहले वह थोड़ा सुशांत को परेशान कर लेना चाहता था।

सुशांत के बारे में दूसरे लोगों की यह राय थी कि वह लड़कियों से ज़बरदस्ती चेंप होता था। इसकी वजह से दूसरे लड़के उसे थोड़ी हेय दृष्टि से भी देखते थे। इसमें पीयूष को कुछ भी ग़लत नहीं लगता था। आख़िर सारे लड़के ही लड़कियों से बातें करना चाहते थे, पर इसके लिए अपना झूठा अभिमान लिए वे ख़ुद किसी लड़की के पास बात करने जाने से बचते थे। वहीं सुशांत यह सब नहीं सोचता था, वह तो अपनी राह पर हमेशा आगे रहता था।

एक-दो बार सुशांत ने पीयूष से गर्ल्स हॉस्टल तक जाने के लिए मिन्नत की। इसके बाद पीयूष मान गया और ये शर्त रखी कि गर्ल्स हॉस्टल से वापस

आते वक़्त भी मिश्रा की दुकान पर वही चाय पिलाएगा। सुशांत को क्या दिक़्क़त थी, उसे तो बस किसी भी तरह गर्ल्स हॉस्टल जाना था। जाने से पहले पीयूष ने सुशांत से पूछा कि आख़िर जाने का मुख्य मुद्दा क्या था? सुशांत ने बताया कि शुभी की किताब लौटानी थी और पुरोहित की सारी कहानी बता दी। पीयूष बोला कि अरे, तो परसों ले लेती। सुशांत ने कहा कि वह उसे आने के लिए बोल चुका था और चाय भी तो पीनी ही थी। इतना कहते हुए उसके चेहरे पर एक मुस्कान ढुलक आई थी।

***

अगला सेमेस्टर आने वाला था। ओडिसी में व्यस्तता के कारण पीयूष का भी पढ़ाई का बहुत-सा काम पूरा नहीं था। उसने हिम्मत करके क्लास में नेहा का रजिस्टर माँग लिया था। उस दिन शाम को सबसे पहला काम जो पीयूष ने किया वो था नेहा के रजिस्टर की फ़ोटोकॉपी कराना। इस फ़ोटोकॉपी दुकान की लोकेशन बहुत ज़बर्दस्त थी। यह दुकान ठीक रामू दा की दुकान के बग़ल में थी। जब तक लड़के रामू दा के यहाँ एक मैगी खाते तब तक फ़ोटोकॉपी वाला एक विषय का एक सेट ज़ेरॉक्स निकाल देता था। इस समन्वय से रामू दा और इस दुकान वाले, दोनों की चाँदी थी। ख़ासकर क्लास टेस्ट और सेमेस्टर के समय यह दुकान अपने उफ़ान पर हुआ करती थी। फ़ोटोकॉपी का मालिक बहुत दूरदर्शी भी था। जब उसे कोई फ़ोटोकॉपी करते लगता था कि नोट्स की हैंड राइटिंग बहुत अच्छी है तो वह उस नोट्स का एक मास्टर कॉपी जैसा अपने लिए भी निकालकर रख लेता था। अब उसे विषय और ईयर तो मालूम नहीं होता था इसलिए वह फ़ोटोकॉपी कराने आए लड़के से पूछकर उस मास्टर कॉपी पर लिख लिया करता था। ज़्यादातर ऐसे मास्टर कॉपी लड़कियों के ही नोट्स से बनते थे जो कभी कोई लड़की का दोस्त वहाँ फ़ोटोकॉपी कराने के लिए लाता था क्योंकि प्राय: अच्छी राइटिंग तो लड़कियों की ही हुआ करती थी। फ़ोटोकॉपी की दुकान बहुत पुरानी थी। इसलिए धीरे-धीरे कमोबेश उसके पास हर ईयर के हर विषय की मास्टर कॉपी मौजूद हो गई थी। जैसे कि अगर आपको सीआरईके नोट्स चाहिए तो उसके पास इस विषय की एक मास्टर कॉपी होगी, जिससे वह आसानी से एक ज़ेरॉक्स निकालकर आपको दे देगा। अब ये बिल्कुल संभव था कि यह मास्टर कॉपी जिस लड़के या लड़की की थी वह दो साल पहले ही पास

आउट हो चुका हो। इस तरह कुछ लोग हॉस्टल और कॉलेज इतिहास में अपने नोट्स की बदौलत भी अजर-अमर टाइप थे।

पीयूष ने नेहा का रजिस्टर फ़ोटोकॉपी वाले को ज़ेरॉक्स के लिए दिया और देते ही उसने उसको बताया कि यह एमटीओ (मास ट्रांसफ़र ऑपरेशन, केमिकल इंजीनियरिंग का एक विषय) का रजिस्टर है। वह अपने इस विषय के पुराने मास्टर कॉपी को अपडेट कर ले क्योंकि यह पुराने वाले से काफ़ी अच्छा था। फ़ोटोकॉपी वाले से उसने चार कॉपी बनवाई। अतः फ़ोटोकॉपी वाले को उसकी बातों का विश्वास पड़ गया था। उसने एक मास्टर कॉपी बना ली थी।

हॉस्टल जाकर एक कॉपी उसने अंशुल को दिया। एक कॉपी सुशांत को दिया। एक कॉपी वह क्लास के सीआर हर्षित को पकड़ा आया था। बाक़ी एक अपने पास रख लिया था। इन लोगों को उसने फ़ोटोकॉपी सोद्देश्य दिया था। अंशुल को ज़ेरॉक्स देने से उस कॉपी का अनामिका के पास पहुँचना सुनिश्चित था। इसी तरह सुशांत शुभी तक ज़रूर एक कॉपी पहुँचा देगा। इस तरह गर्ल्स हॉस्टल में फ़ोटोकॉपी सर्कुलेट हो जाएगी तथा एक कॉपी हर्षित के पास होने से लड़कों के बीच भी वो नोट्स फैल जाएँगे। वह नेहा के चेहरे पर वह ख़ुशी देखना चाहता था जब पूरी क्लास उसके ही नोट्स से पढ़ रही होगी। अगले दिन नेहा का रजिस्टर उसने लौटा दिया।

"इतना अच्छा कैसे लिख लेती हो?"

"अरे, बस बस। ऐसे झाड़ पर न चढ़ाओ।"

"अरे नहीं मैं सही कह रहा हूँ, हो न हो एक दिन पूरी क्लास तुम्हारे ही नोट्स के ज़ेरॉक्स से पढ़ेगी।"

"हाँ-हाँ क्यों नहीं! आज मौज के लिए लग रहा कोई और नहीं मिला था।" नेहा मुस्कुराती हुई बोली। कोई विरला ही होगा जिसे अपनी तारीफ़ से ख़ुशी न मिलती हो। वही हाल नेहा का भी हुआ था, पर उसने अपने भावों को चेहरे पर नहीं आने दिया।

अगले कुछ दिनों में सभी लोगों ने सेमेस्टर के लिए कमर कस ली थी। क्या इम्पोर्टेंट है क्या नहीं, लड़के-लड़कियाँ क्लास लेने आए प्रोफ़ेसर से कभी-कभी इसी चीज़ को उगलवाने की कोशिश करते थे। सुमंजीत जैसे लड़कों की प्रोफ़ेसर के पास डाउट क्लियर करने जाने की आवृत्ति बहुत बढ़ गई थी। सब

अपने सारे नोट्स पूरे बना लेना चाहते थे, चाहे वो कहीं किसी के रजिस्टर से लिखनी हो या फिर कहीं से फ़ोटोकॉपी करा के ले आना पड़े। उधर एमटीओ विषय के नोट्स के लिए पीयूष की जो योजना थी, वह कहीं-न-कहीं सफल हो गई थी। सुबह से सात-आठ लड़के-लड़कियों ने नेहा को उसके नोट्स की ज़ेरॉक्स दिखाते हुए धन्यवाद बोल चुके थे। दो-तीन दिनों में ही नेहा के एमटीओ नोट्स के फ़ोटोकॉपी की क्लास में धूम हो गई थी। हर किसी के हाथ में उसके रजिस्टर का ज़ेरॉक्स दौड़ रहा था। नेहा को पीयूष की कही बात याद आई। उसे लग गया कि ज़रूर ये पीयूष की करामात थी।

जब अपनी योजना के परिणामों से पीयूष आश्वस्त हो चुका तो एक दिन क्लास ख़त्म होने के बाद वह नेहा के पास गया।

"और, मेरी कही बात सच हुई कि नहीं?" पीयूष बोला।

"हाँ, लग तो रहा है, पर ये सब तुमने किया है न?" नेहा ने मुस्कुराते हुए पूछा।

"वो तो बाद की बात है, पहले यह बताओ अच्छा लग रहा है या नहीं?"

"हाँ, अच्छा क्यों नहीं लगेगा, पर इन सब की क्या ज़रूरत थी?" नेहा थोड़ा झेंपती-सी बोली।

"तुम्हें जो अच्छा लगे बस वही तो करना चाहता हूँ।" जाने कैसे पीयूष के मुँह से बरबस ही निकल पड़ा।

थोड़ी देर की चुप्पी-सी छा गई थी।

"अरे, कुछ नहीं। एक तो यह विषय इतना कठिन है और जब इस विषय के लिए तुम्हारी जैसी विद्वान बालिका की रजिस्टर उपलब्ध हो तो सबको उसका फ़ायदा क्यों न दिलवाया जाए। बस इसीलिए।" पीयूष ने बीच की चुप्पी तोड़ते हुए एक मज़ाक़ करने के हिसाब से बोला और हँस पड़ा।

पीयूष ने इस अंदाज़ में बात रखने की कोशिश की जैसे इसके पहले वाली बात कही ही नहीं गई थी। नेहा ने भी इस बात को इस तरह लिया जैसे इसके पहले वाली बात उसने भी सुनी नहीं थी और उसका कोई फ़र्क़ उस पर नहीं पड़ा था। जब प्यार का नाजुक दौर चल रहा होता है तो उस वक़्त कही–सुनी बातों को शायद ऐसे ही इग्नोर करने का असफल प्रयास किया जाता है।

"अच्छा-अच्छा, बढ़िया किया बालक!" यह कहकर वह हँस पड़ी।

पीयूष भी हँसने लगा और बोला- "तुम्हारी वजह से सेमेस्टर के इतने सही वक़्त पर लोगों का उद्धार हो जाएगा।"

"हाँ-हाँ क्यों नहीं, चलो सेमेस्टर का अच्छा याद दिलाया। तीन दिन बाद से सेमेस्टर है। चलती हूँ अब पढ़ाई भी करनी है।"

"हाँ, कल शायद आख़िरी क्लास रहे फिर सीधे इम्तिहान के लिए ही आना होगा।"

"अच्छा, कल के बाद बंक रहेगा क्या?"

"हाँ, आज लड़के आपस में बात कर तो रहे थे।"

"अच्छा है, अगर हो जाए। बहुत सारा रीवाइज़ करना है। चलो अच्छा, गुड बाय!"

"हाँ, ओके, गुड बाय!"

क्लास में दो-तीन दिन में नोट्स को लेकर हुए वाक़यों ने नेहा को गर्व से भर दिया था। वह स्कूटी स्टैंड की ओर ख़ुशी से भरी हुई चली जा रही थी। इस घटना ने नेहा के मन में पीयूष के लिए एक कोमल कोना तैयार कर दिया था।

***

तीसरा साल शुरू हो गया था। तीसरे ईयर का हॉस्टल दूसरे वर्ष के हॉस्टल से 500 मीटर और अंदर था। इस ईयर में सबको अलग-अलग रूम मिलते थे। एक रूम में एक लड़का रहता था। यह चार फ़्लोर वाला विशाल हॉस्टल था। सबको अलग-अलग रूम मिलेगा यह जानकार नवीन थोड़ा उदास-सा था। उसे लग रहा था- सेकेंड ईयर कितना मस्त था! सब साथ थे। साथ पढ़ना, साथ बतकही करना, साथ खाना-पीना सब बहुत बढ़िया लगता था। अंशुल उसे समझा रहा था कि इसमें परेशान नहीं होना चाहिए क्योंकि कुछ भी हो, तीनों रहेंगे तो एक ही हॉस्टल में। एक-दूसरे के रूम में बैठकें लगतं रहेंगी और क्या पता पर्ची सिस्टम में तीनों को एक ही फ़्लोर पर कमरा मिल जाए। यह बात कहकर उसने नवीन को ढाढ़स बँधाया।

बाद में जब रूम अलॉटमेंट के लिए पर्चियाँ निकलना शुरू हुई तो अंशुल की यह बात कुछ हद तक सही निकली। उसे और नवीन को चौथे फ़्लोर पर अगल-बग़ल का ही कमरा मिल गया था। इससे नवीन कुछ हद तक ख़ुश था लेकिन उसे पीयूष के लिए थोड़ा बुरा महसूस हो रहा था क्योंकि उसे ग्राउंड

फ़्लोर पर कमरा मिला था। पीयूष के लिए यह अच्छा था कि उसके फ़्लोर पर पुरोहित का कमरा मिला था। उधर सुशांत को पहले तल पर रूम मिला था।

तीसरे वर्ष की कक्षाएँ शुरू हो गई थीं। निर्धारित टाइम टेबल के अनुसार कक्षाएँ और प्रयोगशालाएँ चलने लगी थीं। इंजीनियरिंग में एक काम अक्सर मिलता रहता है जिसे थोड़े अफ़सोस के साथ असाइनमेंट का नाम दिया जा सकता है। जैसे स्कूल में होमवर्क मिला करता है, वैसे ही इंजीनियरिंग में हर विषय का प्रोफ़ेसर कमोबेश बीस-पचीस दिन के अंतर पर असाइनमेंट देता रहता है। पर इस वर्ष के प्रोफ़ेसरों में असाइनमेंट देने की आवृत्ति एवं प्रवृत्ति कुछ ज़्यादा ही देखी जा रही थी। अब होता ये था कि क्लास के कुछ एक-दो पढ़ाकू छात्र-छात्राएँ जैसे पीयूष, नेहा और सविता आदि इस काम को पूरी तन्मयता से वक़्त पर पूरा कर लेते थे। पीयूष प्राय: वक़्त पर असाइनमेंट इसलिए बनाता था कि किसी दिन वह नेहा को अपना असाइनमेंट दे पाए। पर उसका यह ख़याली पुलाव हमेशा कच्चा ही रह जाता था क्योंकि नेहा अक्सर अपना असाइनमेंट टाइम से बना ही लेती थी। पीयूष सोचता था कि काश वो गर्ल्स हॉस्टल में रहती होती तो कुछ तो हॉस्टल संस्कृति के अनुसार लेट-लतीफ़ हुआ करती, पर ऐसा नहीं था। हालाँकि नेहा के लिए तो नहीं, पर हॉस्टल के दूसरे लड़कों के लिए पीयूष का असाइनमेंट बड़ा काम आता था। तय तारीख़ से दो-तीन दिन पहले ही पीयूष का असाइनमेंट पूरा हो जाता था पर तब तक उसकी ज़्यादा पूछ नहीं होती थी। जब असाइनमेंट की तारीख़ एकदम पास आ जाती थी तब उसके असाइनमेंट की वैल्यू बढ़ना शुरू हो जाती थी। उस वक़्त पीयूष के पास लड़कों का आना-जाना शुरू हो जाता था। हालाँकि उन लड़कों से पहले पुरोहित पीयूष से असाइनमेंट ले लेता था। वह उसकी संगत में रहकर थोड़ा अनुशासन प्रिय हो गया था इसलिए एक-दो दिन पहले असाइनमेंट का काम पूरा कर लेता था। इस प्रकार कहीं-न-कहीं पीयूष ने जिस प्रकार का असाइनमेंट बनाया होता था। उसकी दो प्रतियाँ बन जाया करती थी, एक तो ख़ुद उसकी, दूसरी पुरोहित की।

पीयूष का अपना असाइनमेंट हॉस्टल का कोई एक लड़का जैसे क्लास का सीआर हर्षित ले जाता था फिर वो असाइनमेंट रातभर हॉस्टल में हर्षित के पास से दूसरे लड़के, दूसरे से तीसरे के पास घूमता रहता था। असाइनमेंट रातभर ख़ूब घूम फिरकर वापस सुबह ही पीयूष के पास आ पाता था। उस वक़्त उसकी

हालत तितर-बितर-सी फटेहाल जैसी हो जाया करती थी। रात को नवीन पीयूष से असाइनमेंट माँगता था तो वह उसे पुरोहित से माँग लाने के लिए बोलता था। वह उसे बताता था कि पुरोहित का असाइनमेंट उसी की कॉपी है। नवीन के पूरा करने के बाद असाइनमेंट बग़ल के कमरे में अंशुल के पास चला जाता था। अंशुल रात में पूरी कोशिश के साथ असाइनमेंट बनाता था। पर प्रायः पीयूष और नवीन देखते थे कि अगले दिन क्लास में भी वह असाइनमेंट पूरा करता पाया जाता था। नवीन कई बार पूछता था कि अंशुल तो रात को ही उसका असाइनमेंट ले गया था फिर क्यों नहीं बना पाया? इस पर अंशुल या तो गोलमोल जवाब दे देता था या फिर अपने नींद की बात कह देता था। पर दरअसल ऐसा होता नहीं था। वह रात में असाइनमेंट बनाता तो था पर वह अनामिका को दे देता था। इसलिए अगले दिन उसे अपना असाइनमेंट क्लास में बनाना ही पड़ता था। इस तरह अनामिका वह ख़ुशनसीब लड़की थी जिसे कभी असाइनमेंट की टेंशन ही नहीं लेनी पड़ती थी क्योंकि उसका यह काम अंशुल बख़ूबी कर देता था। हालाँकि अंशुल बहुत चोरी-छिपे तरीक़े से अनामिका को रात में उसके लिए बनाया असाइनमेंट दे दिया करता था जिसे पीयूष और नवीन कभी जान ही नहीं पाते थे कि उसने अनामिका को असाइनमेंट कब और कहाँ दिया? इसलिए इसके लिए कभी भी उसकी टाँग नहीं खींची जा सकी।

उधर सुशांत भी असाइनमेंट वक़्त से दो-तीन पहले बनाता था क्योंकि उसे अपना असाइनमेंट लड़कियों के पास पहुँचाना होता था। वह प्रायः शुभी को असाइनमेंट दे दिया करता था। जाने कब सुशांत असाइनमेंट बनाता था, कब गर्ल्स हॉस्टल तक पहुँचा आता था, लड़कों को इस बात की भनक भी नहीं लग पाती थी। हालाँकि इस चीज़ को पीयूष को बताना उसकी मजबूरी बन जाती थी क्योंकि उसे बाइक चलाने नहीं आती थी और कभी-कभार उसे पीयूष के साथ ही बाइक से गर्ल्स हॉस्टल असाइनमेंट देने जाना पड़ता था। सुबह क्लास में भी उसका असाइनमेंट लड़कियों के पास मजे से टहल रहा होता था। नाज़ुक हाथों से गुज़रता इतराता फिरता वापस असाइनमेंट जब सुशांत के पास वापस आता था उस समय सुशांत के चेहरे की चमक देखते ही बनती थी। हालाँकि लड़कियों में भी मीनल और अविका जैसी कुछ लड़कियाँ थीं जो किसी से कॉपी नहीं करती थीं। वे अपना असाइनमेंट ओरिजिनल ही रखा करती थीं।

हॉस्टल में जो लड़के पीयूष का असाइनमेंट ले जाते थे उनमें से अधिकतर ठीक पूरा-पूरा कॉपी नहीं करते थे। चार पेज के असाइनमेंट में हर उत्तर से तीन-चार लाइन उड़ाकर उनका असाइनमेंट तीन पेज का ही बचता था। फिर वही असाइनमेंट घूमते-फिरते कुछ लड़कों द्वारा दो पेज का भी कर दिया जाता था। जहाँ लड़कों की यह हालत थी, वहीं सविता वह लड़की थी जिसे किसी ने कभी भी क्लास में असाइनमेंट बनाते नहीं देखा। पर जब सबमिशन की बात आती थी तो सबसे पहले उसके ही बैग से असाइनमेंट निकलता था। क्लास के सभी असाइनमेंट से ज़्यादा मोटा-ताज़ा। कभी-कभी तो लगता था जैसे उसका असाइनमेंट बाक़ियों को आँख दिखाकर कहता था देखो! सबसे ज़्यादा देखभाल मेरी होती है,सबसे ज़्यादा मुझे खिलाया-पिलाया जाता है और मैं हूँ तुम सबका राजा! ऐसा लगता था सविता घर से ही अपना काम एकदम अच्छी तरह पूरा करके रखती थी। कई बार तो ऐसा लगा कि जिस सब्जेक्ट के असाइनमेंट अभी बनाने को नहीं कहे गए थे, उसके भी असाइनमेंट उसके बैग में ज़रूर पड़े रहे होंगे। आपस में बातें कर रहे होंगे कि सोते रहो बेटा, पता नहीं मालकिन कब जगा दे।

इस तरह असाइनमेंट, कक्षाएँ, क्लास टेस्ट, प्रयोगशालाएँ चलते रहते वक़्त इतना तेज़ी से बीत रहा था कि पता ही नहीं चल रहा था। अब चूँकि अंशुल और नवीन एकदम अगल-बग़ल के कमरे में रहते थे तो उन्हें बिल्कुल ही अलग नहीं महसूस होता था। पर हॉस्टल में पीयूष से उनकी मुलाक़ातें पहले से कम हो गई थीं। अक्सर डिनर और शाम को नाश्ते में ही वे तीनों साथ हो पाते थे, पर कॉलेज में तीनों पूरे वक़्त साथ हुआ करते थे। इसके अलावा शनिवार की शाम जब मेस बंद होता था तो भी वे साथ ही बाहर जाकर डिनर करते थे तथा रविवार को भी उनका आनंदेश्वर मंदिर जाने का क्रम पहले की ही तरह चलता रहता था। इस तरह भौतिक रूप से उनके बीच थोड़ी दूरी ज़रूर हुई थी, पर दोस्ती पहले की तरह ही बरक़रार थी।

पीयूष के साथ ग्राउंड फ़्लोर पर पुरोहित ही रहता था जिससे उसकी जान पहचान थी। पुरोहित का स्वभाव ऐसा था कि वह किसी की कही बात का कुछ बुरा नहीं मानता था। कोई भी उससे मज़ाक़ कर सकता था। इसलिए अक्सर पुरोहित के कमरे में भीड़ जमा रहा करती थी। उसके कमरे की लोकेशन (ग्राउंड फ़्लोर) भी इस चीज़ में सहायक होती थी, जब भी ऊपर के फ़्लोर से कोई

केमिकल का लड़का नीचे मेस में आया करता था वह उसके रूम में 5-10 मिनट बतकही करके ही ऊपर जाता था। शुरू-शुरू में तो पुरोहित को इस चीज़ से ज़्यादा दिक़्क़त न थी, पर जल्दी ही उसे महसूस हुआ कि इन सब में उसका बहुत-सा वक़्त ज़ाया हो जाता था। इसका ज़्यादा पता उसे पहले क्लास टेस्ट के परिणामों से हुआ। पाँच में से तीन टेस्ट में उसके बहुत कम मार्क्स आए थे जिसका मतलब था अब उसे दूसरी और तीसरी सीटी (क्लास टेस्ट) भी देनी पड़ेगी और वो भी अच्छे तरीक़े से, ताकि इंटर्नल के नंबर अच्छे आएँ।

धीरे-धीरे पीयूष और पुरोहित की दोस्ती प्रगाढ़ होती जा रही थी जिसमें पहला कारक यही था कि दोनों एक ही फ़्लोर पर रहते थे जिससे पीयूष का पुरोहित से इंटरेक्शन ज़्यादा होता था और पीयूष अंशुल, नवीन के पास चौथी मंज़िल पर प्रायः तो नहीं जा सकता था। दूसरी चीज़ थी-दोनों की चाय की पसंद। दोनों का हर रोज़ सुबह मिश्रा की दुकान पर चाय पीने का क्रम पहले की ही तरह जारी था। तीसरा पुरोहित एक ऐसा लड़का था जिसमें हमेशा सीखने की ललक रहा करती थी और पीयूष वह लड़का था जो व्यर्थ अपना समय नहीं गँवाया करता था। प्रायः वह कुछ-न-कुछ प्रोडक्टिव चीज़ें ही करता रहता था। यह चीज़ पुरोहित को बहुत आकर्षित करती थी। इसलिए दोनों की जोड़ी बढ़िया-सी बन गई थी।

पुरोहित एक विषय के लिए एक से अधिक पुस्तकों का उपयोग किया करता था। उसको किसी एक विषय से संबंधित अलग-अलग किताबों में ट्रिकी न्यूमेरिकल (प्रश्न) ढूँढने और फिर उसे एक चुनौती की तरह लेकर हल करने में बहुत मज़ा आता था। जब ऐसे किसी सवाल का हल वो निकाल लेता था, जिसकी संभावना बहुत कम होती थी, तो उसके ख़ुशी की कोई सीमा नहीं रहती थी। वह दौड़ता हुआ पीयूष के पास जाकर अपने इस अचीवमेंट के बारे में बताता था। पीयूष उसकी ख़ूब हौसला आफ़ज़ाई करता था। जब ऐसे ही किसी और सवाल का हल नहीं निकलता था तो वह प्रायः ऐसे सवाल पीयूष को हल करने के लिए दे जाता था। पीयूष ऐसे न्यूमेरिकल को हल करने में तब तक लगा रहता था जब तक कि उसका हल न निकाल ले। अधिकतर मौक़ों पर वह इसमें सफल भी रहता था। कभी-कभी दोनों मिलकर भी ऐसे कठिन प्रश्नों से लड़ाई लड़ते रहते थे और जब हल निकल आता तो दोनों उसकी सफलता के जश्न

में मिश्रा की दुकान पर चाय पी आते थे। ऐसे प्रश्नों के सोल्युशंस को लेकर पुरोहित ख़ूब पज़ेसिव रहने की कोशिश किया करता था। वह पीयूष को बोलता कि इसको किसी को नहीं बताएँगे। पर प्राय: उसमें वह सफल नहीं रहता था जब कोई लड़का उसके कमरे में आता तो अपने हर्षातिरेक में वह ऐसे कठिन प्रश्न और उसके हल के बारे में सब कुछ बता दिया करता था। फिर क्या एक-दो घंटे में हर लड़के के पास वह सवाल होता और उसका हल। इसकी वजह से पीयूष की प्रसिद्धि लड़कों के बीच बहुत बढ़ गई थी। अगले दिन अंशुल, सुशांत की वजह से ये ट्रिकी सवाल और उसके हल का पिटारा लड़कियों के सामने भी खुला मिलता था। जब सुमंजीत को यह बात पता चलती तो वह पीयूष को पूछ-पूछकर परेशान कर देता कि ऐसे और कौन से न्यूमेरिकल हैं जो उसने सॉल्व किए हैं। हर बार पीयूष बताता कि अरे पुरोहित ऐसे सवालों को लेकर आता है और आज के लिए यही सवाल था। हम दोनों कुछ नया करेंगे तो ज़रूर बता देंगे। पर सुमंजीत इस बात पर भरोसा नहीं कर पाता था। वह पुरोहित से भी यही सेम चीज़ पूछता था और जब पुरोहित भी पीयूष के जैसा ही कोई जवाब दे देता था तब जाकर उसे संतोष होता था।

***

एक दिन सुबह रोज़ की तरह पीयूष और पुरोहित गेट से मिश्रा की दुकान से चाय पीकर लौट रहे थे। जब वे हॉस्टल के पास आ गए तो पुरोहित ने छत पर किसी को टहलते देखा। सामान्यत: छत पर इतनी सुबह कोई लड़का नहीं जाता था। पुरोहित ने कुछ-कुछ पहचानते हुए बोला कि अरे ये तो अंशुल है।

"हाँ, वही है। पर इतनी सुबह छत पर क्या कर रहा है?" पीयूष बोला।

"देखो, वह अपने हाथों से कुछ छींट भी रहा है।"

"हाँ!"

"पता नहीं क्या कर रहा है!"

"आज पूछता हूँ।"

अंशुल को इतनी सुबह छत पर देख पीयूष को बड़ा कौतूहल हुआ। हॉस्टल पहुँचकर वह अपने कमरे में न जाकर सीधे चौथे तल पर उसके कमरे में चला गया। वहाँ उसने देखा कि 20 किलो गेहूँ या चावल से भरा एक बोरा रखा हुआ था।

"यह क्या है? लग तो गेहूँ रहा है।"

"अरे नहीं, चावल है।"

"जो भी है, पर क्या अब मेस में खाना नहीं खाओगे?" पीयूष ने हँसते हुए कहा।

"अरे नहीं, ऐसी बात नहीं है। किसी काम के लिए लाया था।"

पीयूष समझ गया शायद वह उसके बारे में खुलकर नहीं बताना चाहता था। इसलिए उसने आगे नहीं पूछा।

"पर तुम आज इतनी सुबह यहाँ कैसे?"

"अरे हाँ, जो असली चीज़ पूछने आया था वो तो भूल ही गया था।"

"मतलब?"

"अरे अभी मैं और पुरोहित गेट से वापस आ रहे थे तो तुम्हें छत पर देखा। इतनी सुबह छत पर क्या कर रहा था और कुछ छींट भी रहे थे तुम?"

"अरे, आजकल मैं कबूतरों को चावल के दाने डालता हूँ।"

पीयूष समझ गया था कि अंशुल को ज़रूर किसी पूजा-पाठ या ज्योतिष के चलते ऐसा कर रहा होगा। इसलिए उसने विस्तार से नहीं पूछा, पर वह अपने को यह पूछने से न रोक सका कि उसके लिए बीस किलो चावल का बोरा। यह कुछ ज़्यादा नहीं था। उसके उत्तर में अंशुल ने बताया कि उसने ग्यारह महीने के हिसाब से मोटा-मोटा इतना चावल ख़रीदा था।

ग्यारह महीने ऐसा फिगर सुनकर पीयूष को पक्का यक़ीन हो गया कि वह कुछ ज्योतिष के हिसाब से टोटका कर रहा था। उसकी इस बात पर मुहर बाद में नवीन ने लगा दी जब वह उसके कमरे में पाँच मिनट बाद दाख़िल हुआ था।

"अरे यह सब वह दिल्ली में किसी ज्योतिषी के कहे अनुसार कर रहा है। यह सब वह अनामिका को पाने के लिए कर रहा था।" नवीन ने उसको बताया।

"हाँ, मुझे भी यही लगा था, पर मैंने उसे ज़्यादा नहीं कुरेदा।"

"सही किया। वह इन सब के बारे में ज़्यादा बात नहीं करना चाहता। ख़ैर जो भी है, बस अपनी पढ़ाई न बर्बाद कर ले।"

"वाह! तुम्हारे मुँह से यह सुनकर बहुत अच्छा लगा।"

"तुम्हीं से सीखा है।" नवीन हँसते हुए बोला।

"तुमने देखा नहीं उसके कमरे में चादर और तकिया की खोली सब भगवा रंग के हैं।"

"अरे हाँ, उस पर तो मैंने ध्यान ही नहीं दिया था तो क्या यह भी उसी टोटके का अंग है।" पीयूष ने बीच में ही रोकते हुए पूछा।

"हाँ, इसी से तो मेरा दिमाग़ ठनका था। मैंने देखा एक दिन उसने तीन जोड़ी चादर और तकिया की खोली सब एक ही रंग-भगवा का ख़रीदा। तभी मैंने उसे पूछा कि यह सब क्या है? न बताते-बताते उसने दिल्ली के ज्योतिषी वाली बात बताई। इसके बारे में उससे कुछ कह न देना वरना मुझ पर ग़ुस्सा होगा।"

"अरे नहीं-नहीं। किसी की श्रद्धा और आस्था पर यूँ ही चोट करना अच्छा नहीं। जब तक कि उससे किसी का कुछ नुक़सान न हो रहा हो।"

"हाँ वही बात।"

अपने कमरे में आकर पीयूष की तर्क शक्ति ने उसे सोचने पर मजबूर किया–अंशुल जो कर रहा था मेरे ख़याल से इससे कुछ तो होगा नहीं। पर हाँ, एक तरह से यह अच्छा काम है कि कबूतरों को रोज़ खाना मिल जाया करता होगा। लेकिन यह देखने की बात है कि अंशुल अनामिका के लिए कितनी मेहनत कर रहा। जितनी भी चीज़ें कर सकता था, कर रहा और वह, वह क्या कर रहा? फिर उसके अंदर से ही आवाज़ आई–नहीं ऐसा तो नहीं था। कर तो वो भी रहा। अभी कल नोट्स वाला काम किया। कितनी ख़ुश थी नेहा! पर शायद उतनी कोशिश पर्याप्त नहीं थी। कुछ तो और हाथ-पैर चलाने होंगे।

वह अभी यह सब सोच रहा था कि दरवाज़े पर खटपट हुई। यह सुशांत था।

"अरे, तू अभी ऐसे ही बैठा है। मैंने नाश्ता भी कर लिया। जा रहा हूँ ऊपर तैयार होने। पौने नौ बज रहे। जाओ, नहाओ, धोओ। कॉलेज नहीं चलेगा क्या?"

"नहीं-नहीं। जाता हूँ, वाक़ई लेट हो रहा है।" पीयूष ने दीवार घड़ी देखते हुए कहा।

सुशांत के कहे अनुसार पीयूष जल्दी-जल्दी कॉलेज जाने की तैयारी में लग गया। रोज़ की तरह थोड़ी देर में वह और सुशांत कॉलेज के लिए निकल गए।

अंशुल अपने प्रयासों में काफ़ी हद तक सफल हो चुका था। अनामिका से उसकी फ़ोन पर काफ़ी बातें होने लगी थी। हालाँकि ये बातचीत ज़्यादातर शुरुआत में कॉलेज से रिलेटेड कामों को लेकर ही होती रही। पर धीरे-धीरे अब अंशुल अनामिका के बारे में और भी चीज़ें जानने लगा था जो कि प्रायः किसी के बारे में कोई आत्मीय ही जान सकता था। अनामिका के घर-परिवार, नाते-

रिश्तेदार और न जाने कितनी ही चीज़ों के बारे में अंशुल की अनामिका से बात होती थी। इन सब चीज़ों में अंशुल ने एक बात का ध्यान रखा था कि उसने कभी ख़ुद अनामिका से उसके बॉयफ्रेंड के बारे में नहीं पूछा था। अनामिका को जब जितना मन होता था वह अंशुल को बता दिया करती थी। अनामिका को अंशुल की यह बात बहुत अच्छी लगी थी। कभी जब उधर उसके रिश्ते में कुछ खटपट होती तो आजकल अनामिका के पास एक आश्रय और था। वह आश्रय था-अंशुल। यह धीरे-धीरे कब हो गया था, अनामिका को भी ख़बर नहीं हुई थी। कॉलेज के हर एक छोटे से काम के लिए अनामिका अंशुल पर निर्भर हो गई थी। नोट्स, फ़ोटोकॉपी, असाइनमेंट, लैब वर्क आदि के लिए अनामिका को बिल्कुल ही परेशान नहीं होना पड़ता था। जब भी कोई दिक़्क़त होती उसके पास अंशुल होता था। एक फ़ोन कॉल और अंशुल सब सेट कर देता था। इतना सब होने पर भी अभी अंशुल को अनामिका को पाने की कोई उम्मीद नहीं थी क्योंकि उसका रिलेशनशिप पूर्ववत ही चल रहा था। पर दोनों को ये एहसास ज़रूर हो गया था कि दोनों दोस्ती के एक बहुत मज़बूत धागे में बँध गए थे।

आजकल अंशुल और अनामिका की बातें फ़ोन के अलावा आमने-सामने भी होने लगी थी। क्लास में यह संभव नहीं होता था। इसलिए दोनों लंच टाइम में लाइब्रेरी चले जाते थे। पिछले चार-पाँच दिनों से यह क्रम जारी था। पहले एक-दो दिन तो अंशुल नवीन और पीयूष को यह कहकर लाइब्रेरी गया कि असाइनमेंट का कुछ काम था इसलिए वह जा रहा। ख़ैर पहले दिन बात भी यही थी। लेकिन उसके अगले दिनों में पढ़ाई के बहाने अंशुल और अनामिका वहाँ जाने लगे थे। शुरुआत में दोनों एक दूसरे से कहते तो यही थे कि वहाँ जाकर थोड़ी पढ़ाई करेंगे। पर दो-तीन दिन में उन दोनों को समझ आ गया कि वे वहाँ पढ़ाई के लिए नहीं जाते बल्कि आपस में बातचीत करने जाते थे। दोनों को ही एक-दूसरे के साथ इस तरह वक़्त बिताने में मज़ा आने लगा था। अब यह रोज़ का कार्यक्रम बन गया था। दोनों में से कोई किसी से कुछ नहीं कहता था। बस लंच के वक़्त लाइब्रेरी पहुँच जाते थे। जैसे यह एक तरह का नियम-सा बन गया था। पीयूष और नवीन भी उसे अब नहीं टोकते थे। अब गेट पर उस फल वाले के पास नवीन और पीयूष ही जाते थे। तीन में से एक की कमी हो गई थी। एक दिन फल वाले बाबा ने भी नवीन से पूछ लिया कि तीसरा आजकल क्यों नहीं

आता? उसके जवाब में नवीन मुस्कुराते हुए बोला वह नहीं आता क्योंकि जैसे हम यहाँ तिकेले से दुकेले हो गए वैसे ही कहीं कोई और अकेले से दुकेला हो रहा है। बाबा को उसकी बातें जाने कितनी समझ आई या नहीं पर दोनों उसको तीन प्लेट फल के ही पैसे यानी पहले जितना ही दाम दिया करते थे। बूढ़ा बाबा दोनों को ख़ूब आशीष देता था कि तुम दोनों बहुत बड़ी नौकरी पाओ।

शनिवार का दिन था। अंशुल आज रात अनामिका को डिनर के लिए ले जाने की सोच रहा था। इसलिए उस दिन लंच के वक़्त लाइब्रेरी में बातों के दौरान उसने अनामिका से कहा- "तुमने अपना एक प्रॉमिस नहीं पूरा किया।"

अनामिका को कुछ समझ नहीं आया। असमंजस की अवस्था में उसने कहा- "प्रॉमिस! कौन-सी प्रॉमिस की थी मैंने?"

"इसी तरह लोग भूल जाते हैं। याद करो, तुमने कभी ट्रीट के लिए बोला था।" हँसते हुए अंशुल बोला।

"ट्रीट... ओह अच्छा! ओडिसी! इतने दिनों बाद याद ही आई तुम्हें। मैं क्या करती! सीधे कह देते इतना गोल-गोल कहने की क्या ज़रूरत थी। ख़ैर, चलो। बोलो कब और कहाँ चाहिए?"

"आज शनिवार है। डिनर करते हैं कहीं स्वरूप नगर में। जैसा तुम बोलो।"

"अच्छा आइडिया है। आई एम ओके विद दैट। पर नौ बजे तक वापस आ जाना होगा वरना वो वॉर्डन परेशान करेगी।"

"हाँ, ठीक है। शाम को जल्दी निकल चलेंगे। तुम तैयार रहना। मैं आ जाऊँगा लेने।"

"हाँ ठीक है। सात बजे तक चलते हैं।"

"ओके, ठीक रहेगा।"

यह अप्रैल के आख़िरी हफ़्ते की एक शाम थी। दिन भर तो काफ़ी गर्मी थी, पर शाम थोड़ी कम गरम थी। इसलिए राहत की बात थी। अंशुल तय वक़्त पर अपनी बाइक से गर्ल्स हॉस्टल पहुँच गया था। थोड़ी देर में उसकी बाइक चल रही थी और उसके पीछे अनामिका बैठी थी। आज पहली बार उसे बाइक ख़रीदना सच्चे अर्थों में सही जान पड़ रहा था। अंशुल की ख़ुशी का कोई ठिकाना नहीं था। स्वरूप नगर के रेस्तराँ के बोर्ड बिजली की बत्तियों से चमक रहे थे। अंशुल और अनामिका ने ऐसे ही किसी एक रेस्तराँ में प्रवेश किया। वहाँ रौशनी

काफ़ी थी और खाने के मेज़-कुर्सी की साफ़-सफ़ाई उस रौशनी में स्पष्ट दिखाई दे रही थी। थोड़ी देर में उन दोनों ने अपने पसंद की चीज़ें ऑर्डर की और उसका स्वाद लेने में लग गए। उनकी बातें और डिनर जब ख़त्म होने को था, उसी वक़्त अनामिका के सेलफ़ोन की घंटी बजी। अनामिका ने फ़ोन काटकर अंशुल से बातें जारी रखी। एक दो मिनट फ़ोन फिर बजा। इस बार अनामिका ने फ़ोन उठाया। अंशुल को अनामिका ने इशारे में बता दिया कि यह उसके बॉयफ्रेंड का फ़ोन था।

फ़ोन पर हो रही बातचीत से अंशुल को लग गया कि सब सही नहीं चल रहा। वह स्पष्ट रूप से केवल अनामिका की जवाबी बातें सुन सकता था। उसने उसको बोलते सुना- 'ऐसा नहीं कि तुम इम्पोर्टेंट नहीं, हमेशा ग़लत इंटरप्रेट करते हो। डिनर के लिए आई थी कोई मज़े नहीं उड़ा रही (थोड़ी तेज़ आवाज़ में)... हाँ वही साथ है... दोस्त है यार... कितनी घटिया सोच है तुम्हारी... ब्रेकअप, हाँ यही तो चाहते ही हो तुम... मुझे भी कोई बहुत ख़ुशी नहीं है... हाँ कर लो... चलो अभी तुम्हारा दिमाग़ सही नहीं है... करती हूँ बाद में बात।" इसी के साथ अनामिका ने फ़ोन काट दिया।

अंशुल आख़िरी के वाक्य में 'ब्रेकअप' शब्द सुनकर कुछ स्तब्ध-सा हो गया था, पर यह स्तब्धता ख़ुशी का भाव लिए थी। इसी बीच अनामिका का फ़ोन फिर बजा। अंशुल अपने आपको संयत करते हुए बोला कि वह फ़ोन उठा ले। अभी वक़्त है, इंतज़ार कर लेगा। अनामिका ने यह कहते हुए बात को काट दिया कि कोई ज़रूरी नहीं है। बाद में कर लूँगी। इसके बाद उसने वापस चलने का इशारा कर दिया। उसका मूड कुछ-कुछ उखड़ा लग रहा था। अंशुल भी चुप हो गया था। उसने डिनर का बिल चुकाया और वे दोनों रेस्तराँ से बाहर निकल आए। इन सब में अनामिका भूल भी गई कि ट्रीट तो उसकी तरफ़ से थी। पर बिल अंशुल ने दिया था। इसका भान उसे रेस्तराँ से बाहर निकलते हुए हुआ। उसने अंशुल को कहा कि उसने बिल क्यों चुकाया? यह तो उसे करना था। अंशुल ने बड़ी मासूमियत से कहा कि अरे तुम शायद किसी इम्पोर्टेंट ख़याल में थी और मैं उसमें विघ्न नहीं डालना चाहता था। इसके साथ ही उसने और जोड़ा कि कोई बात नहीं फिर कभी ट्रीट दे देना, पर अभी अपने चेहरे से यह परेशानी के भाव हटा दो। अनामिका ने कहा कि वह परेशान नहीं थी। अंशुल ने उसकी

बात से सहमति नहीं जताई। वह कुछ पूछना तो चाहता था, पर यह अनामिका का व्यक्तिगत मामला था। अब तक के साथ गुज़रे वक़्त के आधार पर अंशुल को इतना यक़ीन तो पक्का था कि कुछ बताने लायक़ होगा तो अनामिका के लिए अंशुल पहला व्यक्ति होगा जिसे वह बताएगी।

अगले दिन जब अंशुल ने अनामिका को जगाने के लिए फ़ोन किया तो वह उठी ही नहीं। जब से वह उसे सुबह कॉल करके उठा रहा था ऐसा कभी नहीं हुआ था कि वह दो-तीन कॉल में न उठी हो। अंशुल ने सोचा शायद रात को बहुत देर सोई होगी। पर जब अनामिका उस दिन कॉलेज भी नहीं आई तब अंशुल को चिंता हुई कि कुछ तो गड़बड़ है।

"हैलो, अनामिका!" उसने लंच टाइम में अनामिका को फ़ोन किया।

"हेलो, बोलो अंशुल।" अनामिका बहुत धीमी आवाज़ में बोल रही थी।

"क्या हुआ अनामिका, तबीयत तो ठीक है? तुम्हारी आवाज़ को क्या हो गया है? इतना धीमे क्यों बोल रही हो?" अंशुल ने परेशान होते हुए कहा।

"हाँ, ठीक है, रात को नींद नहीं आ पाई थी इसीलिए, और कोई बात नहीं।"

"ऐसा तो नहीं है, कुछ बात तो है। आज सुबह भी तुमने फ़ोन नहीं उठाया। बता दो यार, मन हल्का हो जाएगा।" आख़िरी वाक्य अंशुल ने जान-बूझकर जोड़ा था।

"क्या बताऊँ यार, बहुत परेशान हो गई थी। रातभर सो नहीं पाई। कुछ ऐसा बताने को है भी नहीं जो तुम्हें बताऊँ।"

"क्या हुआ? कल शाम की बात को लेकर प्रशांत ने फिर परेशान किया क्या?" अंशुल ने बिना सोचे यह सवाल उससे पूछा, उसे नहीं पता कि यह उसकी सीमा के अंदर था या नहीं। वह बस इतना जानता था कि वह अनामिका को दुखी नहीं देख सकता था।

अंततः अनामिका रो पड़ी और उसने बताया- "प्रशांत बिल्कुल ही नहीं समझ रहा है। जिस रिश्ते में दो लोगों का पूरा विश्वास ही नहीं जुड़ पा रहा हो ऐसे रिश्ते को ज़बरदस्ती खींचना भी सही नहीं। मैं यहाँ होने वाले एक-एक चीज़ का एक्सप्लानेशन देते-देते थक चुकी हूँ। अब मुझसे और नहीं हो सकता। उस गधे को कुछ समझना ही नहीं (ग़ुस्से में)। अच्छा ही हुआ जो इस रिश्ते की सच्चाई मुझे इतनी जल्दी समझ आ गई। उसे ब्रेकअप चाहिए था, दे दिया।"

एक बार में इतना सारा बोलकर अनामिका ने एक लंबी साँस ली।

अंशुल एक पल को तो जड़ रह गया। उसे समझ नहीं आ रहा था वो क्या बोले! उसने उसे समझाने के अंदाज़ में कहा- "जो तुम्हारी अंतरात्मा से आवाज़ आए, वही करो। इसमें कोई बुराई नहीं है। अभी तुम आराम करो। टेक योर टाइम। एक-दो दिन में सब ठीक हो जाएगा। कुछ भी, कभी भी लगे तो मुझे कॉल कर लेना। मैं हमेशा यहीं हूँ। ठीक है!"

अनामिका ने हामी भरी। वह थोड़ा कंसोल हो गई थी।

अंशुल ने फ़ोन रख दिया। उसके मन के किसी कोने में क्षीण-सी पुलक-लहर प्रवाहित होने लगी।

***

तीसरा साल अंत की ओर बढ़ रहा था। सेमेस्टर की परीक्षा के बाद सबको समर ट्रेनिंग के लिए किसी न किसी केमिकल इंडस्ट्री जाना था। यह ट्रेनिंग डेढ़ महीने की होनी थी। मुंबई की एक पब्लिक सेक्टर कंपनी से हर साल चार लोगों के ट्रेनिंग के लिए वैकेंसी आती थी। यह बात सीनियर लोगों ने बता रखी थी। इस ट्रेनिंग में प्रायः क्लास में ऊपर से चार रैंक तक आने वाले लड़के-लड़कियों को भेज दिया जाता था। इस बात से सबसे अधिक ख़ुशी किसी को थी तो वह पीयूष को थी क्योंकि इस हिसाब से नेहा और उसका मुंबई जाना तय था। क्लास में नेहा टॉप पर थी और पीयूष तीसरे स्थान पर था। इन चार सीटों के अलावा अलग-अलग इंडस्ट्री से भी ट्रेनिंग के लिए वैकेंसी आती रहती थी। जिस हिसाब से सीट आती जाती थी, रैंक के हिसाब से वहाँ जाने वाले लड़के या लड़की का नाम तय होता जाता था। इन रेगुलर आने वाली सीटों के अलावा कुछ स्टूडेंट अपने जुगाड़ के हिसाब से किसी अच्छे नाम वाली इंडस्ट्री में ट्रेनिंग के लिए चले जाते थे। जितना ज़्यादा ऐसे जुगाड़ी होते थे उतना ही फ़ायदा क्लास के दूसरे छात्रों के लिए था। इन सब जुगाड़ियों में जिस लड़के का नाम सबसे पहले आया था वह सुमंजीत सिंह था। उसने पहले ही बता दिया था कि वह गुजरात की किसी रिफ़ाइनरी में ट्रेनिंग के लिए अपनी व्यवस्था कर चुका था। इस तरह रेगुलर सीट और जुगाड़ सीट को मिलाकर सारे स्टूडेंट पूरे भारत में स्थित किसी-न-किसी इंडस्ट्री में ट्रेनिंग के लिए चले जाते थे।

"और, क्या हाल-चाल?" पीयूष हिम्मत करके लंच टाइम में नेहा के पास

जाकर बोला।

"सब बढ़िया। तुम बताओ ?" नेहा ने कहा।

"सब ठीक है और सेमेस्टर की तैयारी चल रही है।"

"वो तो चलती रहती है।" नेहा ने बेतकल्लुफ़ी से कहा।

"हाँ। वैसे भी तुम्हें तैयारी की क्या ज़रूरत!" वह थोड़ा-सा हँसा फिर आगे बोला- "वैसे सेमेस्टर के बाद मुंबई जाने का क्या इरादा है।"

"मुंबई... पर क्यों... तुम्हारी बातें हमेशा पहेली-सी ही रहती है।"

"अरे वो ट्रेनिंग समर वाली। टॉपर तो तुम्हीं हो।"

"अरे हाँ यार, पर मैं नहीं जाऊँगी। मेरे मामा ने पाता (औरैया के पास एक जगह) के पास के गैस प्लांट में ट्रेनिंग के लिए बात कर ली है। वो वहीं पर इंजीनियर हैं तो मेरे लिए भी आराम रहेगा। कोई दिक़्क़त भी नहीं होगी।"

पीयूष को एक बार को कुछ समझ नहीं आया कि वह क्या बोले ? उसे लगा कि उसकी क़िस्मत ही बुरी थी। उसका नेहा के साथ ट्रेनिंग करने का सपना एक बार में ही चूर हो गया था।

"ओह ! चलो सही है। मुझे लगा मुंबई घूमना ज़्यादा पसंद करोगी।" हँसने की कोशिश करता हुआ वह बोला, पर हँसी कहीं गले में ही फँसकर रह गई।

"अरे हाँ यार। क्या करूँ, लग रहा क़िस्मत में ही नहीं था। चलो मेरे हिस्से का भी तुम ही घूम लेना।" नेहा ने उसी बेतकल्लुफ़ी के साथ मुस्कुराते हुए कहा।

शायद निराशा या ग़ुस्सा मिश्रित उदासी के कारण पीयूष ने आगे कुछ बातचीत नहीं की। वह नेहा से विदा लेकर कॉलेज की कैंटीन की ओर चला गया। वह चलता जा रहा था। उसके पैर चल रहे थे, साथ ही साथ दिमाग़ में कई बातें भी चल रही थीं। कैंटीन के आगे एक पतली-सँकरी-सी गली थी। उस गली में वह कभी नहीं गया था। जाने कब वह उस गली तक पहुँच गया था, उसे पता भी नहीं चला। वह गली में घुस गया। 10-15 क़दम बाद ही उस गली ने उसे कैंटीन के पीछे एक बड़े से खुले मैदान में पहुँचा दिया। वहाँ एक छोटी-सी चाय की गुमटी थी। जिसे गुप्ताजी की दुकान के नाम से जाना जाता था। उसने देखा कि वहाँ फ़ाइनल ईयर के कई सीनियर चाय के साथ सिगरेट फूँक रहे थे। गुप्ताजी समोसे छोले, टोस्ट, बटर बन, सिगरेट आदि चीज़ें बेचते थे। गुप्ता की दुकान में उसकी पत्नी यानी कि गुप्ताइन भी हाथ बँटा रही थी। पीयूष को यह

देखकर आश्चर्य हुआ कि कैंटीन के पीछे एक और कैंटीन भी चल रही थी और उसे पता भी नहीं था। यही नहीं उसे इसका पता भी तीसरे साल में चला जबकि वह कितना पास था! उसने एक प्लेट समोसा छोला और चाय का ऑर्डर दिया। गुप्ताइन ने उसे एक बेंच पर बैठने के लिए बोला। थोड़ी देर में उसे चाय और समोसा मिल गया था। इसका रेट कैंटीन के रेट से आधा था। एक सीनियर उसकी पहचान का निकल आया।

"आज यहाँ कैसे बे?" उस सीनियर ने पूछा।

"ऐसे ही आ गया सर।" पीयूष बोला।

"कुछ अलग मिला यहाँ उस कैंटीन से?"

"हाँ सर, समोसा-चाय मस्त है और रेट भी मस्त है।"

"वही तो, और ऑब्ज़र्व कर। ये सिंगल लौंडों का ठिकाना है। इसीलिए तो गुप्ता जी रेट सही लगाते हैं। आख़िर सिंगलों का दर्द भी तो कोई समझे! क्यों गुप्ताजी?" गुप्ता जी भी उस सीनियर के साथ खी-खी करके हँस दिए।

पीयूष ने एक बार चारों तरफ़ की बेंचों पर बैठे आठ-दस सीनियर को देखा। सब कमोबेश वही सीनियर थे जिनकी गर्लफ्रेंड नहीं थीं। उसे सीनियर की बात में सच्चाई महसूस हुई। वह सोचने लगा किसी के नज़दीक रहकर ज़रूरी नहीं कि हम उसके बारे में सब कुछ जान ही जाएँ जैसे कि ये गुप्ता की टपरी उसे कहाँ पता थी? जबकि वह कितनी बार कॉलेज की कैंटीन आया था। उसे अंशुल के बारे में सोचकर लगा कि कहीं नेहा का भी कोई बॉयफ्रेंड तो नहीं। कहीं इसी वजह से उसने सविता को उसके लिए मना तो नहीं कर दिया था। अब वह इसकी प्लानिंग में लग गया कि यह बात पूछी कैसे जाए उसे नवीन का ध्यान आया वही यह काम आसानी से कर सकता था।

क्लास पहुँचकर उसने नवीन को यह बात बताई और अनुरोध किया कि किसी वक़्त सही मौक़ा देखकर इसका पता कर ले। पहले तो नवीन ना-नुकुर किया फिर रामू दा की एक मैगी के वास्ते मान गया। उस दिन क्लास में कॉलेज के ट्रेनिंग कोऑर्डिनेटर आए हुए थे। वह बताने आए थे कि कई जगह से समर ट्रेनिंग के लिए सीटें आ चुकी थीं। इसलिए अब सब लोगों को अलग-अलग बता दिया जाए कि कौन कहाँ पर ट्रेनिंग के लिए जाएगा। ताकि जिनको कहीं दूर जाना था वो उसके हिसाब से अपनी तैयारियाँ कर सकें। पहले उन्होंने पूछा

कि कितने लोग अपने कॉन्टैक्ट्स या जुगाड़ से ट्रेनिंग जा रहे थे और एक क्रम से उनका नाम एक पेपर पर लिख लिया। इसके बाद बाक़ी के छात्रों का नाम रैंक के हिसाब से लिखा और वे कहाँ ट्रेनिंग के लिए जाएँगे? यह निर्धारित करते हुए उसका विवरण लिख दिया था। पीयूष, शुभी और दो और लड़कियाँ मुंबई के लिए नामित हो गई थीं। अंशुल और नवीन की क़िस्मत अच्छी थी। वो दोनों एक साथ ही गुजरात के एक कंपनी के लिए नामित हुए थे। नेहा पाता जा रही थी। अनामिका, पुरोहित और सुशांत कोटा के एक पेपर मैन्यूफ़ैक्चरिंग कंपनी के लिए नामित हो गए थे। इसी तरह सब की ट्रेनिंग का इंतज़ाम कहीं-न-कहीं हो गया था। उसके बाद उस पेपर को कोऑर्डिनेटर ने क्लास में सर्कूलेट किया जिसमें सबको अपने नाम के आगे पापा/गार्जियन का नाम और पूरा स्थायी पता लिखना था। जब वह पेपर घूमता फिरता पीयूष के पास आया तो उसने देखा कि उसमें नेहा अपनी डिटेल्स लिख चुकी थी। पीयूष ने अपने विवरण के बारे में लिखा साथ ही सबकी नज़रें बचाते हुए उसने नेहा की डिटेल्स भी एक काग़ज़ की पर्ची पर लिखकर वॉलेट में रख ली– C/O श्री निखिल भारद्वाज, ब्लॉक 22सी, मकान न.-16 ए, परेड, कानपुर। इसके पीछे उसकी यही इच्छा थी कि कभी वह परेड घूमकर उसका घर देख आएगा।

शाम के वक़्त अंशुल, पीयूष, नवीन और सुशांत साइकिल स्टैंड की ओर जा रहे थे। नवीन थोड़ा तेज़ चलने लगा। सब समझ नहीं पाए कि उसको क्या जल्दी थी?

"अबे आराम से चलो, इतनी जल्दी क्या है बे?" सुशांत बोला।

"अरे आज हॉस्टल में मैगी है। लेट हो जाते हैं तो साला इंतज़ार करना पड़ता है।"

"अबे इतना भी नहीं है कि तुम मैगी मिलने तक नहीं पहुँचोगे।" अंशुल बोला।

इसी दौरान तेज़ चलते हुए नवीन ने दायें की तरफ़ चलती हुई नेहा और सविता को हैलो बोला। अब पीयूष को समझ आया कि नवीन ने तेज़ चलना क्यों शुरू किया था? उसे आज क्लास में नवीन को अपनी कही बात याद आ गई।

"चलो, तुमने एक भलाई का काम किया। तुम्हारी वजह से एक सीट मेरे जैसे किसी ग़रीब के काम आ गई, पर तुमने ट्रेनिंग के लिए इतने पास की जगह

चुनी। हम लोग तो इंतज़ार में थे कि इसी बहाने कहीं दूर घुमक्कड़ी कर आएँगे।" नवीन ने नेहा के ठीक बायीं तरफ़ पहुँचकर बोला।

"अरे, कुछ नहीं। वहाँ पर मेरे मामाजी काम करते हैं तो मेरे लिए थोड़ी सहूलियत हो जाएगी। इसलिए वहाँ जाऊँगी।" नेहा ने जवाब दिया।

"ओह! अच्छा मुझे तो लगा दाल में कुछ काला है।"

"मतलब? कुछ समझ नहीं आया।"

"हाँ, ऐसी बातें लोगों को समझ नहीं आती।" नवीन हँसते हुए बोला फिर अपनी बात को आगे जारी रखते हुए कहा- "अरे हमें लगा दूर इसलिए नहीं जाना है कि कोई तुम्हारा चाहने वाला यहीं आस-पास का होगा।" एक कुटिल मुस्कान नवीन के चेहरे पर तैर गई।

"हाँ, लड़के इससे ज़्यादा सोच भी कहाँ पाते हैं? पर मेरे केस में ऐसा कुछ भी नहीं है। बस जो अभी कहा वही कारण है।" थोड़ी-सी तल्ख़ी से मिली मुस्कान के साथ नेहा ने कहा।

"अच्छा, चलो जो भी है। मैं तो यूँ ही मज़ाक़ कर रहा था।"

बातें करते वो लोग ऑडिटोरियम तक पहुँच गए थे। उसी समय सविता ने नेहा को रुककर शशिकांत के इंतज़ार कर लेने के लिए कहा। वे दोनों वहीं रुक गईं। नवीन वापस अपने ग्रुप में आ गया था जहाँ से चारों आगे बढ़ गए।

"भाइयों, अब ये बताओ रामू दा की मैगी कौन खाएगा?" नवीन ने पीयूष को आँख मारते हुए कहा।

"भाई, ऐसा क्या हुआ? अभी तो तुम मेस की मैगी की बात कर रहे थे, अब रामू दा की मैगी खिलाने की बात कर रहे हो?" सुशांत ने पूछा।

"अरे मैं नहीं खिला रहा। पीयूष भाई साहब खिलाएँगे।" शरारती लहजे में नवीन बोला।

"अपने को क्या, कोई भी खिलाए। चलो फिर।" अंशुल बोला। उसके बाद अंशुल और पीयूष की बाइक रामू दा की दुकान पर जाकर ही रुकी और नवीन ने अपने साथ-साथ सबको मैगी का स्वाद दिलवा दिया।

तीसरे वर्ष की परीक्षाएँ भी आने वाली थी। सेमेस्टर की परीक्षा होने वाली थी इसका अंदाज़ा हॉस्टल का माहौल देखकर भी पता लग जाता था। अब ज़्यादा से ज़्यादा लड़के कॉलेज जाना बंद कर चुके थे। कोई सीढ़ियों पर, कोई बरामदे

में कुर्सी डालकर, कोई शाम को छत पर टहलकर पढ़ता हुआ मिल जाता था। सेमेस्टर के वक़्त जनरेटर के मेंटेनेंस के लिए कारीगर आ गए थे और उसकी वर्किंग से संतुष्ट होकर चले गए थे। वैसे तो पूरे साल जनरेटर जल्दी ख़राब नहीं होता था। यह इत्तफ़ाक़ ही कहा जाएगा कि सेमेस्टर की परीक्षाओं के वक़्त कभी न कभी यह धोखा ज़रूर दे देता था। इसलिए उसके प्रीवेंटिव मेंटेनेंस पहले ही करा ली गई थी।

यह मई का आख़िरी हफ़्ता था। धूप तेज़ हो गई थी। क्लास में अब सेमेस्टर तक न आने के लिए बंक घोषित हो गया था। अब सबको सीधे परीक्षा के दिन ही आना था। क्लास से स्टैंड जाते हुए पीयूष अपने दिल की धड़कन को स्थिर कर नेहा के साथ हो लिया था।

"चलो अच्छा रहा। अब रिवीज़न करने के लिए टाइम मिल गया। वरना कॉलेज आ जाओ तो सारा वक़्त ही निकल जाता है। पता भी नहीं चलता।" पीयूष बोला।

"हाँ यार, अच्छा हुआ। हर्षित सही सीआर है। हर बार सही टाइम पर बंक लगवा देता है।"

"हाँ, वो तो है। अरे मैं क्या बोल रहा था कि..." कहकर पीयूष थोड़ा अटक-सा गया।

"हाँ, बोलो।"

"अरे, अब तो कॉलेज आना नहीं रहेगा तो... कभी कुछ... वो पढ़ाई से रिलेटेड कुछ पूछना हो तो... तुम्हारा नंबर मिल जाता तो अच्छा रहता। मतलब कभी कुछ ज़रूरत पड़े..."

"अरे हाँ, ले लो नंबर।"

नेहा पीयूष को अपना नंबर नोट करवाने लगी। उसके चेहरे पर एक मुस्कान आ गई थी। पीयूष को लगा कि शायद नेहा यही सोच रही होगी कि वह तीन साल में उसका नंबर लेने की हिम्मत अब कर पाया था। इसके बाद पीयूष ने नेहा को मिस कॉल दी ताकि उसके पास उसका नंबर आ जाए। थोड़ी देर में एक-दो और बातें कर नेहा साइकिल स्टैंड से चली गई। पीयूष को पाँच मिनट और रुकना पड़ा क्योंकि अभी सुशांत नहीं आया था। वह समझ गया था कि सुशांत कहीं किसी लड़की से नोट्स का आदान-प्रदान कर रहा होगा क्योंकि

आज इस सेमेस्टर की क्लास का आख़िरी दिन था।

उस दिन पीयूष बहुत ख़ुश था। उसकी त्वरित ख़ुशी का कारण नेहा का नंबर मिल जाना था। अगले दिन सेमेस्टर का पहला पेपर था। आधी रात तक सब कुछ रिवीज़न कर पीयूष ने धड़कते दिल के साथ नेहा को मैसेज किया–'ऑल द बेस्ट फ़ॉर टुमारो!'

मैसेज भेजने से पहले उसने यही सोचा था कि मैसेज करके सो जाएगा, पर अब उसे नींद ही नहीं आ रही थी। नेहा के प्रत्युत्तर का उसे इंतज़ार होने लगा। जब 10 मिनट हो गए और कोई जवाब नहीं आया तो वह एक-एक कर ख़ुद से ही कई कारण सोचने लगा- 'क्या पता सो गई हो! क्या पता पढ़ते समय फ़ोन पास न रखती हो या फिर साइलेंट रखती हो! कहीं बुरा तो न मान गई हो कि आज ही नंबर माँगा और आज ही शुरू!' ख़ुद से ही तरह-तरह के क़यास लगाते हुए वह परेशान हो उठा और उस परेशानी के कारण उसे नींद ही नहीं आ रही थी। ख़ैर इस बेचैनी में उसके आधे घंटे ही गुज़रे थे कि उसके फ़ोन में मैसेज की टोन बजी। पीयूष अपने बिस्तर से मानो उछल-सा पड़ा। उसने फ़ोन देखा, नेहा का मैसेज था–'बेस्ट ऑफ़ लक टू यू टू, गुड नाइट!' एक ही पल में सारी भावनाएँ बदल-सी गईं। पीयूष को लगा जैसे फ़ोन का मैसेज न होकर नेहा सामने से कह रही हो। वह साफ़ तौर पर उसकी मधुर आवाज़ को सुन पा रहा था।

जब हम किसी के प्यार में होते हैं तो शायद ऐसा ही होता है। हम जैसा सोचते हैं, अपनी कल्पना में सामने वाला वैसा ही व्यवहार करता दिखता है। पीयूष के साथ भी ऐसा ही हो रहा था। एक बार फिर पीयूष को नींद नहीं आ रही थी। पहले तनाव की वजह से नींद नहीं आ रही थी, अब ख़ुशी की वजह से नहीं आ रही थी। साथ-साथ उसे ख़ुद पर हँसी भी आई कि वह क्या उल्टा-सीधा सोच रहा था। पीयूष लेटा रहा। मीठे सपने सँजोते हुए वह कब नींद की आग़ोश में चला गया, उसे पता भी नहीं चला।

अब तो इस तरह संदेश का एक क्रम-सा चल पड़ा। हर पेपर के पहले पीयूष नेहा को 'बेस्ट ऑफ़ लक' का संदेश भेजता और प्रत्युत्तर में नेहा का मैसेज पाकर फूला न समाता। इस तरह पीयूष के लिए तीसरे साल की वार्षिक परीक्षाएँ बहुत ही सुखमय तरीक़े से बीत रही थीं।

पचास प्रतिशत मन्नत पूरी हुई

फ़ाइनल ईयर शुरू हो चुका था। क्लास में सभी अपनी मित्र मंडलियों में अपने समर ट्रेनिंग के क़िस्से बताने में मशग़ूल थे। यह सब चल ही रहा था कि वह वक़्त आ गया था जिसका इस कॉलेज में हर छात्र को इंतज़ार रहता है और जिस चीज़ के लिए एचबीटीआई विख्यात है। वह चीज़ थी–प्लेसमेंट यानी कि नौकरी। ट्रेनिंग एवं प्लेसमेंट अधिकारी क्लास में आ चुके थे। पूरी क्लास शांत हो गई थी। उन्होंने प्लेसमेंट की कई आकर्षक कहानियाँ बताईं। साथ ही साथ इसके लिए सभी को तैयारी के लिए लग जाने के लिए बोला। उन्होंने बताया कि प्लेसमेंट का यह कार्यक्रम अभी से शुरू होकर साल भर चलता रहेगा। काफ़ी सारी बातें बताने के बाद अंत में जाते-जाते उन्होंने जो सबसे महत्त्वपूर्ण बात कही वह यह थी कि अगले पंद्रह दिन में पहली कंपनी कैंपस में आने वाली थी।

उनके जाने के बाद क्लास में कानाफूसी शुरू हो गई।

"भाई पहली कंपनी में अपना कहाँ चांस लगेगा। पहले तो टॉपर्स निपटेंगे फिर अपना नंबर आएगा।" नवीन बोला।

"बात तो सही है। इसलिए पीयूष तुम अपनी तैयारी रखो। साथ निभाने के लिए कैंपस हम लोग भी आ जाएँगे।" अंशुल ने हँसते हुए कहा।

"भाई, क्यों मौज ले रहे हो! ख़ैर पहले कंपनी आने तो दो।" पीयूष बोला।

हालाँकि पीयूष ने उपर्युक्त बात कह तो दी, पर मन-ही-मन उसे नवीन की कही बात अंदर तक गुदगुदा गई थी। नवीन की बात पर उसे पूरा भरोसा-सा था आख़िर इन्हीं दिनों के लिए ही तो उसने इतनी मेहनत की थी। ख़ूब पढ़ाई की थी ताकि क्लास में अच्छी पोज़ीशन बनी रहे। अभी तक की परीक्षाओं में अर्जित अंकों का लेखा-जोखा निकालने पर पीयूष चार लड़कियों के बाद पाँचवें स्थान

पर था। हालाँकि लड़कों में पहला स्थान उसी से शुरू हो रहा था वहीं क्लास की ओवरऑल टॉपर नेहा थी।

बारह दिनों के बाद पहली कंपनी के पद चिह्न कैंपस में पड़े। कक्षा में ज़्यादातर छात्रों को यही उम्मीद थी कि पहले प्लेसमेंट क्लास के टॉपर्स में से होगा। सारे लड़के-लड़कियाँ फ़ॉर्मल ड्रेस में प्लेसमेंट बिल्डिंग में बैठे हुए थे। बड़े से प्रोजेक्टर पर कंपनी का रिप्रेज़ेंटेटिव एक प्रस्तुति चला रहा था जिसमें कंपनी के लोकेशन, मुख्य उत्पाद आदि के बारे में जानकारी थी। पर सबसे महत्त्वपूर्ण स्लाइड अंत की थी जिसमें चयन प्रक्रिया और पैकेज की बात कही गई थी। उस स्लाइड के बाद सभी की बाँछें खिल गई थी। चयन प्रक्रिया के लिए पहले लिखित परीक्षा और फिर साक्षात्कार के लिए कहा गया था। थोड़ी देर में लिखित परीक्षा शुरू हो गई। लिखित परीक्षा के परिणाम के आधार पर 10 छात्रों को साक्षात्कार के लिए शॉर्टलिस्ट किया गया था। जिसमें नेहा, पीयूष, हर्षित, सुशांत आदि थे। पर दुर्भाग्य से नवीन, अंशुल और पुरोहित का नहीं हुआ था।

"चलो बधाई हो, फोड़ के आना!" अंशुल ने पीयूष से कहा।

"हाँ, आज शाम अपनी पार्टी का इंतज़ाम हो गया। आल द बेस्ट!" नवीन ने विश्वास से भरे शब्दों में पीयूष को बोला।

"यार, अच्छा तो लग रहा, पर तुम लोगों का भी हो जाता तो ख़ुशी दुगुनी हो जाती।" पीयूष ने कहा।

"अरे कोई नहीं ये कोई आख़िरी कंपनी थोड़े न है और वैसे भी एक कंपनी में एक या दो का ही चयन होना है, इसलिए ये सब मत सोचो। बस इंटरव्यू के लिए ध्यान दो। अभी दो घंटे बाद शुरू होगा।" अंशुल बोला।

"थैंक्स यारो!" पीयूष बोला।

"वैसे भी तुम्हें तो ख़ुश होना चाहिए तुम्हारे जिगरी दोस्त सुशांत का लिखित में हो गया है।" नवीन ने चुटकी ली।

"भक्क साले!" पीयूष बोला।

"चलो अच्छा तुम अभी इंटरव्यू के लिए पढ़ो। हम लोग इधर ही कॉलेज में हैं। कुछ ज़रूरत लगे तो फ़ोन करना।" नवीन बोला।

इतना कहकर वे दोनों वहाँ से चले गए। पीयूष ने एक बार उनके बारे में सोचा। एक मुस्कुराहट उसके चेहरे पर तैर गई कि दोस्त हों तो ऐसे। उसके बाद

वह पढ़ाई में लग गया।

इंटरव्यू हो गए। जब शाम को रिज़ल्ट आया तो छात्रों का एक बहुत बड़ा भ्रम सिरे से चूर-चूर हो गया कि पहले प्लेसमेंट क्लास के टॉपर्स में से होता है। न ही नेहा का चयन हुआ और न ही पीयूष का। ऐसे दो लड़कों का चयन हुआ जिनकी किसी को उम्मीद भी नहीं थी। इस तरह टॉपर्स का प्लेसमेंट पहले होगा इस बात से सबका भरोसा पहली कंपनी के परिणामों ने उठा दिया। पूरी क्लास सकते में थी, उनको क्लास के टॉपर्स से थोड़ी सहानुभूति तो थी, पर उससे ज़्यादा आश्चर्य अमित और रणविजय के सेलेक्शन से था। पूरी क्लास के अलावा वो दोनों भी ख़ुद के चयन पर बहुत विस्मित थे। उन दोनों ने जैसे-तैसे टीप-टॉप करके लिखित टेस्ट पास कर लिया था। पर इंटरव्यू क्लियर करने का उन्हें रत्ती भर विश्वास नहीं था। पर यह 'विस्मय' चयन के परिणामों की घोषणा और रात आठ बजे ऑफ़र लेटर मिलने तक पूरी तरह से 'ख़ुशी' और 'गर्व' में बदल गई थी। प्लेसमेंट की प्रक्रिया यहीं तक पूरी नहीं हुई थी इसके बाद दो अहम पड़ाव और पार हुए। पहला प्लेसमेंट वाले दिन कॉलेज से हॉस्टल पहुँचकर लड़कों द्वारा दोनों की ज़बरदस्त जीपीएल हुई। जीपीएल में दो-तीन लड़के बारी-बारी से दोनों को (जिनका प्लेसमेंट हुआ था) हाथ-पैर पकड़कर हवा में लटकाए और बाक़ी लड़के उनके पिछवाड़े पर लात-घूँसे, चप्पल से दे दनादन ठुकाई किए। कहने को तो यह रीति ख़ुशी उल्लास की प्रतीक थी। पर यह कितनी ख़ुशी की रीति थी! यह तो वही दोनों बता सकते थे जो इसके भुक्त भोगी हुए थे।

जीपीएल के बाद दूसरे पड़ाव यानी पूरी क्लास को किसी बड़े होटल में दोनों ने रात्रिभोज कराने का वायदा किया।

उधर अंशुल, पीयूष और नवीन, पुरोहित के कमरे में बैठकर सामूहिक असफलता का शोक मना रहे थे।

"साला समझ नहीं आता कंपनी वालों ने इनमें क्या देखा!" नवीन बोला।

"अमित का एक बार तो तब भी समझ आता है ये रणविजय साले को कैसे सेलेक्ट कर लिया बे! चारों साल रो-गा के पास होता रहा है।" पीयूष बोला।

"चारों साल नहीं भाई, अभी तो चौथा शुरू हुआ है और ये दोनों प्लेस्ड हो गए।" अंशुल ने कहा।

"काहे दुखती रग पर हाथ रख रहा भाई? तीनों साल ही कहना चाह रहा। भावावेग में चारों बोल गया। क्लास का टॉपर है। सदमे में है थोड़ा।" पुरोहित हँसाने की कोशिश करते हुए बोला। पीयूष ने उसकी तरफ़ स्नेह दृष्टि से देखा।

चारों इसी तरह देर रात तक अपना दुखड़ा गाते रहे और उन दोनों के चयन का विश्लेषण करते रहे। दुखी तो चारों थे। पर सबसे ज़्यादा क्षोभ पीयूष को था। बाक़ी अंशुल, नवीन और पुरोहित तो यह सोचकर भी अपने आपको सांत्वना दे लिए कि जब टॉपर्स का नहीं हो पाया तो उन्हें उतना दुखी होने की ज़रूरत नहीं थी। अंततः पीयूष के असीम दुख का अंदाज़ा लगाते हुए बाक़ियों ने उसे सांत्वना दी कि ये पहली कंपनी थी। अभी तो साल भर कंपनियाँ आती रहेंगी इसलिए वह परेशान न होकर आगे की कंपनियों पर ध्यान लगाए। इसी उपसंहार वाक्य के साथ सभा विसर्जित हो गई। सभी अपने-अपने कमरे में सोने चले गए। अमित और रणविजय तो रातभर ख़ुशी के मारे सो नहीं पाए पर कोई और भी था जो उस रात सो नहीं पा रहा था। वह शख़्स था–पीयूष।

कुछ दिनों में पहली कंपनी के प्लेसमेंट की बात आई गई हो गई क्योंकि अब प्रायः हर दसेक दिन में कंपनी आना शुरू हो गई थी। सातवें सेमेस्टर का क़रीब डेढ़ महीने का वक़्त निकल गया था। तीन कंपनियाँ कैंपस आ चुकी थी पर क्लास के टॉप टेन में से किसी की भी जॉब नहीं लग पाई थी। जिन लड़कों की जॉब लगती थी उनकी जीपीएल और रात्रिभोज का कार्यक्रम पूर्ववत जारी था। हालाँकि जीपीएल में पिटाई पैकेज (सालाना आय) के अनुपात में बढ़ जाती थी जिसमें लड़कों की ईर्ष्या, दुख और थोड़ी-सी ख़ुशी आदि के भाव लात घूसों के साथ मिले हुए होते थे। वही हालात रात्रि भोज के थे, जिनका जितना अच्छा पैकेज पर होता था। उनसे उतनी ही अच्छी जगहों पर ट्रीट ली जाती थी। कुल मिलाकर उनसे पैकेज के अनुपात में ख़र्च करवाना उन लड़कों का लक्ष्य हो गया था जो अभी प्लेस्ड नहीं हुए थे।

पीयूष भी उनमें से एक था जिनकी अभी नौकरी नहीं लग पाई थी। वह हर बार लिखित परीक्षा में पास हो जाता था, पर इंटरव्यू में रह जाता था। उसे अपनी ग़लती भी समझ नहीं आ रही थी। पर अभी नेहा का भी प्लेसमेंट नहीं हुआ था और वह तो क्लास की ओवर-ऑल टॉपर थी। यह सोचकर उसे थोड़ी राहत मिल जाती थी। इसके बावजूद थोड़ी परेशानी तो उसके मन में उठनी शुरू हो

गई थी। हालाँकि नेहा के बारे में सोचकर वह और परेशान हो जाता था कि जब उसका नहीं हुआ तो वह इतना स्ट्रेस में आ गया, नेहा का क्या हाल होगा वह तो पूरी क्लास में फ़र्स्ट है। वह तो बहुत परेशान होगी। उस दिन साइकिल स्टैंड पर वह नेहा के पास गया।

"और कैसा चल रहा सब?" पीयूष बोला।

"सब बढ़िया, तुम बताओ।" नेहा ने जवाब दिया।

"सब ठीक ही है। पता चला अगली कंपनी आने वाली है।"

"आने दो कंपनी तो आती रहेगी। पर जब तक अपना प्लेसमेंट नहीं होता तब तक क्या ही मतलब?"

"अरे यार, क्या पता इस कंपनी के प्लेसमेंट पर तुम्हारा ही नाम लिखा हो। ख़ैर जब वक़्त आएगा तो अपने आप प्लेस्ड हो जाओगी। इतना परेशान न हो।"

"अरे परेशान नहीं हूँ। बस ऐसे ही लगता है थोड़ा।" इतना कहकर नेहा चुप हो गई।

"हाँ, मैं तुम्हारी बात समझ रहा हूँ कि कैसे-कैसे लड़कों का हुआ जा रहा है और अभी तक टॉपर्स का नहीं हुआ। पर कोई बात नहीं सही वक़्त आने दो। क्या पता अभी तुम्हारे लायक़ कंपनी आई ही न हो?"

"हाँ, ज़रूर। मन को बहलाने के लिए ये ख़याल अच्छा है।" वह एक व्यंग्य के भाव में हँसते हुए बोली।

"अरे यही तो कहना चाह रहा। टेंशन बिल्कुल मत लो। अगली कंपनी पब्लिक सेक्टर की कंपनी है। कमर कस लो और यार ये सोचो तुम्हारे जैसे टैलेंटेड का प्लसमेंट नहीं होगा तो कम-से-कम क्लास के बीस और लोगों का भी प्लेसमेंट नहीं होगा। मन को छोटा न करो। बस सही टाइम का इंतज़ार करते जाओ। फिर तुम्हीं मुझ से आकर कहोगी कि पीयूष ने सही बोला था।"

"थैंक्स यार। हाँ सही कह रहे हो।" नेहा के चेहरे पर मुस्कान तैर गई थी।

"ये हुई न बात। बस ऐसे ही मुस्कुराती हुई ही तो तुम अच्छी लगती हो। इसलिए हमेशा मुस्कान बिखेरते रहना!"

नेहा फिर से मुस्कुराने लगी। दोनों ने एक-दूसरे से विदा ली। पीयूष भी काफ़ी उत्साहित महसूस कर रहा था मानो अगली कंपनी में उसकी भी नौकरी पक्की होने वाली थी।

शाम को वह अंशुल के कमरे में गया।

"यार, अगले हफ़्ते मंगलवार को बड़ी कंपनी आनेवाली है। कहीं से कुछ इन्फ़ॉर्मेशन मिली?"

"आज हर्षित से बात हुई थी। तुम्हारे लिए ख़ुशख़बरी है। अब तुम्हारी परेशानी ख़त्म होने वाली है।" अंशुल बोला।

"मतलब?"

"मतलब ये कि इस कंपनी का हिसाब-किताब पीएसयू जैसा है और इसमें केवल टॉप ट्वेंटी को ही बैठने का मौक़ा मिलेगा तो आधी क्लास तो ऐसे ही छँट गई। और तो और इस कंपनी का पैकेज भी अभी तक आई सारी कंपनियों से ज़्यादा रहेगा। क्या समझे?"

"सच?"

"हाँ बे, सौ फ़ीसदी सच। बस तैयार रहो।"

"सही में, ये तो बढ़िया न्यूज़ पता करके आए हो।"

"कंपनी कब आ रही है, इसके बारे में कुछ बताया सीआर (हर्षित) ने?"

"अगले मंगलवार को आएगी।"

"चलो सही टाइम पर आ रही है। सोमवार के दिन आनंदेश्वर चलेंगे।"

"हाँ-हाँ क्यों नहीं! भगवान के मंदिर में भी गुहार लगा आते हैं। पर तुम जाकर पढ़ाई में लग जाओ। आज शुक्रवार है, दो-तीन दिन ही बाक़ी हैं।" अंशुल ने मुस्काते हुए कहा।

"हाँ यार। चलो अच्छा, चलता हूँ।"

सोमवार के दिन पीयूष, अंशुल के साथ मंदिर भी हो आया। आख़िर मंगलवार का दिन आ गया। कंपनी कॉलेज में आ चुकी थी। अंशुल ने जितनी भी इन्फ़ॉर्मेशन पीयूष को बताई थी सब सच निकली। क्लास के रैंक 1 से 20 तक के लड़के-लड़कियों को छोड़कर बाक़ी छात्रों को क्लास में जाने के लिए बोल दिया गया था। बीस रैंक के बाद वाले छात्र थोड़ी-सी मायूसी के साथ क्लास जा चुके थे। अभी छात्रों के बीच आज की कंपनी को लेके खुसर-फुसर चल रही थी। सब उम्मीद कर रहे थे कि अगर कंपनी ने दो लोगों का चयन किया तो आज नेहा और पीयूष का नंबर लग जाएगा। ये सब बातें चल ही रही थीं कि ट्रेनिंग और प्लेसमेंट विभाग के एक अधिकारी क्लास में आए।

"आप सब थोड़े मायूस होंगे कि आप लोगों को इस कंपनी में बैठने का मौक़ा नहीं मिला।"

"यस सर!" कुछ ने धीमे आवाज़ में बोला।

"तो आप लोगों को मायूस होने की ज़रूरत नहीं है। अभी हमारे हेड ने बताया कि एक रिफ़ाइनरी कंपनी बारह बजे कैंपस विज़िट करेगी। इसलिए आप लोग तैयार रहिए। तब तक आज वाली कंपनी का पहला राउंड यानी कि शॉर्टलिस्टिंग हो चुकी होगी तो जो लोग उधर अगले राउंड के लिए सेलेक्ट नहीं हो पाए रहेंगे, वे और आप सभी रिफ़ाइनरी के चयन प्रक्रिया में शामिल हो पाएँगे।"

पूरी क्लास अधिकारी को धन्यवाद कहा और हर्षोल्लास से भर गई। सब अपने रजिस्टर वग़ैरह निकालकर पढ़ने-लिखने में लग गए।

"अबे यार ये तो सही रहा। अपने को भी लिखित परीक्षा देने का मौक़ा मिल गया आज वरना तो बेगानेपन की फ़ीलिंग आ रही थी।" नवीन ने अंशुल से कहा।

"हाँ यार। चलो देख आते हैं उस कंपनी का अभी क्या चल रहा?" अंशुल ने कहा।

दोनों क्लास से निकलकर रजिस्ट्रार ऑफ़िस तक पहुँच गए थे। वहाँ से उन्होंने दूर लॉन में पीयूष और नेहा को बातें करते हुए देखा।

"यार ये दोनों का साथ ही हो जाए तो सही रहे। ये पीयूष साला फ़र्स्ट ईयर से उस पर मरने की कोशिश में लगा हुआ है। इसी बहाने साले को मोक्ष मिल जाएगा।"

"हमेशा मज़ाक़ ही करता रहता है तू। लेकिन तेरी कही बात सही हो जाए तो इससे बेहतर कुछ नहीं होगा। नेहा को भी इसमें कोई प्रॉब्लम नहीं होगी। एक अच्छे स्वभाव का लड़का, ऊपर से फ़ाइनेंशियल रूप से स्थिर और इन सबसे ऊपर उससे बेइंतहाँ प्यार करने वाला लड़का। और क्या चाहिए एक लड़की को!"

नवीन ने सहमति में सिर हिलाया।

उधर कंपनी के फ़र्स्ट राउंड यानी कि लिखित परीक्षा के रिज़ल्ट आ चुके थे और दुर्भाग्य से पीयूष का चयन अगले राउंड के लिए नहीं हो पाया था। अगला

राउंड समूह परिचर्चा का था जिसमें किसी एक दिए विषय पर चर्चा करनो थी। नेहा का चयन अगले राउंड के लिए हो गया था। लिखित परीक्षा में चयन के लिए पीयूष उसे बधाई दे रहा था।

"बधाई हो। मुझे पता था, आज तुम्हारा सेलेक्शन तो होना ही था।" अपने दर्द को छुपाते हुए पीयूष बोला।

"अरे अभी तो ये पहला राउंड हुआ है। आगे देखो क्या होता है? तुम्हारे लिए बुरा लग रहा है।" नेहा ने जवाब दिया।

"अरे कोई नहीं यार। मैंने थोड़ा ज़्यादा प्रेशर ले लिया, उस चक्कर में एक-दो सवाल ग़लत कर दिए। हो जाएगा यार। आज की कंपनी टॉपर वाली ही है। पर तुम इतना ज़्यादा परेशान क्यों लग रही हो? अगले राउंड के लिए शांत चित्त मन से जाओ।"

"हाँ यार। अरे परेशानी ये है कि मैं अपने सर्टिफ़िकेट घर पर भूल आई हूँ।"

"भूल आई हूँ, मतलब?"

"अरे यार सुबह सब फ़ाइल में सही करके स्टडी टेबल पर रखा, पर निकलने की जल्दी में भूल आई। क्या करूँ, कुछ समझ नहीं आ रहा। याद है कंपनी के एचआर ने साक्षात्कार के समय सर्टिफ़िकेट के साथ बैठना अनिवार्य कर दिया है। शायद कंपनी वाले उसी समय वेरिफ़िकेशन भी कर लेंगे। क्या करूँ, कुछ समझ नहीं आ रहा!"

"ओह! ये तो बहुत मुश्किल हो गई।"

अभी उनकी बातें चल ही रही थीं कि अंशुल और नवीन भी उनके पास पहुँच गए।

"और टॉपर्स कैसा रहा रिज़ल्ट?" नवीन ने पूछा।

थोड़ी देर दोनों चुप से रह गए। फिर गंभीरता से अंशुल बोला- "क्या हुआ, कैसा रहा रिज़ल्ट?"

पीयूष हल्की मायूसी से- "अरे यार मेरा तो नहीं हुआ। एक-दो सवाल और सही हो जाता तो बात बन जाती!"

नेहा- "मेरा लिखित में तो हो गया लेकिन अंततः लग रहा इंटरव्यू नहीं दे पाऊँगी क्योंकि..."

पीयूष (उसकी बात को बीच में काटते हुए)- "अरे ऐसा क्यों कहती हो?

मामा को बोल दो, सर्टिफ़िकेट वाली फ़ाइल लेकर आ जाएँ।"

नेहा- "अरे वही तो दिक़्क़त है। उनका ऑफ़िस काफ़ी दूर है जब तक वो घर आएँगे और फिर वहाँ से कॉलेज, तब तक तो यहाँ फ़ाइनल रिज़ल्ट आ जाएगा। ख़ुद पर इतना ग़ुस्सा आ रहा है न..."

उन दोनों की बात सुनकर अंशुल और नवीन को कुछ समझ नहीं आ रहा था। अंशुल ने पीयूष से पूछा कि आख़िर माजरा क्या था? पीयूष ने कहा कि अभी थोड़ा मामला सुलझा ले फिर सारी बात समझाएगा। अंशुल और नवीन ने हामी भरी। अंशुल ने जल्दी-जल्दी में पीयूष को बताया कि थोड़ी ही देर में दूसरी कंपनी (रिफ़ाइनरी) की चयन प्रक्रिया कमरा नंबर 220 में शुरू होने वाली है। चूँकि उसका इस वाली कंपनी में अगले राउंड के लिए नहीं हुआ था इसलिए वो जल्दी से उधर आ जाए। पीयूष ने इशारे में उन दोनों को जाने के लिए और ख़ुद के वहाँ आने के बारे में कहा। अंशुल और नवीन वहाँ से चले गए।

"तुम्हें भी जल्दी जाना चाहिए। ऐसे मौक़े बहुत कम ही आते हैं कि एक ही दिन में दो कंपनियाँ आ जाएँ। जाओ, मेरे लिए परेशान न हो, मैं देखती हूँ कुछ। इस बार अच्छे से लिखित करना। ज़्यादा प्रेशर मत लेना। ऑल द बेस्ट!"

"थैंक यू! अरे उधर अभी वक़्त है। तुम एक काम करो, मामी का नंबर मुझे दो और उन्हें कॉल करके बोल दो कि कॉलेज से किसी को भेज रही हो।"

"मतलब... पर किसे भेज दूँगी?"

"अरे भाई, वो मुझ पर छोड़ो। तुम्हें किसी को भेजना-वेजना नहीं है। मैं वो रजिस्ट्रार ऑफ़िस में पीयून है न, गुड्डू, उसे कुछ ख़र्च-पानी देकर भेज दूँगा। तुम बस प्लेसमेंट बिल्डिंग जाकर अगले राउंड में भाग लो। उसी को बोल दूँगा प्लेसमेंट ऑफ़िस जाकर तुम्हें सर्टिफ़िकेट्स वाली फ़ाइल दे देगा। तुम परेशान न हो। बस मामी का नंबर दे दो और मामी को बोल देना कि जब कोई लड़का फ़ोन पर कहे तभी सर्टिफ़िकेट दें। ये अपने एहतियात के लिए कर रहा हूँ। समझी?"

"पर वो गुड्डू जाएगा कि नहीं और वो रिफ़ाइनरी (कंपनी) भी आ गई होगी। लेट हो रहा है। तुम कैसे करोगे? मैं ही जाती हूँ जल्दी से गुड्डू के पास।"

"अरे यार, इस कंपनी का अभी कुछ शुरू हुआ नहीं है। तुम्हारा तो ग्रुप डिस्कशन शुरू होने वाला है। इसलिए तुम जाओ। बाक़ी मुझ पर छोड़ो। पता चले किसी तरह सर्टिफ़िकेट तो आ गया, पर जनाब ही सेकेंड राउंड में नहीं

बैठे।"

"अच्छा यार। अरे, पर तुम... परेशान..."

"अरे यार, अभी तुम-मैं करने का वक़्त नहीं है। यू गो।"

"हम्म, थैंक यू यार! थैंक यू वैरी मच!"

नेहा प्लेसमेंट ऑफ़िस की ओर चली गई और मामी को फ़ोन करके जैसा पीयूष ने बोला था कह दिया। पीयूष ने एक पल सोचा और स्कूटी स्टैंड की ओर चल दिया। जब वह अपनी बाइक के पास पहुँचा तो ध्यान आया कि उसने एड्रेस तो पूछा ही नहीं। उधर नेहा का ध्यान भी अपने अगले राउंड पर इतना ज़्यादा लगा था कि उसे भी याद नहीं रहा। वहाँ समूह परिचर्चा शुरू हो चुकी थी। वह उसमें भाग लेने में मशग़ूल हो गई। अचानक पीयूष को वॉलेट में रखे उस पर्ची की याद आ गई जिस पर उसने समर ट्रेनिंग से पहले चोरी-चुपके नेहा के घर का एड्रेस लिख लिया था। उसने अपना वॉलेट निकाला और उसमें से वह मुड़ी हुई पर्ची निकाली जिसमें उसने सबकी नज़रों से बचाकर उस दिन नेहा के घर का पता लिख लिया था। एक बार को वह अपने आप को इस दुनिया का सबसे बुद्धिमान मनुष्य समझकर मुस्कुरा दिया। उसने बाइक स्टार्ट की और पर्ची पर लिखे पते की ओर चल दिया।

बीस मिनट के अंदर ही पीयूष नेहा के घर के बाहर खड़ा था। उसने नेहा की मामी को फ़ोन मिलाया। मामी को नेहा ने फ़ोन कर रखा था इसलिए उनके मन में कोई संदेह नहीं था। उन्होंने उसे फ़ाइल दे दी, जिसे लेकर वह सीधा रजिस्ट्रार ऑफ़िस जाकर गुड्डू के पास गया। उसे समझा दिया कि वह फ़ाइल प्लेसमेंट ऑफ़िस में जाकर नेहा को दे आए। यह सब करने में उसे क़रीब एक घंटे का वक़्त लग गया।

कमरा नंबर 220 में लिखित परीक्षा चल रही थी। आधे घंटे के पेपर में आधा समय यानी कि 15 मिनट निकल चुका था। ये 15 मिनट अंशुल को घंटों के बराबर लग रह थे। पिछले 15 मिनट से वह बार-बार दरवाज़े की तरफ़ देख लेता था कि शायद किसी के आने की आहट हो जाए। जब तक रिफ़ाइनरी का पीपीटी चल रहा था तब तक उसे उतनी बेचैनी नहीं हुई थी। उसे लग रहा था पीपीटी ख़त्म होते-होते पीयूष आ जाएगा। आधा घंटा यूँ निकल गया। पर ऐसा नहीं हुआ और इस आख़िरी के 15 मिनट ने उसकी रही-सही उम्मीद पर भी पानी

फेर दिया। लिखित परीक्षा ख़त्म हो गई थी। पीयूष नहीं आया। अंशुल ने अपना फ़ोन देखा पीयूष का मैसेज आया हुआ था कि उसे कुछ काम में लेट हो गया था। वक़्त निकल चुका होगा इसलिए वह कमरा नंबर 220 में न आकर हॉस्टल जा रहा था। अंशुल ने यह बात नवीन को बताई दोनों के बीच कुछ सेकेंड एक सन्नाटा-सा छा गया था। ऐसा लगा जैसे पीयूष के बजाय वे दोनों परीक्षा देने से वंचित रह गए थे। दोनों के मुँह से एक साथ ही दुख भरी आवाज़ में निकला-ये पीयूष यार!

उस शाम दो महत्त्वपूर्ण घटनाएँ हुई- एक तो यह कि रिफ़ाइनरी वाली कंपनी में कोई इंटरव्यू नहीं हुआ, लिखित परीक्षा के परिणामों के आधार पर ही तीन लड़कों का चयन हो गया था। उसमें से एक लड़का नवीन था और दूसरा यह कि नेहा का चयन पीएसयू वाली कंपनी में हो गया था।

नवीन बहुत ख़ुश था। अंशुल का चयन नहीं हो पाया था वह थोड़ा-सा दुखी तो था, पर जब यह पता चला कि अनामिका का भी रिफ़ाइनरी में नहीं हुआ तो उसका दुख यह सोचकर कम हो गया था कि आगे किसी कंपनी में उसकी अनामिका के साथ नौकरी लगने की संभावना बरक़रार थी। हॉस्टल पहुँचकर नवीन दौड़ता हुआ पीयूष के कमरे में गया और उसे गले लगा लिया। पीयूष समझ गया कि नवीन की जॉब लग गई थी। उसने उसे बधाई दी। अंशुल नवीन के पीछे धीमे क़दमों से आया। उन दोनों ने पीयूष के न आने का कारण पूछा। देरी हो गई थी ऐसा कहकर पीयूष ने उनके प्रश्न को टाल गया।

"चलो ये तो बहुत सही रहा, कम-से-कम अपने ग्रुप की शुरुआत तो हुई।" पीयूष बोला।

"हाँ ये तो है।" अंशुल ने कहा।

"पर यार इसका पूरा श्रेय तुम्हें जाता है। तू न होता तो मैं तो किसी सेमेस्टर की नौका पार ही नहीं कर पाता।" नवीन ने कृतज्ञ होते हुए बोला।

"अरे बस कर भाई। रुलाएगा क्या!" पीयूष ने उसके पीठ पर कोहनी मारते हुए बोला और हँस पड़ा।

उनकी बात चल ही रही थी कि पीयूष का फ़ोन बज उठा। नेहा का फ़ोन आया था। उसने अपने चयन के बारे में बताया और पीयूष को थैंक्स बोलते न थक रही थी। कहीं-न-कहीं उसने भी वही कहा जो अभी नवीन ने कहा था कि

उसकी वजह से आज उसके पास यह जॉब थी। क्या संयोग था! एक प्रिय मित्र और एक प्रेयसी! दोनों एक साथ एक ही चीज़ के लिए कृतज्ञ थे। पीयूष के चेहरे पर संतोष की मुस्कान छलक रही थी। शाम का अँधेरा घना हो रहा था। पीयूष ने अंशुल और नवीन को थोड़ी देर से आनंदेश्वर चलने के लिए कहा। नवीन तो ख़ुशी के उछाह में तुरंत हामी भर दी। पर अंशुल थोड़ा सोच में पड़ गया।

अंशुल पीयूष को कुछ पलों के लिए असमंजस-सा देखने लगा। पीयूष उसकी प्रश्न भरी नज़रों को भाँप गया।

"शायद तुम्हें लग रहा कि मंदिर तो मैं अपने लिए गुहार लगाने गया था। फिर आज मंदिर क्यों?" पीयूष ने कहा।

"नहीं, मतलब... हाँ ऐसा कुछ शायद!" अंशुल हकलाता हुआ बोला।

"अरे भाई, मेरी विश तो पूरी हुई न!" पीयूष ने कहा।

"मतलब, कैसे..." अंशुल बोला।

"हाँ वही बताने जा रहा हूँ। भाई देखो, मेरी विश थी कि हम दोनों का उस कंपनी में जॉब हो जाए। अब देखो, मेरा तो नहीं हुआ पर नेहा का तो हुआ। भगवान कितने दयावान हैं उन्होंने मेरी आधी विश तो पूरी कर दी। मतलब पचास प्रतिशत मन्नत पूरी हुई, यही क्या कम है!" यह बात पीयूष ने बहुत त्रिश्वास के साथ कही।

पीयूष का इस तरह का अटूट विश्वास देखकर अंशुल से कुछ बोला न गया। अंशुल को लगा कि पीयूष का प्रेम ईश्वर और नेहा दोनों के प्रति एकदम सच्चा था। उसने बस मन में यही प्रार्थना की कि ईश्वर पीयूष को उसके प्यार से किसी तरह मिला दें।

"पर एक बात बता, नेहा के साथ आज क्या गड़बड़ हो गई थी? उस वक़्त जल्दी में मैं पूछ नहीं पाया था। पर जब तू रीफ़ाइनरी के रिटेन में नहीं आया तो मुझे समझ आ गया था। जो गड़बड़ हो गई होगी, तू उसे ही ठीक करने में लग गया होगा। इसीलिए नहीं आया।" अंशुल बोला। पीयूष अपना जवाब देता उससे पहले ही अंशुल ने फिर कहा- "अब ये कहकर बात मत टाल देना कि कुछ ख़ास नहीं हुआ!"

आख़िर दोस्त से कोई बात कभी छिप सकती थी भला! पीयूष भी इसमें असमर्थ रहा।

"देख भाई, मैं पूरी बात बताऊँगा। पर तुम लोगों से एक प्रॉमिस चाहता हूँ कि कभी भी यह बात नेहा को मत बताना। वरना उसे लगेगा कि उसकी वजह से मैं रिफ़ाइनरी की लिखित परीक्षा में नहीं बैठ पाया और वह हमेशा बुरा फ़ील करेगी।" पीयूष ने कहा।

अंशुल और नवीन ने हामी भरी। उसके बाद पीयूष ने आज के दिन का पूरा घटनाक्रम शुरू से अंत तक बता दिया कि किस तरह वह नेहा के डॉक्यूमेंट ले आया। उसकी पूरी बात सुनकर अंशुल और नवीन सन्न रह गए। इसके बाद उन दोनों से उससे कुछ न पूछा गया। दोनों ने उसे एक साथ गले लगा लिया। उन दोनों ने कहीं-न-कहीं एक साथ पीयूष के लिए मन में प्रार्थना की।

इसके बाद उन दोनों के पास भी मंदिर जाने का एक त्वरित कारण मिल गया था- पीयूष के लिए प्रार्थना करने के लिए। थोड़ी देर में पूरी शिद्दत के साथ वे तीनों आनंदेश्वर मंदिर के लिए निकल गए।

मात्र एक संयोग

सातवाँ सेमेस्टर ख़त्म हो चुका था यानी कि आख़िरी साल का आधा वक़्त निकल चुका था। पर अभी तक अंशुल, अनामिका, पीयूष, सुशांत, पुरोहित की जॉब नहीं लगी थी। अगली कंपनी कोई सॉफ़्टवेयर की कंपनी थी, जिसमें एक साथ कई लोगों की यानी कि मास प्लेसमेंट होना था। इसके आने से छात्रों में एक तरह का उत्साह था कि जो लोग भी जॉब के लिए थोड़ा भी कोशिश करेंगे उनका प्लेसमेंट पक्का टाइप था। कम-से-कम कहने के लिए तो जॉब हो ही जानी थी। अंशुल को यही मौक़ा सही जान पड़ रहा था जब वह और अनामिका एक साथ प्लेस्ड हो सकते थे। यही तो उसका मुख्य लक्ष्य था। हालाँकि अंशुल ने इस बारे में अनामिका से बात नहीं की थी, पर उसे यह नहीं पता था कि अनामिका भी कहीं-न-कहीं ऐसा ही कुछ सोचने लगी थी।

जब दो लोगों के मन मिलने से हो जाते हैं तो उनके मस्तिष्क भी एक जैसी चाहना रखने लगते हैं। हालाँकि इस बात का एहसास प्राय: दोनों को थोड़ी देर से होता है। ऐसा ही कुछ अनामिका और अंशुल को भी हो रहा था जिससे वो दोनों अभी अनजान ही थे। एक दिन अंशुल ने अनामिका को अगली सॉफ़्टवेयर कंपनी में जॉब लेने के लिए मनाने के इरादे से बात करनी शुरू कर दी।

"यार, अभी तक इतनी कंपनियाँ आ गईं पर प्लेसमेंट नहीं हुआ। अभी तक तो नहीं सोचता था, पर अब थोड़ा-थोड़ा प्रेशर-सा महसूस होने लगा है।"

"हाँ यार, वही तो मुझे भी लगता है। मेरी दोनों रूम पार्टनर प्लेस्ड हो गई हैं और उनके तो आजकल भाव ही अलग लगते हैं। दोनों किसी भी तरह बातों में प्लेसमेंट का ज़िक्र कर ही देती हैं। मालूम पड़ता है जैसे हमारा प्लेसमेंट ही नहीं होगा। हद ही हो गई है!"

"अरे उन लोगों की बात को उतनी गंभीरता से मत लो। दूसरे क्या कह रहे हैं, ये तो एक बात है। पर उससे ज़्यादा ज़रूरी ये है कि हम अपने बारे में क्या सोच रहे हैं! अंततः जो कुछ भी कोई करता है उससे बस उसी का सरोकार रहता है। कहने वाले आते-जाते रहते हैं। इसलिए मैं तो यही कहूँगा कि अगली कंपनी में मास रिक्रूटमेंट होना है, मैं तो इसमें कोशिश करूँगा, तुम भी कर लो।"

"अरे, तुमने तो मेरे मन की बात कह दी। मैं भी ऐसा ही कुछ सोच ही रही थी।"

यह बात सुनकर अंशुल की बाँछें खिल गईं। उसने किसी तरह अपने आप को संयत किया।

"सच, तुमने ऐसा सोचा था क्या?"

"हाँ, मैंने सोचा जॉब में कोई तो अपना साथ में रहना चाहिए।" अनामिका ने मुस्कान के साथ कहा।

कभी-कभी किसी वाक्य में कहे गए कुछ एकाध शब्द ही किसी स्थिति की पूरी व्याख्या कर देते हैं। फिर किसी और संदर्भ, प्रसंग के बारे में बात करना ज़रूरी नहीं रह जाता। अनामिका द्वारा कहा गया यह शब्द 'अपना' अंशुल के लिए वही शब्द था। इस शब्द ने अंशुल को असीमित ख़ुशी से भर दिया।

सीनियर्स की महत्ता प्लेसमेंट काल में ख़ूब समझ आती है। ये सीनियर्स ही होते हैं जो पूरी देखरेख की भावना के साथ अपने जूनियर्स का ख़याल रखते हैं। सीनियर्स अपने प्लेसमेंट के वक़्त आई कंपनियों के साथ हुए अनुभव जूनियर्स को बताते हैं ताकि जूनियर्स उचित लाभ उठा सकें। इस कंपनी का अनुभव अंशुल ने अपने एक सीनियर से पता कर रखा था जिसका निचोड़ यह था कि अगर इस सॉफ़्टवेयर कंपनी में लिखित परीक्षा निकल जाए तो प्लेसमेंट होना तय था। इसी बात के आधार पर उसने अनामिका को कहा कि अनामिका उसके साथ पीयूष, सुशांत के बग़ल में बैठे ताकि किसी भी तरह से लिखित परीक्षा निकल जाए। अनामिका ने उसकी योजना से सहमति दर्ज की अंशुल इस योजना को लेकर सुशांत के पास गया तो उसने सहर्ष हामी भर ली। इसके बाद अंशुल पीयूष के पास गया। पर पीयूष यह कहकर कि वह केमिकल की कोर कंपनी में ही जॉब लेना चाहता था, इस कंपनी में बैठने से मना कर दिया। पीयूष अंशुल के लिए वह ब्रह्मास्त्र था जिससे कोई भी लिखित परीक्षा भेदी जा सकती थी।

पर यहाँ तो यह अस्त्र ही युद्ध से भाग रहा था। अत: उसने बड़ी चतुराई से ट्रीट का प्रलोभन और दोस्ती का वास्ता देकर पीयूष को मनाया। उसने कहा कि वह बस उन लोगों का रिटेन निकलवा दे, अपना भले न निकालें, छोटी-सी तो बात है। जिसे पीयूष ने दोस्ती के नाम पर स्वीकार कर लिया था।

अगले हफ़्ते पीयूष ने अपने कहे अनुसार अपने वादे को पूरा कर दिया था। अंशुल भी अपनी बनाई योजना में पूर्णत: सफल हो गया था। अनामिका, सुशांत और अंशुल सॉफ़्टवेयर कंपनी में प्लेस हो गए थे। उस शाम कॉलेज से जॉब लेटर लेकर अंशुल जब हॉस्टल पहुँचा तो वह सबसे पहले दौड़ता हुआ पीयूष के कमरे में गया। उसने पीयूष को कसकर अपनी भुजाओं में जकड़ लिया। गले मिलने की आत्मीयता से अंशुल की ख़ुशी का अंदाज़ा लगाया जा सकता था। वह पीयूष को गले लगने के सामान्य वक़्त से ज़्यादा वक़्त तक अपने गले से लगाए रहा। थोड़ी ही देर में पीयूष ने अपने कंधे पर नमी को महसूस किया। अंशुल के आलिंगन से अलग होकर पीयूष ने उसकी आँखों में देखा, वह रो रहा था।

"क्या हुआ बे, ये तो हँसने का मौक़ा है, तू रो रहा है!" पीयूष ने कहा।

"कुछ समझ नहीं आ रहा भाई, किस तरह थैंक यू करूँ।" अंशुल नम आँखों से बोला।

"हट साले, मारेंगे एक कंटाप! चल अब पार्टी-वार्टी कर। मैं आज न भी जाता तो भी तुम्हारी ये जॉब पक्की थी।"

"भाई, ये केवल एक जॉब की बात नहीं है, तू जानता नहीं। कितनी बड़ी चीज़ मिल गई। अब अनामिका कॉलेज के बाद भी साथ रहेगी। अब सब कुछ हो जाएगा मेरे दोस्त।" ऐसा कहते हुए अंशुल ने पीयूष को फिर गले लगा लिया।

पीयूष ने उत्साह से उसकी पीठ थपथपाई।

शाम को अंशुल और सुशांत ने अपने ग्रुप यानी कि पुरोहित, नवीन और पीयूष को नारायणा होटल में डिनर कराया।

वह रात अंशुल के अब तक के कॉलेज जीवन की सबसे हसीन रात थी। वह बहुत ख़ुश था। बिस्तर पर जाकर उसने अनामिका को फ़ोन लगाया। अनामिका भी बहुत ख़ुश थी। दोनों के बीच 'कॉन्ग्रैचुलेशंस' फिर 'थैंक यू' के साथ शुरू हुई बात लगातार चलती रही जो कि अब तक की सबसे लंबी बातचीत

साबित हुई। क़रीब सुबह चार बजे तक दोनों बातें करते रहे। ख़ुशी और प्रेम के उन्माद में जाने कितनी बातें हो गई थीं उनका हिसाब लगाना थोड़ा कठिन था। कॉलेज ख़त्म होने में अभी तीन महीने बाक़ी थे। तीन महीने बाद की भी लगभग सारी प्लानिंग (कब घर जाएँगे, कब बेंगलुरु कंपनी ज्वॉइन करने जाएँगे आदि-आदि) दोनों ने उस रात फ़ोन पर कर ली थी।

अंशुल और अनामिका अपने संबंध में अब उस सोपान पर पहुँच गए थे जहाँ एक दूसरे की भावना को प्रकट करने हेतु शब्दों की कोई ख़ास ज़रूरत नहीं थी। अंशुल का प्रेम अब केवल 'आई लव यू' जैसे तीन शब्दों का ही मोहताज नहीं था। ये वही शब्द थे जिन्होंने कभी अंशुल को घोर निराशा के गर्त में धकेल दिया था। अब तो उसकी हर बात में अनामिका को प्रेम ही प्रेम नज़र आता था। दोनों का एक-दूसरे के लिए प्यार कुसुम-सा पल्लवित हो चुका था।

पीयूष ने जॉब न लेने का फ़ैसला कर तो लिया था, पर अंदर-ही-अंदर वह बहुत उदास था। उसके मित्र-मंडली में अंशुल, नवीन, सुशांत की जॉब लग चुकी थी। बस वह अकेला जॉबलेस रह गया था, अब केवल पुरोहित ही था जो इस सफ़र में उसका साथी रह गया था। फ़र्स्ट ईयर से लेकर अभी तक के बहुत से क्रिया-कलाप उसके मस्तिष्क में चल रहे थे। जिन उम्मीदों को लेकर वह इस कॉलेज आया था, वह अभी तक पूरी होती नहीं दिख रही थी। उसे उस दिन का इंतज़ार था जब उसका प्लेसमेंट होगा। क्लास के कितने ही छात्र जो रैंक में, पढ़ाई में उससे पीछे थे, पर उनकी जॉब लग चुकी थी। यह बात कहीं-न-कहीं पीयूष को परेशान कर रही थी।

आसमान में धूप तेज़ थी। हवा भी मंद गति से बह रही थी। पीयूष इस उदासी की दुनिया से दूर नौका विहार के लिए किसी नदी में तैर रही नाव पर आ गया था। नदी में दूसरी नावें उससे काफ़ी आगे तैर रही थीं। वह अपना चप्पू पूरी मेहनत के साथ तेज़-तेज़ चला रहा था पर नाव आगे बढ़ ही नहीं पा रही थी या बहुत धीमी गति से आगे बढ़ रही थी। कभी कभी तो लगता था जैसे नाव कहीं फँस-सी जा रही थी। बाक़ी नावें और उसकी नाव के बीच का अंतर लगातार बढ़ता जा रहा था। बहुत ध्यान से देखने पर सबसे आगे जो नाव चल रही थी उसमें उसे नेहा बैठी दिखाई दी। उसे आश्चर्य हुआ कि आज वो भी नौका विहार के लिए आई थी। उसे पहले पता होता तो वह उससे बात कर अपने साथ ले

आता। कितना आनंद आता! वह आवाज़ देकर भी उसकी नाव को रुकवा नहीं पाया क्योंकि नेहा की नाव इतनी आगे थी कि बहुत कोशिश के बाद भी उसकी आवाज़ वहाँ तक नहीं पहुँच रही थी। थोड़ा और ध्यान से देखने पर पीयूष ने देखा कि नेहा की नाव के पीछे नवीन की भी नाव थी। उसके पीछे एक नाव में अनामिका और अंशुल थे। पर सब उससे बहुत आगे थे। उसने देखा कि नेहा के आगे भी कई नावें थी जिसमें क्लास के अन्य छात्र-छात्राएँ थीं। पहले तो उसे कुछ समझ नहीं आया फिर थोड़ा दिमाग़ लगाने पर उसे मामला समझ आया कि नौका विहार के लिए वे सारे लड़के-लड़कियाँ वहाँ थे जिनकी जॉब लग चुकी थी। उसने सोचा ये सब कितने ख़ुशनसीब हैं जो उन्मुक्त होकर नदी की धारा के साथ विहार कर रहे थे। उन लोगों के बाद जैसे ही उसे वहाँ अपने होने का भान हुआ, वो एक दुख से भर गया। उसे लगा वह कितना बदनसीब है! उसकी नाव अब भी आगे नहीं बढ़ पा रही थी। एक बार फिर निराशा में चप्पू चलाते हुए उसे एहसास हुआ कि वह कितना अकेला और बेचारा है! अभी वह नाव को आगे बढ़ाने की जद्दोजहद में लगा हुआ था कि उसे अंशुल और नवीन के वहाँ होने की याद आई। जाने क्यों उसे बहुत तेज़ ग़ुस्सा आया। उसे लगा ये दोनों भी उसे बिना बताए मौज करने आ गए थे।

थोड़ी कोशिश के बाद उसकी नाव थोड़ी आगे बढ़ी ही थी कि एक झंझावात आ गया। उसकी नाव डगमग होने लगी। नाव कभी दायें ज़्यादा डूबती कभी बायें। पीयूष का चप्पू चलाना निरंतर व्यर्थ होता जा रहा था। ऐसा लग रहा था तूफ़ान के आगे उसकी नाव बेबस हो रही थी। नाव के डूबते-उतराते उसने देखा कि सुदूर की सारी नावें स्मूथ चली जा रही थीं। शायद यह तूफ़ान उसको ही घेरने आया था। तूफ़ान की गति ज़्यादा तेज़ हो गई। पीयूष का साहस बेकार हुआ जा रहा था, अब एक भय भी उसे घेर रहा था। उसने थोड़ी देर और संघर्ष किया। अंततः झंझावात के आगे उसने हथियार डाल दिए। नाव पलट गई। वह डूबने लगा था। उसकी आँखों के सामने एक अँधेरा-सा छा गया था उसे साँस लेने में तकलीफ़ होने लगी थी। वह डर गया कि अब वह मरने वाला था। उसने एक तेज़ का ज़ोर लगाया, यूँ लगा जैसे वह पानी के ऊपर आकर धम्म से बैठ गया। उसने चारों तरफ़ देखा तो अब भी अँधेरा था क्योंकि अभी रात थी। वह अपने बिस्तर पर बैठा पसीने से तर था। इस सपने ने उसे अंदर तक डरा दिया

था। उसने घड़ी देखी, रात का एक बज रहा था। उसने बोतल से पानी पीया।

उसे थोड़ी देर के लिए किसी के साहचर्य की ज़रूरत महसूस हुई। उसे समझ नहीं आ रहा था कि वह इस वक़्त किसके पास जाए? जब आदमी बहुत दुखी होता है तो किसी सुखी आदमी को देखकर प्राय: उसका दुख कम न होकर और बढ़ जाता है। इसलिए पीयूष अंशुल, नवीन और सुशांत के पास नहीं जाना चाहता था।

इस अवसर के लिए जो एक चेहरा उसके मन में उभरा वह पुरोहित का था। जिन दो लोगों के दुख एक समान से होते हैं वे एक-दूसरे की भावना को बहुत अच्छी तरह समझ पाते हैं। इसी बात को ध्यान में रखकर पीयूष थोड़ी देर में पुरोहित के दरवाज़े के सामने खड़ा था। एक ही बार सिटकनी खटखटाने के बाद पुरोहित ने दरवाज़ा खोल दिया।

"अरे यार, सो तो नहीं गया था?" पीयूष ने पुरोहित के बेड पर बैठते हुए बोला।

"नहीं भाई। और सो भी जाता तो क्या? तेरे लिए तो ये दरवाज़ा हमेशा खुलने को तैयार बैठा रहता है। सोने की कोशिश में था, पर नींद नहीं आ रही थी।" पुरोहित ने जवाब दिया।

इसके बाद पीयूष ने अभी-अभी देखे अपने सपने के बारे में विस्तार से बताया।

"अरे यार, समझ नहीं आता। आख़िरी ईयर के भी बस दो महीने बचे हैं और अभी तक मैं एक अदद प्लेसमेंट के लिए तरस रहा हूँ। मुझे तो बहुत डर लग रहा है। कहीं ऐसा न हो, साल ख़त्म हो जाए और मैं ख़ाली हाथ रह जाऊँ!" पीयूष ने जॉब को लेकर अपने भय को व्यक्त किया।

"अरे नहीं यार, ऐसा क्यों सोचता है! समय से पहले और नसीब से ज़्यादा आदमी को कुछ नहीं मिलता।" पुरोहित ने अपने हाथों को विशेष मुद्रा में घुमाते हुए बोला जो इस रटी-रटाई लाइन की गंभीरता को स्पष्ट कर रहा था।

"यार, बात तो सही है, पर फिर भी!" पीयूष आगे के लिए कोई शब्द न पाकर चुप हो गया।

"जिस चीज़ के लिए आदमी परिश्रम करता है वो चीज़ उसे मिलती तो है ही। भगवान के घर देर है अँधेर नहीं है।" एक बार फिर पुरोहित दार्शनिक

अंदाज़ में बोला।

"भाई! सुनने में ये बातें अच्छी लगती हैं। पर इतना वक़्त निकल गया, इतनी कंपनियाँ आकर चली गईं। अपना नंबर ही नहीं आ पाया। अब तो ख़ुद पर से विश्वास हिलने-सा लगा है।" आख़िरी के वाक्य ने पीयूष के अंतरतम की भावना सच्ची-सच्ची प्रकट कर दी थी।

"अरे यार, ऐसा बिल्कुल नहीं है। सच बात तो ये है कि वो कंपनियाँ ही तुम्हारे लायक़ नहीं थीं। सोचो इतने अच्छे एकेडमिक रिकॉर्ड वाले लड़के यानी तुमको वो सेलेक्ट कर लें और बाद में तुम कंपनी छोड़ दो, जो कि हंड्रेड परसेंट होना ही है, तो फिर नुक़सान तो उनका ही है न! तुम्हारी सही जगह तो कोई पब्लिक सेक्टर की कंपनी है। मेरी सोचो, मेरा जॉब लगना ज़रूरी है वरना मैं तो यहाँ से भी जाऊँगा और बाहर से भी जाऊँगा। क्योंकि मुझे पता है मुझसे कोई पब्लिक सेक्टर की जॉब नहीं निकलने वाली है।" ऐसा लगा जैसे अपनी और पीयूष की स्थिति की तुलना-सी करके पुरोहित ने परिस्थिति को भली-भाँति स्पष्ट रख दिया था।

उसकी इन बातों से पीयूष काफ़ी हद तक कन्विंस हो गया था और एक तरह की सांत्वना उसे मिल गई थी। पीयूष अच्छा महसूस कर रहा था। पुरोहित ने उसे एक पब्लिक सेक्टर की वैकेंसी के बारे में भी बताया जिसका लिखित एग्ज़ाम एक महीना बाद होने वाला था। पुरोहित ने उसे उस पीएसयू (पब्लिक सेक्टर यूनिट) का फ़ॉर्म भरने के लिए कहा। उसके बाद उसने पीयूष को आराम से जाकर अपने कमरे में सोने के लिए कहा। बाक़ी की चीज़ों के डिस्कशन के लिए अगली सुबह मिश्रा की चाय के वक़्त को आरक्षित रखा गया।

आठ-दस दिनों के बाद कॉलेज में एक केमिकल कंपनी आई। पीयूष के लिए इस कंपनी का परिणाम भी ढाक के तीन पात जैसा रहा। इस बार पुरोहित का चयन हो गया था। पीयूष हॉस्टल लौटते हुए पुरोहित की ही बातों को याद करता रहा, पर जाने उसकी बातों का उस पर आज उतना असर नहीं हो पा रहा था जितना दसेक दिन पहले उस रात को हो गया था। एक मन पीयूष से कहता–ये कंपनियाँ ही तेरे लायक़ नहीं हैं, थोड़ी ही सांत्वना की भावना आती कि दूसरा मन कह उठता-ऐसे थोड़े है, तुम्हारी ही तैयारी में कुछ कमी होगी। इसी मन:स्थिति के साथ वह मिश्रा की दुकान पर अकेले चाय की कुल्हड़ लेकर

खड़ा था। कभी बायें हाथ में लिए कुल्हड़ की चाय का रंग देखता कभी अपनी दायीं हथेली फैलाकर अपनी हस्तरेखाओं को देखता। कहीं खोया-सा वह ऐसे खड़ा था जैसे किसी घने जंगल में था जहाँ बेहद शांति थी। सामने की सड़क पर गुज़रती गाड़ियों की आवाज़, मिश्रा की दुकान पर बातें करते लड़कों की आवाज़ आदि कुछ भी उसे सुनाई नहीं दे रही थी। इस घने जंगल-सी नीरवता को अचानक ही एक आवाज़ ने भंग किया।

"हेलो दोस्त!" क़रीब 40 वर्ष के एक युवक ने उसे पुकारा।

"जी... जी हाँ, कहिए!" पीयूष ने युवक की ओर देखते हुए लड़खड़ाती-सी आवाज़ में बोला।

"किस ब्रांच से हो? मैं पीयूष सचान 1984 बैच, केमिकल इंजीनियरिंग से पास आउट हूँ।"

"अरे गुड इवनिंग सर, मैं फ़ाइनल ईयर का स्टूडेंट हूँ और क्या कोइंसिडेंस है मेरा नाम भी पीयूष है और ब्रांच भी केमिकल।" एक हल्की मुस्कान लिए पीयूष बोला।

"सचान तो नहीं हो न?" हँसते हुए सीनियर ने कहा।

पीयूष भी हँसने लगा।

"और कॉलेज में सब कैसा चल रहा? प्लेसमेंट वग़ैरह के क्या हाल हैं?" सीनियर ने पूछा।

"सब बढ़िया है सर। प्लेसमेंट भी बढ़िया चल रहे। बस मेरा प्लेसमेंट नहीं हो पा रहा।" थोड़ी मायूसी के साथ पीयूष ने जवाब दिया।

"टॉपर तो नहीं हो?" सीनियर के इस वाक्य ने पीयूष को आश्चर्य से भर दिया।

"मतलब सर... हाँ लड़कों में तो फ़र्स्ट ही हूँ।"

"फिर मायूस होने की ज़रूरत नहीं है। हर बैच की प्रायः यही कहानी है। टॉपर्स का प्लेसमेंट तो प्रायः आख़िर में ही होता है। मेरे बैच में भी ऐसा हुआ था।"

इस वाक्य ने पीयूष की उस वक़्त की मनोदशा को पूरी तरह बदल दिया। उसने सही सुना है या नहीं इस बात की पुष्टि के लिए उसने फिर पूछा।

"सच सर?"

"हाँ दोस्त, और तुम प्लेसमेंट को लेकर इतना परेशान क्यों हो? एक बार यहाँ से बाहर जाने के बाद तुम्हें समझ आएगा कि हरकोर्टियन के लिए जॉब कोई बड़ा मुद्दा नहीं है। चिल करो और बाक़ी का कॉलेज लाइफ़ मज़े से बिताओ क्योंकि यही वह वक़्त है जो बाद में तुम सबसे ज़्यादा मिस करोगे। नौकरियाँ तो आती-जाती रहेंगी पर ये कॉलेज लाइफ़ दुबारा नहीं आएगी।"

सीनियर ने पीयूष को पेटभर नाश्ता कराया और अंत में जाते-जाते अपना विज़िटिंग कार्ड दे गया।

जीवन में कभी-कभी कुछ घटनाएँ ऐसी हो जाती है जो परमसत्ता के ऊपर विश्वास को और प्रबल कर देती हैं। इस घटना का पीयूष के ऊपर कुछ ऐसा ही प्रभाव हुआ, नाम का समान होना, फिर ब्रांच का सेम होना और इन सबसे बढ़कर मानो उसे उसकी समस्या पहले से ही ज्ञात थी। इन सब बातों से उसे लगा जैसे ईश्वर से साक्षात्कार हो गया था। हॉस्टल पहुँचते-पहुँचते पीयूष में एक बहुत ही सकारात्मक परिवर्तन हो चुका था।

हॉस्टल पहुँचकर वह पुरोहित को बधाई देता हुआ उससे गले लग गया। उसे अब अपने चयन के न होने का कोई ख़ास दुख नहीं था और उसकी यह मनोवृत्ति साल के अंत तक बनी रही। इस बीच उस पीएसयू का लिखित एग्ज़ाम उसने दे दिया था। पेपर अच्छा हो गया था। इसलिए अब वह इंटरव्यू की तैयारी के लिए लग गया था। सीनियर (पीयूष सचान) की बातें उसके अंतस में उतर गई थीं। अगले महीने दो-तीन कंपनियाँ आईं जिसमें अपने पहले के प्रदर्शन को जारी रखते हुए पीयूष नौकरी-विहीन ही बना रहा। आजकल पीयूष नौकरी के बारे में बातें भी कम करने लगा था एवं कॉलेज में आई कंपनियों में क्या सही हुआ, क्या ग़लत, इसका डिस्कशन भी उसने दोस्तों के बीच में कम कर दिया था। इसलिए एक दिन नवीन को लगा कि पीयूष शायद प्लेसमेंट न होने की वजह से काफ़ी निराश हो गया है। वह पीयूष के कमरे में इसी संदर्भ में बात करने के लिए गया।

पीयूष ने नवीन को बताया कि ऐसा कुछ नहीं था। उसने आश्चर्य के साथ उस सीनियर के बारे में सब कुछ बताया और उनका विज़िटिंग कार्ड भी दिखाया। उसने बताया कि उसे अब समझ आ गया था कि वह किस तरह की कंपनी में आसानी से नौकरी ले पाएगा। अतः परेशान होने की ज़रूरत नहीं थी। वह तो बस पीएसयू के साक्षात्कार पर अपना पूरा ध्यान फ़ोकस किया हुआ था।

इन बातों से पीयूष को लेकर नवीन को हुई चिंता कम हो गई थी। जब सेमेस्टर परीक्षाओं के वक़्त नवीन परेशान और कमज़ोर पड़ जाता था उस वक़्त पीयूष उसके लिए आशा का संबल था। आज रोल परस्पर बदल गए थे। इस वक़्त नवीन पीयूष को उम्मीद बँधा रहा था। नवीन सच्चे अर्थों में दोस्ती का फ़र्ज़ अदा कर रहा था।

आठवें सेमेस्टर यानी कि फ़ाइनल ईयर की अंतिम परीक्षाएँ आ गई थीं। कक्षा में पीयूष के अलावा क़रीब पाँच छात्र और थे जिनका कहीं भी प्लेसमेंट नहीं हुआ था। पर अब पीयूष कॉलेज से प्लेसमेंट के प्रति उदासीन हो गया था। इसका मुख्य कारण उस सीनियर (पीयूष सचान) द्वारा कहे वाक्य थे जिन्होंने पीयूष को काफ़ी आत्मबल प्रदान किया था। इसके अलावा उस पीएसयू के लिखित परीक्षा का परिणाम भी आ गया था जिसके फ़ॉर्म के बारे में पुरोहित ने सबसे पहले उसे बताया था।। पीयूष अगले और अंतिम चरण यानी साक्षात्कार के लिए चयनित हो गया था। साक्षात्कार अगले महीने यानी कि जून की पंद्रह तारीख़ को होना था। पीएसयू की लिखित परीक्षा में उसका चयन हो गया था और साथ ही बहुत-से छात्रों, जिनका कॉलेज से प्लेसमेंट हो गया था, का चयन नहीं हो पाया था। इस परिणाम ने पीयूष को पुरोहित द्वारा कहे गए वाक्यों के प्रति पूरी तरह आश्वस्त कर दिया था।

पीयूष इस परिणाम से काफ़ी उत्साहित था। उस दिन साइकिल स्टैंड में उसे नेहा मिली।

"कंग्रैचुलेशंस!" नेहा ने चहकते हुए पीयूष से कहा।

"थैंक यू! पर अभी तो फ़र्स्ट स्टेज पार हुई है। फ़ाइनल सेलेक्शन हो जाए फिर बधाई ले पाऊँगा।" पीयूष थोड़ी अन्यमनस्कता के साथ बोला।

"वो भी हो जाएगा, पर थोड़ा अपना नज़रिया बदलो। आज जो चीज़ अच्छी हुई है, उसके लिए तो ख़ुश हो जाओ। अभी से भविष्य के बारे में सोचकर परेशान हो, जिसका अभी पता ही नहीं कि क्या होगा क्या नहीं।" थोड़ी उलाहना के साथ नेहा बोली।

"हम्म!"

"क्या हम्म! (नेहा हँसी फिर थोड़ा रुककर समझाने के भाव से कही) पीयूष हम लोग ना अपनी बहुत-सी ऊर्जा, समय और ख़ुशी बेकार में उन चीज़ों

के बारे में ख़र्च कर देते हैं जो हुई ही नहीं हैं और जिसे हम लोग अपने हिसाब से होता हुआ देखना चाहते हैं। इस चक्कर में हम वर्तमान का बहुत सारा सुख उपभोग करने से वंचित रह जाते हैं। इसलिए डे टू डे लाइफ़ की हर छोटी-बड़ी ख़ुशी को एंज्वॉय करते हुए चलो।"

"हाँ, सही कह रही हो।"

"सही कह रही हूँ तो मुस्कुरा के बात करो। ये क्या रोतड़ू-सा मुँह बनाए हुए हो!" ऐसा कहते हुए नेहा ने पीयूष के दायें हाथ की अनामिका उँगली में चिकोटी काट लिया।

इस अप्रत्याशित घटना से पीयूष आह्लादित हो गया। बरबस ही उसके चेहरे पर मुस्कान और हृदय में एक उमंग का संचार हो गया था।

"और तुमने तो चारों साल इतना हार्डवर्क किया है, उसका पेमेंट देर-सवेर होकर ही रहेगा।" नेहा ने अपनी बात जारी रखी।

"हाँ, मैं भी ऐसा सोचता हूँ।"

"बिल्कुल ठीक सोचते हो। इसलिए अपना काम करते रहो और मोस्ट इम्पोर्टेंटली, ख़ुश रहो।"

"हाँ ज़रूर। आज का ज्ञान हो गया या अभी और भी कुछ बचा है!" पीयूष हँसने लगा।

"नहीं, हो गया। चलो चलते हैं। नेक्स्ट वीक से सेमेस्टर भी शुरू हैं।"

"हाँ, चलो। बाय!"

"बाय!"

अरुणिमा

कॉलेज में अब एक तरह की शांति फैल चुकी थी। सभी ब्राँच के सेमेस्टर एग्ज़ाम हो चुके थे। इसलिए छात्रों का कॉलेज आना बंद हो चुका था। बस कुछ फ़ैकल्टी मेंबर्स सेमेस्टर बाद के आवश्यक क्रिया कलाप के लिए कॉलेज आते थे। एक हफ़्ते में उनका भी काम समाप्त होने पर कॉलेज अगले सत्र की शुरुआत तक लगभग पूरी तरह बंद होने वाला था। बस एकेडेमिक विभाग निहायत ही ज़रूरी कार्य के लिए खुला रहने वाला था। उधर हॉस्टल में भी दिन प्रतिदिन सन्नाटा बढ़ता जा रहा था। ज़्यादातर लड़के नयी जगहों में नौकरी ज्वॉइन करने के उत्साह के साथ गर्मी के दिनों की कुछ छुट्टियाँ बिताने के लिए अपने घरों को निकल गए थे। बाक़ी दो-तीन के ग्रुप में लड़के दिन-प्रतिदिन थोड़ा बहुत कानपुर के मुख्य स्थलों (जेके मंदिर, गंगा बैराज, पनकी,बिठूर इत्यादि) का भ्रमण कर फ़ाइनल ईयर के हॉस्टल को छोड़ते जा रहे थे।

पतझड़ के मौसम में पेड़ से एक-एक कर सारे पत्ते अलग हो जाते हैं और अंत में निपट अकेला रह जाता है, सूखा-सा पेड़। पीयूष की हालत भी अगले कुछ दिनों में ऐसे ही पतझड़ के पेड़ जैसी होने वाली थी। सुशांत पीयूष के मित्र-मंडली का पहला लड़का था जो आज घर जाने वाला था। सुशांत वह लड़का रहा जिस के चारों साल कमोबेश उसकी इच्छाओं के अनुरूप ही बीते। पढ़ाई में अच्छा रहा, सही वक़्त पर प्लेसमेंट हो गया, दोस्त जैसे कि पीयूष, पुरोहित आदि मिले और पीयूष की बाइक का साथ हर ज़रूरत के वक़्त मिला। इन सबसे इतर जो सबसे अच्छी उपलब्धि उसके लिए रही कि हर ईयर उसे किसी-न-किसी लड़की का साथ मिलता रहा भले ही गर्ल फ्रेंड के तौर पर न सही, पर बात करने को तो कोई हमेशा रही, भले इसके लिए उसे लड़कों से नये-नये उपनाम

मिलते रहे। पर सुशांत ने कभी इसकी परवाह नहीं की। वह हमेशा अपने ब्रांच के साथ-साथ दूसरी ब्रांच की लड़कियों से भी बात करने की कोशिश में लगा रहा। इस तरह सुशांत कॉलेज की अच्छी यादें लेकर घर को निकल रहा था। वह पीयूष से मिलने उसके रूम आया।

"पीयूष भाई, निकल रहा हूँ।"

"हाँ, सही है चल। हैप्पी जर्नी।"

"थैंक्स भाई! बहुत याद आएगी तेरी, उससे ज़्यादा तेरी बाइक की।" सुशांत हँसते हुए बोला।

"हाँ, तेरी गर्लफ्रेंड से मिलवाया जो करती थी मेरी बाइक। याद तो आएगी ही।" कहकर पीयूष ज़ोर से हँसने लगा।

"कितने अच्छे दिन गुज़रे यहाँ। अब देखो कब मिलते हैं!"

"हाँ भाई, मिलते रहेंगे यार, बस मेरा जॉब का हो जाए।"

"हो जाएगा, टेंशन न लेना। कब है इंटरव्यू?"

"आज से आठ दिन बाक़ी हैं।"

"सही। चल आराम से तैयारी करते रहना। जॉब तो तू कॉलेज से निकलते-निकलते लेकर ही जाएगा।" यह कहते हुए उसने पीयूष की पीठ थपथपाई।

पीयूष ने अच्छा महसूस किया। इसके बाद सुशांत ने विदा लिया। पतझड़ वाले पेड़ का पहला पत्ता अलग हो चुका था।

अब मिश्रा की चाय के लिए पुरोहित ही पीयूष का साथी रह गया था क्योंकि अंशुल को चाय उतनी पसंद नहीं थी और नवीन की चाय के लिए सुबह उठने वाली इच्छा पीयूष के बराबर नहीं थी। वह बस शाम की चाय पर उसका साथ दे पाता था। पर इस मामले में पुरोहित की फ्रीक्वेंसी पीयूष से एकदम मैच करती थी। जब कभी भी पढ़ते-लिखते पीयूष को चाय की तलब होती। थोड़ी ही देर में पीयूष और पुरोहित मिश्रा की दुकान पर चाय सुड़कते पाए जाते। पुरोहित की ज्वॉइनिंग थोड़ी जल्दी थी। इसलिए वह चाहकर भी पीयूष के मुंबई (जहाँ इंटरव्यू होना था) जाने तक नहीं रुक सकता था। एक दिन मिश्रा की दुकान पर दोनों चाय पी रहे थे।

"यार, 10 दिन बाद मेरी ज्वॉइनिंग है।"

"अबे तो ऐसे मुँह गिरा के क्यों बता रहा? ये तो ख़ुशी की बात है।"

"क्या ख़ुशी की बात है, जाने हम कहाँ चाय पी रहे होंगे और तुम कहाँ? (थोड़ा ठहरता है) यार ज्वॉइनिंग की जल्दी न होती तो रुक जाता। सोच रहा हूँ चार-पाँच दिन घर भी रुक लूँ।"

"अरे यार, तू बुरा क्यों फ़ील कर रहा? माना ये दिन दुबारा तो नहीं आएँगे पर वादा है, जहाँ भी तेरी पोस्टिंग रहेगी वहाँ साल में एक बार चाय पीने तो ज़रूर आऊँगा। क्या बोलता है?" हँसते हुए बोला।

पुरोहित ने हामी में सर हिलाया।

पुरोहित की पीयूष से दोस्ती सेकेंड ईयर से प्रगाढ़ हुई थी। पहले साल वह हॉस्टल में नहीं रहा था। वह नवाबगंज में किराये के रूम में रहता था। अच्छे संगत से गुण कैसे बदल सकते हैं पुरोहित इसका प्रत्यक्ष उदाहरण कहा जा सकता था। जहाँ पहले साल 60% लाने में पुरोहित बमुश्किल सफल हो पाया था वहीं बाक़ी के सालों में वह 75% से ज़्यादा अंक लाता रहा। पीयूष इसमें काफ़ी हद तक सहायक सिद्ध हुआ था। केमिकल इंजीनियरिंग के लंबे-लंबे न्यूमेरिकल हल करने में पुरोहित ने बहुत-सी रातें पीयूष के साथ काटी थी। इस तरह कॉलेज लाइफ़ में पढ़ाई से संबंधित विषयों पर जिसने सही रूप में पीयूष का साथ दिया था वह पुरोहित था। इसके अलावा चाय के दीवाने तो दोनों थे ही। अगले दिन पुरोहित ने घर निकलने की तैयारी की थी। एक अच्छे अंकों से उत्तीर्ण डिग्री, कॉलेज से एक नौकरी और पीयूष के रूप में सच्चा दोस्त, ये वो उपहार थे जो पुरोहित कॉलेज से अपने साथ लेकर जा रहा था।

***

समय बीत गया था। आज पुरोहित के विदा होने का वक़्त आ चुका था। पुरोहित और पीयूष, मिश्रा की दुकान पर खड़े थे। सामने पुरोहित के तीन बैग से भरी विक्रम खड़ी थी। यह मिश्रा की दुकान पर उनकी इस साल की आख़िरी चाय थी। पुरोहित ने पीयूष को गले लगाया। थोड़ी देर में पुरोहित विक्रम पर बैठकर सेंट्रल स्टेशन को निकल गया। अब पीयूष गेट से हॉस्टल को लौट रहा था। उसे लग रहा था जैसे पुरोहित के साथ उसका भी कुछ सामान चला गया था। उसे अपने पैर असमान्य रूप से हल्के और दिल भारी-सा लग रहा था। हॉस्टल आकर पढ़ने में उसका जी नहीं लगा तो वो यूँ ही फ़ाइनल ईयर के सामने वाले बड़े मैदान में टहलने चला गया।

क़रीब अगले दो दिन बाद तक पूरा हॉस्टल ख़ाली हो चुका था। केवल ड्यूटी करता चौकीदार और ये तीन प्राणी (अंशुल, पीयूष और नवीन) हॉस्टल में बचे रह गए थे। अब सभी नवीन के कमरे में सोते थे। रात को आपस में बतकही और पीयूष की पढ़ाई वहीं होती थी। दिन में पीयूष अपने कमरे में आकर पढ़ता था। अंशुल और नवीन बस पीयूष का साथ देने के लिए हॉस्टल रुके हुए थे। वे उसे प्रेरित करते रहते थे। प्रायः दिन में अंशुल और नवीन साथ में बाइक से घूमते रहते या फिर सिनेमाघरों में मूवी देखा करते थे। इसके बाद जो वक़्त बचता था, अंशुल उसे अनामिका से बात करने में ख़र्च करता था। गर्ल्स हॉस्टल भी ख़ाली हो चुका था। अनामिका को घर गए एक सप्ताह से ज़्यादा हो चुका था। इसलिए अब अंशुल के पास उससे मिलने का कोई विकल्प नहीं था। बस फ़ोन पर ही प्यार भरी बातें हो जाती थीं। चूँकि हॉस्टल का मेस बंद हो चुका था इसलिए लंच का खाना अंशुल और नवीन बाहर से लाते थे और रात को बाहर खा आते थे। इस तरह तीनों का साथ में थोड़ा घूमना-फिरना हो जाता था।

पीयूष के मुंबई जाने की तारीख़ पास आ चुकी थी। मुंबई जाने के लिए टिकट की चिंता भी पीयूष को नहीं करनी पड़ी। इस ज़िम्मेदारी को अंशुल ने भली-भाँति उठा लिया था। नवाबगंज में एक साइबर कैफ़े था– हाइपरजोन, यह दुकान इंटरनेट से संबंधित सभी कामों के लिए प्रसिद्ध थी। एमएस वर्ड, एक्सेल से लेकर रेल, फ़्लाइट के टिकट तक सभी काम इस शॉप पर बख़ूबी अंजाम दिए जाते थे। काम तो पूरा करते थे लेकिन दाम दूना लेते थे। अंशुल ने हाइपरज़ोन से बात कर ली थी एक दिन बाद की स्लीपर क्लास का कन्फ़र्म टिकट मिलना सुनिश्चित हो गया था। बस छह सौ की जगह बारह सौ देने थे। पीयूष के लिए यह सफ़र इतना महत्त्वपूर्ण था कि अगर शॉप वाला दो हज़ार रुपये माँगता तो भी वह दे देता। इस हिसाब से यह कहा जा सकता था कि यह सौदा दुकान वाले के लिए घाटे का रहा। पीयूष की तरफ़ से अंशुल ने इस सौदे को पक्का किया।

ये 48 घंटे बहुत तेज़ी से गुज़र गए, आइंस्टीन का रिलेटिविटी का सिद्धांत ऐसे मौक़ों पर बड़ी स्पष्टता के साथ समझ आता है। जब प्रिय लोगों से बिछड़ने का समय नज़दीक आता है तब लगता है साथ गुज़ारा वक़्त कितनी जल्दी गुज़र गया। इस अनुभूति से तीनों ही दो-चार हो रहे थे। आख़िरी दिन साथ में नारायना होटल में खाना खाना और फिर वहाँ से सेंट्रल जाकर ट्रेन पकड़ना तय हो गया।

"चलो आज एक आख़िरी बार साथ खाना खा लें, फिर देखो कब मिलना होता है!" नवीन बोला।

"तू ऐसा क्यों बोल रहा? अरे, हम तीनों कहीं भी रहेंगे साल में ज़रूर एक बार मिलने का प्लान बना लेंगे।" अंशुल बोला।

"ये अच्छा आइडिया है।" पीयूष ने जोड़ा।

तीनों शाम होने तक पिछले चार सालों में गुज़री भूली-बिसरी बातों को याद कर हँसते-रोते-गाते रहे। अंततः हॉस्टल छोड़ने का वक़्त आ गया। तीनों अश्रुपूरित आँखों से एक-दूसरे से गले मिले और निर्धारित प्रोग्राम के तहत नारायना होते हुए सेंट्रल स्टेशन पहुँच गए थे।

सेंट्रल स्टेशन के प्लेटफ़ॉर्म नंबर चार पर तीनों दोस्तों की बातचीत जारी थी। रात के साढ़े नौ बज चुके थे। इसी प्लेटफ़ॉर्म पर दस बजे पुष्पक ट्रेन आनी थी जिससे पीयूष को मुंबई जाना था। उसके बाद इसी प्लेटफ़ॉर्म पर साढ़े दस की अंशुल की सुल्तानपुर जाने वाली ट्रेन थी। नवीन की हमीरपुर जाने की ट्रेन सवा दस बजे प्लेटफ़ॉर्म तीन पर आनी थी, जो कि इस प्लेटफ़ॉर्म के ठीक अपोज़िट में था। अतः कुल मिलाकर संयोग ऐसा बना था कि तीनों की ट्रेनें क़रीब-क़रीब एक ही वक़्त और प्लेटफ़ॉर्म के आस-पास से गुज़रने वाली थीं। इसलिए तीनों इत्मिनान से बतकही में लगे हुए थे। पीयूष के पास बस एक पीठ वाला बैग था जबकि अंशुल और नवीन के पास उनका पूरा सामान था क्योंकि अभी पीयूष को वापस इंटरव्यू देकर हॉस्टल ही आना था।

पुष्पक अपने टाइम से आ चुकी थी। अंशुल और नवीन ने, पीयूष को उसकी ट्रेन में बिठा दिया। ट्रेन के जाने में पंद्रह मिनट बाक़ी थे। इसलिए ट्रेन से बाहर निकलकर तीनों एक बार फिर से इस वर्ष के लिए एक साथ कानपुर की धरती पर आख़िरी बार खड़े थे। चार साल पहले जब कानपुर की धरती पर तीनों आए थे तो वे अकेले और ख़ाली हाथ थे और एक आज का दिन था, कितना कुछ पाया था तीनों ने यहाँ! नवीन का एकमात्र उद्देश्य था अपने परिवार का आर्थिक संबल बनना जो कानपुर आकर पूरा हुआ। उसके लिए कानपुर वह जगह बनी जहाँ उसे पहली नौकरी की सौग़ात मिली। जीवन की कठिन परिस्थितियों में ख़ुद को स्थिर और शांत कैसे रखना है? यह सबक कॉलेज के क्लास टेस्ट, सेमेस्टर एग्ज़ाम आदि के छोटे-छोटे संघर्षों ने उसे भली-भाँति

सिखा दिया था।

शायद यह अलग-अलग जगहों की धरती का ही आशीष होता है जहाँ व्यक्ति के जीवन में कोई बहुत महत्त्व रखने वाली मन्नत पूरी होती है। अनामिका अंशुल के लिए वही मन्नत रही। अनामिका उसके जीवन का पहला और आख़िरी प्यार साबित हुई।

प्यार का होना और फिर उसका मिल जाना, दुनिया में इससे बड़ा कोई दूजा सुख नहीं है। कानपुर की धरती अंशुल के लिए इसी सुख की साक्षी बनी। चारों साल अंशुल का पूरा ध्यान बस अनामिका को अपना बनाने की क़ोशिशों में लगा रहा। वो तो भला हो पीयूष और नवीन का जिनके नोट्स और एफ़र्ट्स उसे हर सेमेस्टर में सम्मानजनक अंक दिलाते रहे।

पीयूष के लिए कानपुर की धरती अभी तक न प्यार दिलाने में समर्थ रही न ही नौकरी। पर उसे ताउम्र चलने वाली दोस्ती की दौलत यहाँ मिली थी।

पीयूष की ट्रेन जा चुकी थी। अब अंशुल और नवीन उस प्लेटफ़ॉर्म पर रह गए थे। थोड़ी देर में नवीन और अंशुल की ट्रेनें भी आमने-सामने के प्लेटफ़ॉर्म पर आने वाली थीं। दोनों बातचीत में लगे ही थे कि हमीरपुर जाने वाली ट्रेन के प्लेटफ़ॉर्म बदल दिए जाने की सूचना हुई। अब यह ट्रेन सात नंबर प्लेटफ़ॉर्म पर आने वाली थी। वक़्त कम था इसलिए जल्दी-जल्दी नवीन ने अंशुल के गले मिलकर विदा ली। वह अपना सामान लेकर सात नंबर प्लेटफ़ॉर्म की ओर भागा। वह सीढ़ियों पर चढ़ रहा था, उसी वक़्त सुल्तानपुर जाने वाली ट्रेन भी आ गई। कुछ चीज़ों का साथ व्यक्ति के साथ हमेशा बना-सा रह जाता है। पानी का बड़ा कमंडल अंशुल के लिए वही चीज़ थी। अंशुल अपना सामान और पानी का कमंडल लेकर आराम से ट्रेन पर चढ़ गया। उधर दौड़ते-भागते सामान लेकर नवीन जैसे-तैसे अपनी ट्रेन पर चढ़ा था। ख़ैर यह उसका पहला अनुभव नहीं था, उसके काम आख़िरी वक़्त तक यूँ ही गिरते-पड़ते पूरे होते थे। थोड़ी देर में तीन ट्रेनें अंशुल, नवीन और पीयूष को लेकर कानपुर से दूर अलग-अलग दिशाओं में जा रही थीं।

ऐसा लग रहा था, चार साल का समय तो आगे बढ़ आया पर घटनाक्रम उलट दिशा में चलने लगा था। चार साल पहले एक दिन कुछ ऐसे ही तीनों इस शहर के पास आए थे और आज एक दिन ऐसा था जब वे उससे दूर जा रहे थे।

मुंबई में चेंबूर के आस-पास पीयूष की मौसी रहा करती थीं। अगले कुछ दिनों उसका आशियाना चेम्बूर रहा। उसने सोचा था कि इंटरव्यू के बाद वह कानपुर लौट जाएगा पर मौसी के अनुग्रह पर अगले दस दिन वह इस बड़े शहर में रुक गया था। वैसे भी मुंबई का यह उसका पहला सफ़र था। उसे भी अगले कुछ दिन वहाँ के सभी प्रसिद्ध जगहों का भ्रमण कर लेना उचित जान पड़ा। वैसे भी दसेक दिन के बाद रिज़ल्ट आ जाना था। कानपुर लौटकर वह तुरंत घर यानी कि गाज़ीपुर नहीं लौटना चाहता था। तुरंत घर लौटने का मतलब था बिना नौकरी के ख़ाली हाथ लौटना। जबकि इस बार इंटरव्यू काफ़ी अच्छा हुआ था। इस बार इंटरव्यू से बहुत उम्मीद थी। इसलिए उसे आशा थी कि वह घर जाते समय अपने साथ नौकरी का ऑफ़र लेटर लेकर जाएगा। वैसे भी बिना घूमे-फिरे मुंबई से कानपुर लौट जाना कोई समझदारी की बात नहीं थी क्योंकि कानपुर लौट जाने पर फिर वही बाहर का खाना खाने के लिए मजबूर होना पड़ता। जबकि मुंबई में आराम से घर का नाश्ता-खाना मिल रहा था।

एक दिन यूँ ही घूमते हुए पीयूष मरीन ड्राइव पहुँचा। सागर से यह उसका पहला साक्षात्कार था। किनारे बने ऊँचे समतल किए हुए बैठने लायक़ पत्थर से वह सुदूर विस्तृत पानी के विशाल भंडार को देख रहा था। अभी तक उसने तालाबों, नहरों और नदियों को ही देखा था। किनारे पर बैठे पत्थरों से टकराती लहरों की आवाज़ एक प्रकार का संगीत उत्पन्न कर रही थी। जब किसी को पहली बार सागर दिखता है तो मन एक अजीब उत्साह से भर जाता है कि ऐसी भी कोई विशाल चीज़ है जिसका दूसरा किनारा ही नहीं दिखाई पड़ता। सागर के इतना विशाल होने पर भी यूँ लगता है जैसे उसके पास कुछ तो ख़ालीपन है चाहे जितनी जलराशियाँ उसमें समा जाए, पर कुछ रीता रह ही जाता है। शायद इसीलिए सागर किनारे आदमी को भी अपने जीवन का ख़ालीपन ही याद आता है। पीयूष को भी ऐसा कुछ हुआ, उसे नेहा की याद आई। टकराती लहरों को देखते हुए उसने नेहा को फ़ोन लगाया।

"हैलो नेहा! कैसी हो?"

"मैं बढ़िया हूँ, तुम सुनाओ।"

"मैं भी बढ़िया हूँ। और क्या हो रहा आजकल?"

"कुछ नहीं यार, बस थोड़ी बिज़ी हूँ।"

"अच्छा, अभी तो छुट्टियाँ ही चल रहीं न, या ज्वॉइनिंग आ गई क्या? अभी से बिज़ी!"

"अरे नहीं यार। दीदी की शादी है परसों, उसी में बिज़ी हूँ। सुनो न, मैं तुम्हें बाद में कॉल करूँ?"

"हाँ-हाँ, मैंने भी ऐसे ही फ़ोन किया था। तुम अभी देख लो काम वग़ैरह वहाँ, बाद में बात कर लेंगे।"

"ओके, बाय!"

"बाय!"

पीयूष ने एक बार फिर समंदर की ओर देखा और फिर अपने फ़ोन की तरफ़ देखा। उसे लगा कितना ख़ालीपन है! उसने मन-ही-मन सोचा शायद नेहा बात नहीं करना चाह रही होगी। वह वहाँ से उठा और मौसी के घर लौट आया। इस तरह अपने अंदर के ख़ालीपन और सूनेपन के साथ आगे के कुछ दस-ग्यारह दिन मुंबई रहकर पीयूष कानपुर लौट आया था।

कानपुर लौटने की अगली सुबह रिज़ल्ट आ गया था। पीयूष की नौकरी देश के एक प्रतिष्ठित पीएसयू में लग गई थी। कॉलेज ख़त्म होने के पंद्रह दिन के अंदर इतनी बड़ी ख़ुशी मिलेगी, ऐसा उसने सपने में भी नहीं सोचा था। एक बार को तो उसे विश्वास ही नहीं पड़ा था। उसने काँपते हाथों से एक बार फिर अपना रोल नंबर लैपटॉप में एग्ज़ाम साइट पर डाला। एक बार फिर से अप्वॉइंटमेंट ऑफ़र का मैसेज पॉपअप हुआ। अब उसे तसल्ली हो गई थी।

क़ायदे से तो उसे ख़ुशी से उछल पड़ना चाहिए था, पर शायद प्रेम का अप्राप्य रह जाना उसे थोड़ा-सा विचलित कर रहा था। उसे लगा ऐसे इम्तिहान तो वो ज़िंदगी में शायद फिर पास कर सकता है, मगर प्यार के इम्तिहान में तो वह फेल ही रह गया। वह ख़ुश था, पर मन में एक टीस-सी भी थी। उसे बहुत ज़ोरों से नेहा की याद आई। वह यह ख़ुशी की बात सबसे पहले उसे ही बताना चाहता था, पर उसने ऐसा नहीं किया। एक बार फिर उसके मन के अंतर्द्वंद्व ने उसे रोक दिया कि जाने वह क्या सोचेगी! एक बार फिर उसे ख़ुद पर खीझ हुई। उसने सोचा, जैसे मैं एक दोस्त को ये ख़बर बता सकता हूँ वैसे ही क्या नेहा को नहीं बता सकता! एक बार फिर से वह उधेड़बुन में लग गया। उसके मन से आवाज़ आई कि क्या मैं उसका एक अच्छा दोस्त हूँ? अंतर्मन से जाने

क्या उत्तर आया, पर जिस तरह की भी अनुभूति हुई उसने उसे नेहा को यह बात बताने का विचार छुड़वा दिया।

उसे उसकी याद आती रही। उसने मम्मी को यह ख़बर बताई। मम्मी तो मानो ख़ुशी से उछल ही पड़ीं। उन्होंने कहा- "हमें तो पता ही था कि अच्छी नौकरी लगनी थी। बस तुम्हें ही अपने ऊपर जाने क्यों विश्वास नहीं था!"

सचमुच, जितना विश्वास बच्चे को अपने ऊपर नहीं होता जाने क्यों उससे ज़्यादा विश्वास माँ-बाप को होता है। माँ पीयूष के रिज़ल्ट से बहुत ख़ुश हुई थीं। उन्होंने जाने कहाँ-कहाँ मन्नतें मान रखी थीं! अब वह पीयूष को जल्दी से घर आने के लिए बोल रही थीं। वह अपनी मनौती के लिए अलग-अलग मंदिरों के दर्शन के प्लान बनाने लगीं। उनसे बात करते हुए पीयूष को लगा संसार में बाक़ी सब रिश्ते तो अलग-अलग व्यवहार कर सकते हैं, पर माएँ तो हमेशा एक जैसी ही रहती हैं और सोचती हैं। उनका एक ही लक्ष्य होता है-बस अपने बच्चे की ख़ुशी। फिर बच्चा चाहे भी कैसा हो! एक बेटे या बेटी के लिए भी इससे बड़ी उपलब्धि और ख़ुशी कोई और नहीं होती कि उनके माँ-बाप ख़ुश हैं और उसकी वजह वे हैं। पीयूष को उस वक़्त अपनी नौकरी लगने की ख़ुशी से बढ़कर इस बात की ज़्यादा ख़ुशी हुई कि आज माँ उसकी वजह से काफ़ी ख़ुश थीं।

इसके बाद यह ख़बर उसने अंशुल को बताने के लिए फ़ोन किया।

"हेलो! कैसा है बे?"

"बढ़िया हूँ, और बता?"

"एक ख़ुशख़बरी है।" पीयूष अभी आगे कुछ कहने जा रहा था कि उससे पहले ही उधर से अंशुल बोलने लगा।

"वाह! बहुत सही। मुझे पता था यही होना है। बधाइयाँ! कब ज्वॉइन करना है और कहाँ?" उत्साह के साथ अंशुल बोला।

"मान गए गुरु। दोस्त हो तो ऐसा। बिना बताए जान गया!"

"तो क्या... तेरी आवाज़ के डेसीबल ने ही बता दिया कि यही ख़ुशख़बरी है। और बता, मिठाई कब खिला रहा?" वह हँसने लगा।

"अरे, जब कहो साले। अब मिठाई क्या, जो कहोगे वो खिला दूँगा।" ख़ुशी से पीयूष हँसने लगा।

"अच्छा अब सुन, अगली बात सुनकर फिर कहेगा कि मान गए गुरु।"

"हैं! मतलब?" पीयूष ने आश्चर्य से पूछा।

"मैंने यार वो क़सम तोड़ दी। मैंने नेहा को उस दिन की सारी बात कुछ दिन पहले बता दी थी।"

"अरे साले! हद कर दिया। कहीं इस बात से नाराज़ न हो गई हो। बताओ, मना किया था मैंने (फिर कुछ सोचते हुए बोला) तभी मैं कहूँ एक दिन मुंबई से मैंने उसे कॉल किया था तो उसने ज़्यादा बात ही नहीं की। कहने लगी दीदी की शादी में बिज़ी है। मुझे लगा शायद मुझसे बात करने से बचना चाह रही हो। इसलिए मैंने भी फिर आगे कुछ बात नहीं की।"

"बस यही बात साले! ख़ुद से ही सब सोच लो। सच तो कह रही थी वो। वो बिज़ी थी। मुझे भी बताया उसने। उसकी दीदी की शादी थी। कुछ परेशान भी थी। ज़्यादा खुलकर नहीं बताया पर शायद लव मैरिज ही है और उसके पापा पूरी तरह सहमत नहीं थे। पर बेटी की ख़ुशी के लिए कर रहे, उसकी बातों से ऐसा कुछ लगा।"

"अच्छा! अरे यार मैंने ज़्यादा पूछा ही नहीं। ख़ैर अब फिर कभी बात करूँगा।"

"फिर वही बात साले। अलग से कोई मुहूर्त निकालेगा क्या? अब तो तेरे पास बताने के लिए एक अच्छी ख़बर भी है। बात कर, आगे बढ़। जो होगा देखा जाएगा। क्या पता उसके मन में कुछ हो? नहीं बात करेगा तो वो वैसे भी तुझे नहीं मिल रही। बात करके देख क्या पता कुछ बात बन जाए।" अंशुल ने समझाते हुए कहा।

"हाँ यार, ज़रूर।" पीयूष ने एक दृढ़ता से कहा।

"चल अच्छा, आल द बेस्ट! बाय! ध्यान रखना अपना!"

"हाँ, बाय! थैंक यू!"

अंशुल की बातों से उसे बहुत बल मिला पर अभी भी उसे अपनी ज़िंदगी एक वीराने मरुस्थल-सी लग रही थी जहाँ चारों तरफ़ रेत ही रेत थी। गर्मी थी, चुभन थी, प्यास थी, पर इसी मरुस्थल में एक छोटा-सा तालाब भी था। वह तालाब उससे बहुत दूर दिख रहा था। वह तालाब ही तो उस मरुस्थल कि नेहा थी।

वह नेहा का नंबर टाइप करके कॉल का बटन दबाने ही जा रहा था कि 'नेहा कॉलिंग' स्क्रीन पर उभरने लगा। उसका दिल ज़ोरों से धड़कने लगा। यह

क्या! कहीं वह सपना तो नहीं देख रहा! उसने काँपते हाथों और धड़कते दिल से फ़ोन उठाया- "हेलो!"

नेहा बोली- "हेलो, हाँ पीयूष!

वह- "नेहा, तुम... आज अचानक!"

वही मीठी आवाज़ और पीयूष सब कुछ भूल-सा गया।

नेहा- "मुझे तुमसे एक ज़रूरी बात करनी है और वह शायद तुम्हारी ज़िंदगी की बड़ी ख़ुशख़बरी होगी।"

ख़ुशख़बरी सुनते ही पीयूष जैसे अपनी चेतना में लौटा। उसे लगा उसकी जॉब की बात इसे कैसे पता चल गई! अभी-अभी तो रिज़ल्ट आया था।

पीयूष- "अरे हाँ, वो मैं बताने ही वाला था।"

नेहा- "बताने वाला था, एक तो तुम हमेशा खोए-से रहते हो और दूसरे यह कि यह मेरी बात है। तुम कैसे बताओगे?"

पीयूष- "मतलब!"

नेहा- "अरे भई, मेरी बात तो सुनो।"

पीयूष- "हाँ, बोलो।"

नेहा- "वो मैंने दीदी की शादी की बात बताई थी न। उनकी शादी को पंद्रह दिन हो गए। पापा शादी के बाद दीदी के घर गए थे। उन्हें जीजाजी का स्वभाव और जॉब बहुत पसंद आया। उस दिन इस बारे में ज़्यादा बता नहीं पाई क्योंकि एक तो शादी की भाग-दौड़ थी और दूसरे पापा लव मैरिज के प्रति पूरी तरह आश्वस्त नहीं हो पाए थे और थोड़े खिन्न से रहने लगे थे, पर दीदी की ख़ुशी के लिए राज़ी हो गए थे। लेकिन जीजा जी के पास जाकर और एक-दो दिन वहाँ रहने के बाद उन्हें जितनी शिकायतें लव मैरिज से थीं, सब दूर हो गईं।"

पीयूष- "तो... हाँ ये तो अच्छी बात है... (उसे कुछ समझ नहीं आ रहा था) अच्छी बात है।"

नेहा- "अरे पागल असली बात तो यहीं से शुरू होती है। मैंने पापा को तुम्हारे बारे में सब बताया।"

पीयूष को कुछ समझ नहीं आ रहा था। उसकी धड़कनें और दीवार घड़ी की सूई अनुनाद-सी कर रही थी- धक-धक! खच-खच! धक-धक! खच-खच!

नेहा बोलती जा रही थी- "मैंने जब मार्कशीट वाली बात बताई तो वो ख़ासे

इम्प्रेस हो गए। मुझे अंशुल ने सब बता दिया था। एक ऐसा लड़का भी था जो मेरे लिए अपनी जॉब को ताक पर रखकर पहले मेरे लिए इतना कुछ करेगा, ये तो मैंने सपने में भी नहीं सोचा था और ये सब तुमने मुझे बताया भी नहीं। मुझे तो यही लगता रहा था कि पियून ही मेरे घर गया था। जॉब लगने की ख़ुशी में उस दिन क्या हुआ क्या नहीं, यह मामी से डिटेल में पूछ भी नहीं पाई। वो तो भला हो अंशुल का कि उसने सब कुछ बता दिया। मैं तो बहुत नाराज़ हूँ तुमसे कि तुमने बताया क्यों नहीं! (वह थोड़ा-सा रुकी, फिर आगे बोलती गई) आगे मैंने पापा को बताया कि तुम स्वभाव से बहुत अच्छे हो। कहने लगे वो सब ठीक है, पर जॉब? मैंने बताया कि लड़कों में टॉपर है, आज नहीं तो कल लग ही जाएगी जॉब। तो तुम समझ रहे हो न आगे की बात!"

"हाँ यार, वो... मैं बताने वाला था बस थोड़ा..." पीयूष को समझ नहीं आ रहा था कि वह क्या बोले। बस इतना ही बोल पाया। उसे समझ ही नहीं आ रहा था। ये सब कैसे हो रहा था!

"कब बताने वाले थे? हद करते हो। वो तो अच्छा रहा कि तुम ख़ुद से तो नहीं बोल पाए, पर सविता से पुछवा लिया था, जिससे तुम्हारी फ़ीलिंग्स के बारे में मुझे पता था। पर तब मैं इन सब में पड़ना नहीं चाहती थी और न ही चाहती थी कि तुम पड़ो वरना तुम्हारी पढ़ाई पर भी इसका असर होता।"

"ओह नेहा! अब मैं क्या बोलूँ! तुम्हें कैसे बताऊँ कि ये चार साल तुम्हें देखते-सुनते मैंने कैसे बिताए हैं, यार! मेरे तो कुछ समझ ही नहीं आ रहा। मैं सपना तो नहीं देख रहा।"

नेहा- "सपना बाद में देखना। बुद्धू अब तो बोल दो।"

पीयूष- "क्या बोलूँ, कुछ सूझ ही नहीं रहा, यार!"

नेहा- "अरे बुद्धू, चार सालों में तो कहा नहीं, अब तो सब पक्का लग रहा। अब तो बोलो... हे राम!"

पीयूष- "हाँ... हाँ... आई लव यू! आई लव यू वेरी मच!"

नेहा- "आई लव यू टू मेरे बुद्धू!"

पीयूष को जैसे सारा आसमान मिल गया था। वह ख़ुशी के मारे उछल-सा रहा था। उसने नेहा को अपने जॉब रिज़ल्ट के बारे में बताया। अब ख़ुश होने की बारी नेहा की थी। पीयूष ने अंकल की जॉब वाली परेशानी भी दूर कर दी।

उसके बाद नेहा ने पीयूष को आज डिनर में अच्छा खाना और ख़ूब सारी मिठाई खाने के लिए बोला।

डिनर के बाद बात करेंगे, नेहा ने ऐसा बोलकर कॉल डिस्कनेक्ट कर दिया। दोस्ती तो प्यार में बदल सकती है, पर यह अभिक्रिया इर्रिवर्सिबल है यानी कि प्यार फिर से दोस्ती का चोला नहीं ओढ़ सकता। प्यार या तो मिल जाता है या फिर नहीं। अगर एक बार रिश्ते का इज़हार करके प्यार का नाम दे दिया जाए और यह इज़हार दूसरा पक्ष स्वीकार न करे तो फिर प्यार के साथ-साथ दोस्ती भी शायद ख़त्म हो जाती है। भले ही आसान-सी भाषा में कह दिया जाता है कि लेट्स बी फ्रेंड्स। पर वे फिर से कभी फ्रेंड्स नहीं बन पाते। इसी डर की वजह से पीयूष, नेहा से सीधे-सीधे इज़हार करने से ख़ुद को बचाता रहा कि कहीं उसने एक्सेप्ट नहीं किया तो रही सही दोस्ती भी ख़त्म हो जाएगी और ऐसा वह कभी भी नहीं चाह सकता था। आज के घटनाक्रम ने उसे अंशुल के बारे में सोचने के लिए मजबूर कर दिया। उसने मन-ही-मन अंशुल को धन्यवाद दिया। आज एक बार दोस्ती ने प्यार की राह पक्की करवा दी थी। पीयूष को समझ ही नहीं आ रहा था कि वक़्त क्या इस क़दर उस पर मेहरबान हो सकता था! एक साथ इतनी ख़ुशी, उसे समेटे तो कहाँ समेटे! जैसे प्यासे को कुआँ मिल गया हो!

'इतनी सारी ख़ुशियाँ रेत की तरह मिल गईं
कितना भी समेट लो, कुछ फिर भी फिसल रहीं'

रात के 11 बज रहे थे। उसने फ़ोन उठाया। आज पहली बार ऐसा हो रहा था जब बिना किसी उलझन, बिना किसी डर के उसने नेहा को फ़ोन लगाया। नेहा ने फ़ोन उठाया। बातें होने लगीं। पीयूष ने अपनी सारी बेवक़ूफ़ियों के बारे में उसे बताना शुरू किया। कहाँ मिलना है? आगे कैसे क्या करना है? ये सब बातें चलती रहीं। प्यार भरी बातों के साथ रात गुज़रती रही। इतना सारा वक़्त बातों में निकल गया, पता ही नहीं चला। दोनों रातभर जागते रहे। लगभग प्रातः काल ही दोनों सोने जा पाए।

सामने खिड़की के बाहर सुदूर आकाश में लालिमा ओढ़े, प्यार में डूबा सूरज उग रहा था। अरुणिमा सारे आकाश में फैल रही थी। पीयूष के जीवन में भी अरुणिमा का प्रसार होना शुरू हो गया था!

***